モンスター・トラベラー

MONSTER TRAVELER

海外ブラックロード大放談

嵐よういち
丸山ゴンザレス
和田虫象
&海外ブラックロード・ファミリー

イースト・プレス

はじめに

海外ネタのよもやま話をする「海外ブラックロード」ポッドキャストを２０１０年にスタートし、早くも10年が経過した。

もともとは、当時、出版社を退職しフリーランスになった自分を売り出すメディアがほしかっただけだ。それなのに、嵐よういちが旅にまつわる人たちを次々とゲストに呼び、気に入った人のことを「ブラックロード・ファミリー」と呼ぶようになり、予想もしない広がりを見せていった。

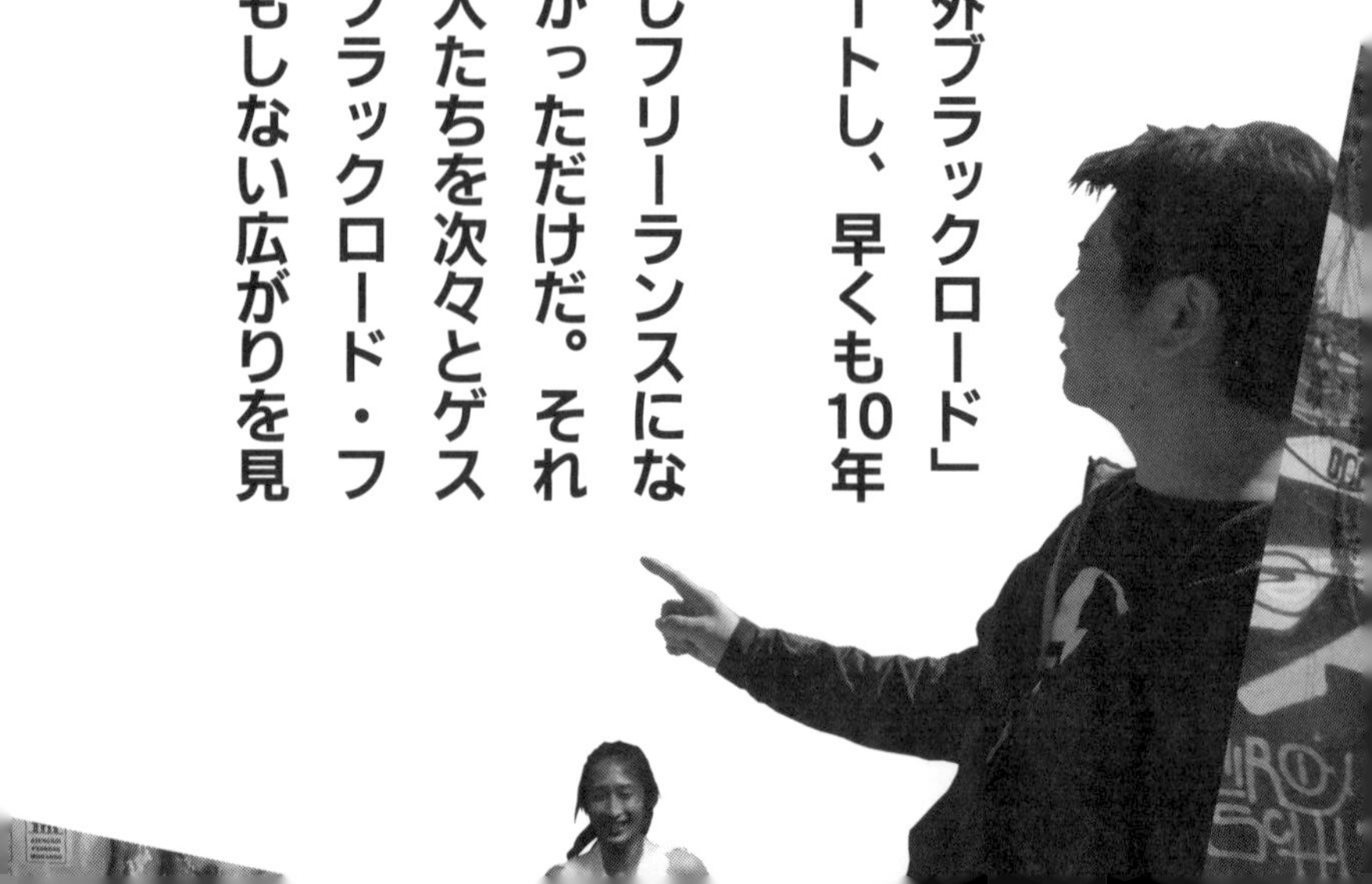

INTRODUCTION

こう言うと、まるですごい人のように見えるが、実際の嵐よういちは旅だけで生きている社会性皆無の筋金入りの旅行作家。和田虫象は節約のためならどんな労力もいとわないが、働くのが嫌い。それでもしぶとく生きている都市型サバイバルに特化した変人である。

はっきり言ってどうかしているふたりだ。そいつらと一緒にネットラジオなんて1円にもならないものを10年も続けられたのは、俺だけがまともな社会人だったからだ。いろいろ苦労をかけられたが、この連中と一緒だと居心地がいい。それは旅こそが俺の原点だからだろう。

丸山ゴンザレス

CONTENTS

PART 1
俺たちの街

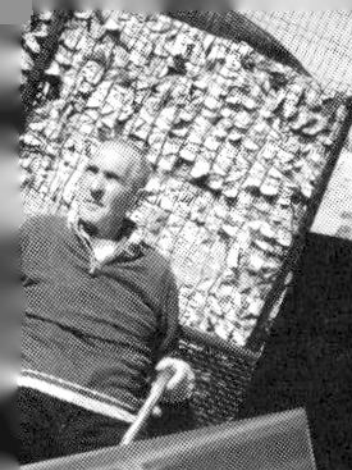
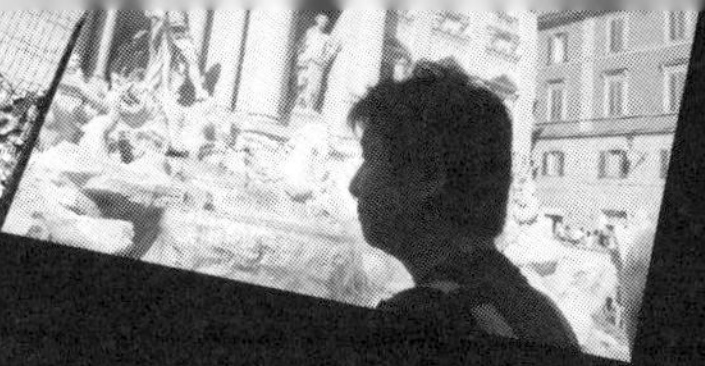
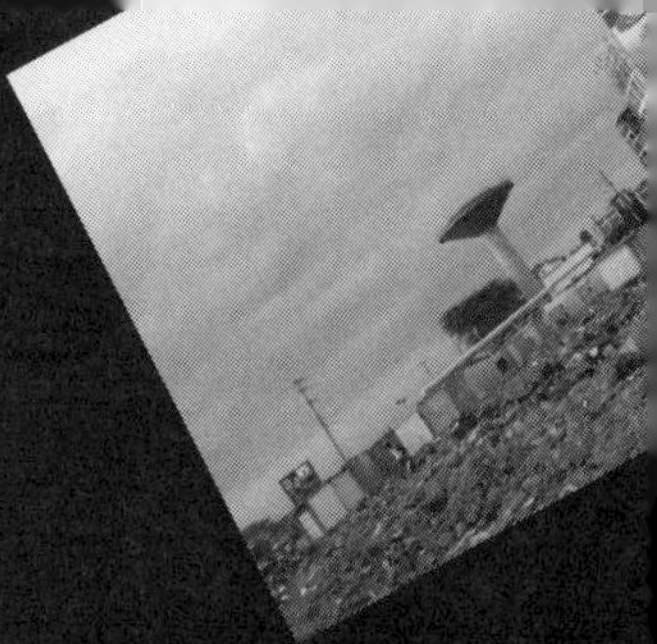
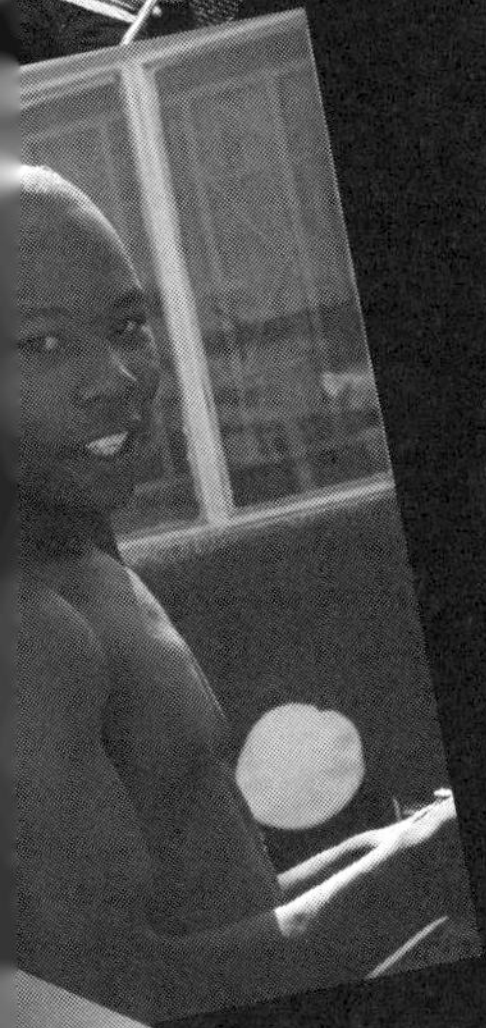

PART 2
懐かしい話

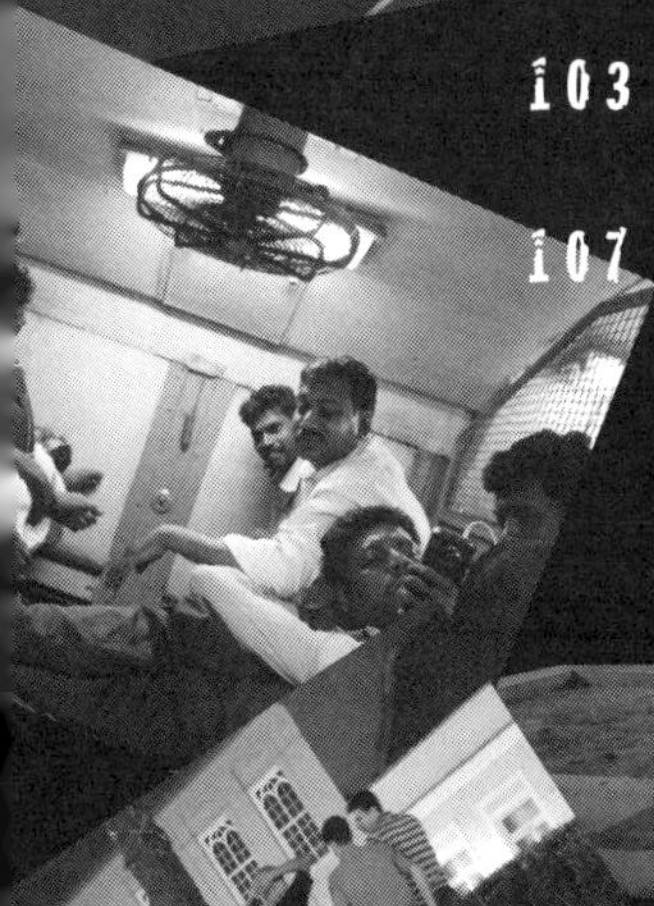
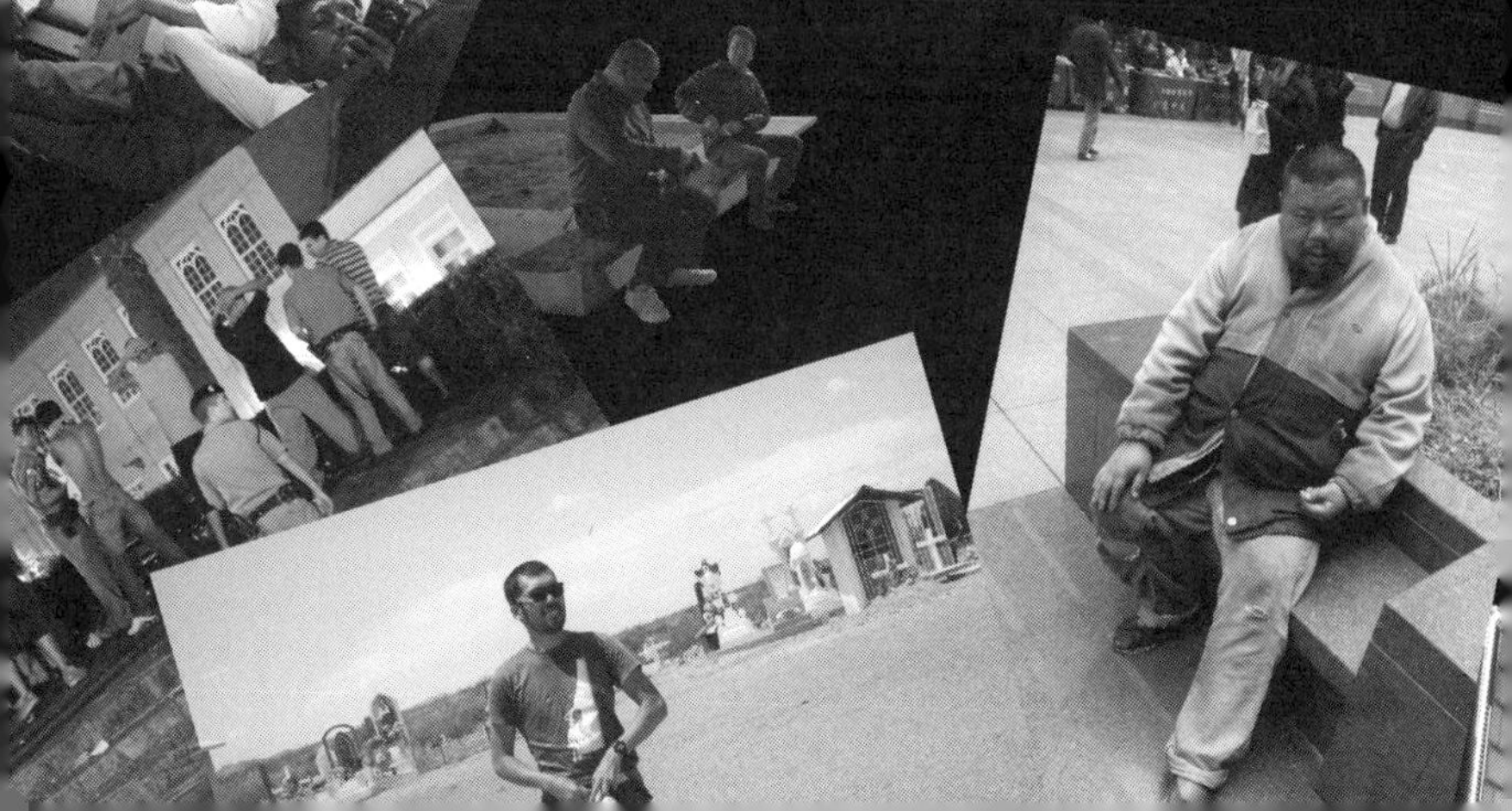

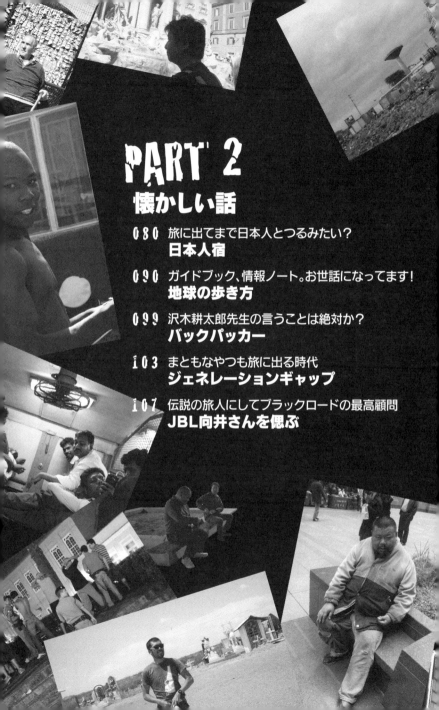

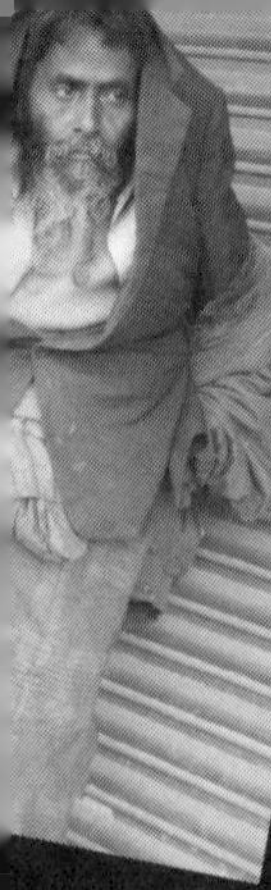
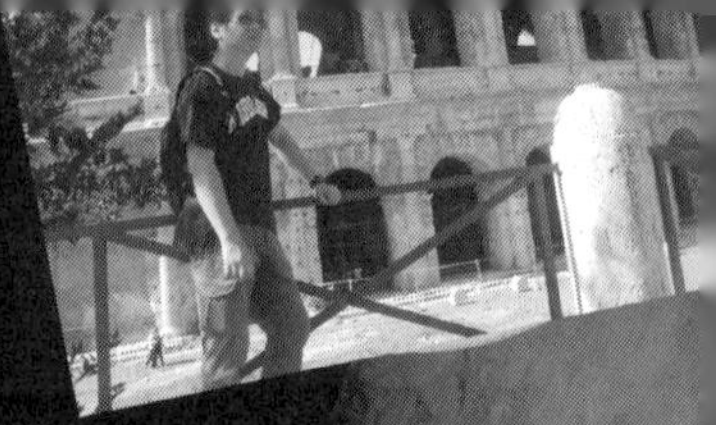

PART 3

ガイドブックには載らない旅の知恵

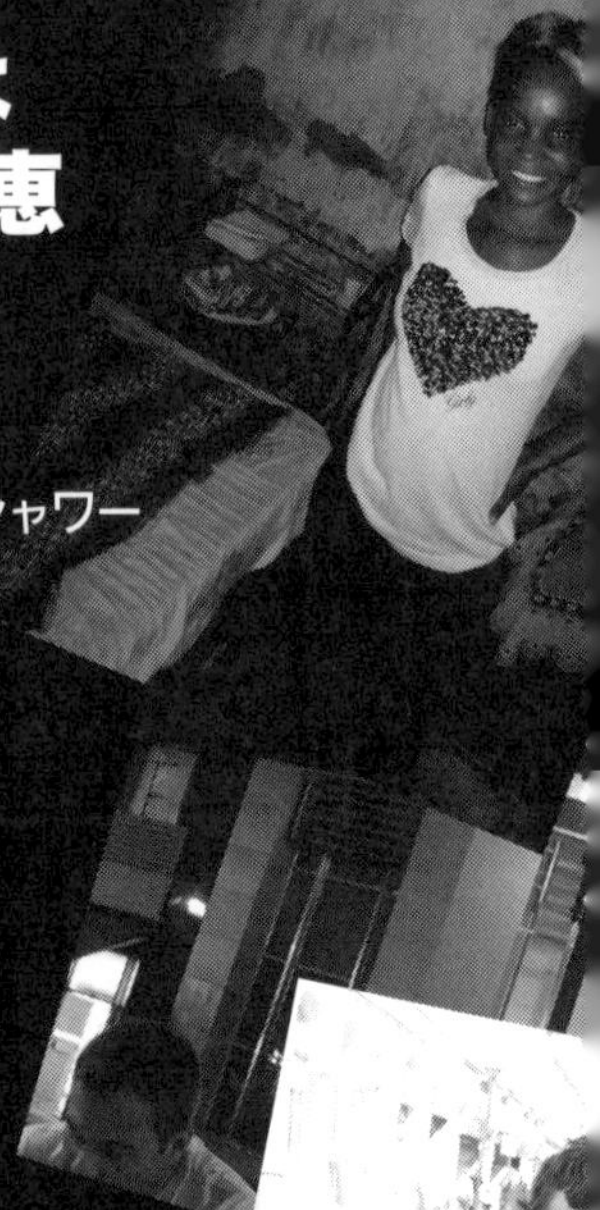
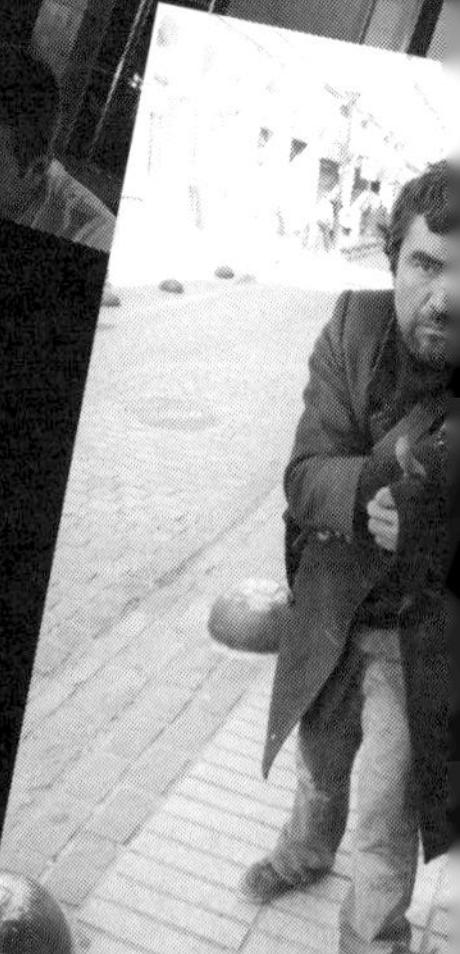

PART 4

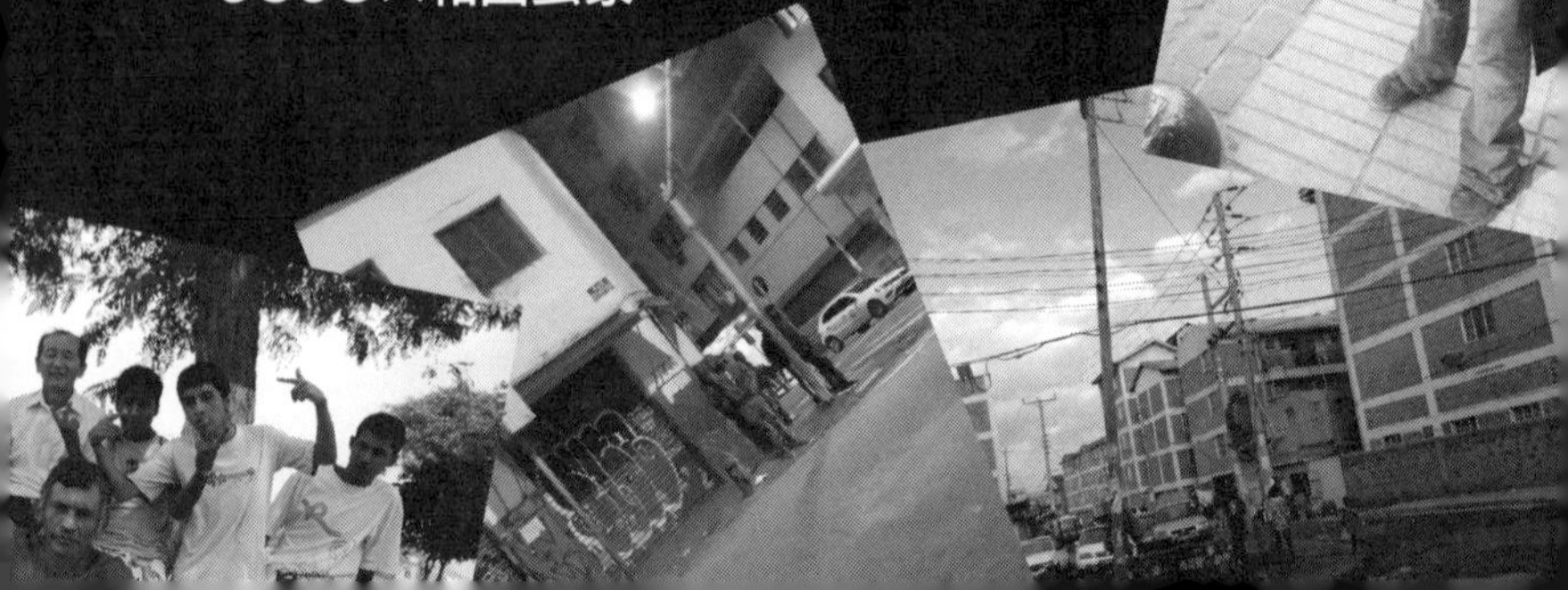

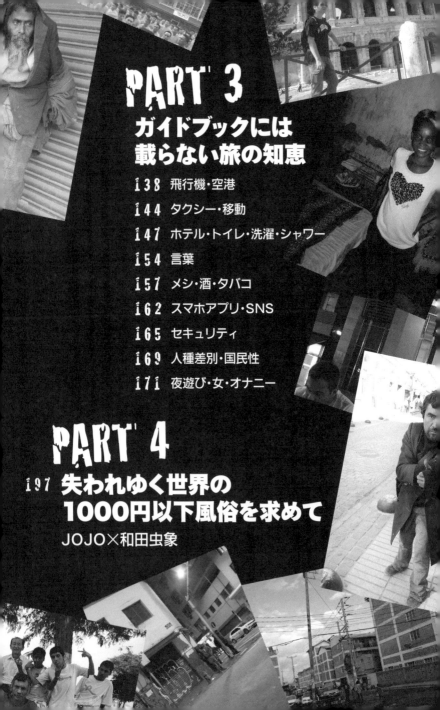

「海外ブラックロード」ポッドキャスト傑作選

※本書に記載された値段は、発言者の旅行当時の相場および為替レートによるもので、現在のものとは異なる場合があります。

ARASHI's JOURNEY

嵐よういち10年間の旅の軌跡

2010 2月 「海外ブラックロード」ポッドキャスト配信開始

2〜4月 小神野とスラム街を巡る旅…タイ→インド→ケニア→ウガンダ→エジプト 小神野と別れた後、ドバイ→台北→バンコク

2011 2〜4月 小神野と南米旅…ブラジル→ペルー→ボリビア→ウルグアイ→ブラジル ※ペルーのリマでスラムを取材する日、東日本大震災が発生。

2012 6〜9月 小神野と中米旅…メキシコ(シウダー・フアレスで虫象と合流。兄貴分のシユウさんとカンクンで合流し、ホンジュラスまで行動を共にする)→グアテマラ→ホンジュラス→エルサルバドル→ニカラグア→コスタリカ→パナマ→メキシコ(ティファナで日系アメリカ人のジュンと合流)

10〜11月 バンコク(丸ゴンも含め、ファミリー集合)→マダガスカル→ジャ

2013 カルタ→バンコク→沖縄(カンジュンと合流)

2〜3月 バンコク(虫象と向かう。現地で丸ゴンなどファミリーと合流。バンコ

2015 クの仲間と飲み会)→クウェート→モロッコ→スペイン→ポルトガル→バリ島→フローレス島(インドネシア)

5〜6月 未承認国家の旅…クリミア共和国→モルドバ→沿ドニエストル→ウ

2016 クライナ(チェルノブイリ)→ジョージア→アブハジア共和国→コソボ→アルバニア→キプロス共和国→北キプロス→バンコク

7〜8月 ウラジオストック→樺太→カリーニングラード→モスクワ(そこで向

2017 井さんの死を知る)→トルコ→バンコク→ハノイ

11〜12月 編集Mと『おそロシアに行ってきたの』の取材…サンクトペテルブルク→イルクーツク(シベリア)

9〜10月 新疆ウイグル(スタジオスモーキー・ホッシーと行動)→カザフスタ

2018 ン→ウズベキスタン(野宿と合流)→キルギス→バンコク→ヤンゴン(ヤンゴン支部長・キャメルがアテンド)→バンコク→セブ島(セブ支部長・ミオさんに世話になる)

2019 9〜10月 世界一周旅…フィジー→ニュージーランド→チリ→サンパウロ→ポルトガル→ベオグラード→サラエボ→ローマ→ナポリ→マルタ共和国→チュニジア→シチリア→バンコク→パタヤ

2010 南アフリカへサッカーW杯開催直前取材(これをきっかけにフリーランスになる)
2011 バンコク(和田虫象と初コラボ旅)、東日本大震災取材
2012 香港
2013 マレーシア、ミャンマー(和田虫象とのコラボ旅)
2014 香港、フィリピン
2015 「クレイジージャーニー」スタート　バンコク、インドネシア、トルコ、ルーマニア、インド、台湾(高雄)、ジャマイカ、ニューヨーク、フィリピン、ケニア、アテネ〜ドイツまで中欧縦断旅(ギリシャ、セルビア、クロアチア、オーストリア、ドイツ)
2016 ハワイ、フィリピン(2回)、ラスベガス、メキシコ、香港、バングラデシュ、台湾、オレゴン、ニューヨーク
2017 バンコク(2回)、カンボジア(2回)、韓国、ニューヨーク(2回)、ブルガリア、ルーマニア、トルコ、マレーシア、ナイジェリア、スペイン、台湾
2018 ボリビア、ロサンゼルス、シンガポール、マレーシア、タイ(2回)、台湾、ブラジル
2019 フィリピン(3回)、南アフリカ、ニューヨーク(2回)、香港、ロサンゼルス、カナダ、タイ、台湾、ベトナム

MARUGON's JOURNEY

丸山ゴンザレス10年間の旅の軌跡

2010　**2009年11月〜2010年5月**　アジア横断旅行…フィリピン、香港、マカオ、中国、ラオス、タイ、マレーシア、インド、バングラ、ネパール、パキスタン、イラン、トルコ、シリア、ヨルダン、レバノン、イスラエル、エジプト

2011　**11月**　丸山氏とタイ洪水取材…タイ

2012　**1月**　個人旅行…マレーシア、インドネシア、シンガポール

5月6月　英語留学…フィリピン

6月7月　アメリカ横断旅行…アメリカ、メキシコ

9月10月　インドシナ半島旅行…マレーシア、ミャンマー、タイ、カンボジア、ベトナム

2013　**1月**　老父とふたり旅…シンガポール、マレーシア

9月〜11月　ダイビング、ブラックロード飲み会、丸山氏とミャンマー取材…マレーシア、タイ、ミャンマー、スリランカ

2014　**4月**　短期旅行…台湾

7月　グループ旅行…グアム

10月11月　南米旅行…アルゼンチン、チリ、ペルー、ボリビア、パラグアイ、ウルグアイ、ブラジル

2015　**2月**　ブラックロード飲み会ほか…タイ

2017　**1月2月**　インドネシア・インド・アフリカ旅行…インドネシア、マレーシア、インド、ケニア、タンザニア、タイ

2018　**4月**　友人を訪ねての旅行…中国、ネパール

11月　短期旅行…韓国

2019　**6月**　取材旅行…韓国

MUSHIZO's JOURNEY

和田虫象10年間の旅の軌跡

俺たちの街

海外ブラックロード・ファミリーが取材や旅で何度も訪れる街、思い入れのある街を5つピックアップしたが、3人が共通して思い入れがあるのはバンコクだけということがなんとなく判明した。

PART 1

タイ・バンコク
カオサンなんて潰れてしまえ！

日本人がやたら溜まる場所

丸山　嵐さんがバンコクに最初に行ったのはいつですか？

嵐　俺は1991年、22歳のとき。そのときは友だちと現地ガイドをつけて周っていたので、本当のバンコクはわからなかったんだけど、本格的に旅したのが1998年。カオサン・ロードでインド行きのビザを頼んで、旅行会社でエアーチケットを買ったりした。あの独特の雰囲気は今とは大違いだし、汚いバックパッカーだらけだったな。俺はああいう連中が大嫌いだ。

丸山　しょっぱなから飛ばしますね。そのころのチケットってEチケットじゃなくて紙のチケット※で、お店で買わなきゃいけませんでしたね。

※**紙のチケット**…航空券を購入すると紙のチケットを渡される。往復で購入すると復路のチケットを帰りのフライトまで持っていないといけない。しかも、出発前に航空会社にリコンファーム（再確認の電話）をするという面倒なひと手間があった。（丸）

嵐　そう。旅行会社でチケットを買っても、その場でくれるわけじゃなくて、「1週間後に取りに来てください」って、また行かなきゃいけないんだよ。

丸山　カオサンには旅行代理店がたくさんあったから便利だったんですよ。僕もはじめてのバンコクは1998年、21歳のときでした。同い年のバンコク在住のライター、髙田胤臣《たかだたねおみ》さんも1998年が最初だって言っていました。嵐さんが勝手に命名したブラックロードのバンコク支部長ですね。そこにどんなメリットがあるかわかりませんけど（笑）。当時の僕はなんにも調べてなくて、ドンムアン空港からカオサンまでの行き方もわからなかった。空港でうろうろしていたら空手道場の先輩に会って、必死でくっついていきました。後にも先にもバスで空港から出たのはこのときだけですね。カオサンの宿は1泊たしか50THB（=約150円）。当時、旅※ブーム、アジアブームがあって、インドとタイには日本中の大学生が集まってましたね。そういう意味では出会いの場でもあったんですけど。

※**旅ブーム、アジアブーム**…火付け役は3つある。日本テレビ系「電波少年」で放送された猿岩石（有吉弘行・森脇和成）の「ユーラシア大陸横断ヒッチハイクの旅」。沢木耕太郎著『深夜特急』がテレビドラマになり『劇的紀行 深夜特急』として放送。いしだ壱成が起用されたタイ国際航空のCM「タイは、若いうちに行け」のコピー。いずれも1996年あたりがスタートである。多くの若者がこのムーブメントに乗ってバックパックを背負って旅に出ることになるが、若き日の丸山ゴンザレスもそのひとり。アメリカ留学よりも、アジア、アフリカへの旅を選んでしまったことが、人生の大きな分かれ道になる。正直、失敗したわ〜。（丸）

虫象　俺は2008年ごろかな。東南アジアを周遊しようと思って。いちばん安い宿を探して、カオサンには長居しましたね。ママズ・ゲストハウス※とか、小汚くて安いドミトリーが何軒もあって。

2013年のカオサン通り。露店や屋台も多くにぎやかだった。（虫）

※**ママズ・ゲストハウス**…カオサンエリア最安級のドミトリー中心の宿。日本人旅行者も多かった。2018年に閉鎖。（虫）

丸山　その頃の有名なドミってほかには？

虫象　ドミだとATゲストハウスとかトラベラーズロッジ※あたり。NAT2ゲストハウスとかスウィーティーゲストハウスはシングルだけど安くて日本人に人気でしたね。郵便局周辺ですね。

※**トラベラーズロッジ**…カオサン初の日本人経営のゲストハウスとして人気だった。2008年閉鎖。姉妹店「さくらハウス」もあった。（虫）

丸山　CH2※とかもあったね。そういう有名ゲストハウスがあって、貧乏旅行や長期滞在したい日本人がいっぱい溜まってた。外資のファーストフードは今ほど進出してなくて、ケンタッキー、マックあたりはすぐできたけど、2000年代に入ってバーガーキングができたときなんかは、旅の古株&ご意見番たちが「カオサン終わった！」って叫んでいた。その頃はメイン通りとその1本裏くらいだったんだけど、2000年くらいから「寺裏」※「第2カオサン」※みたいな新たなスポットが生まれて、徐々に拡張して、今では本家を凌ぐ勢い。同時に旅のスタイルも変わってきて、最初はオッサンたちが若い旅人を受け入れてなかったんだけど、徐々に若者たちの場所になって。今じゃオッサンのほうが少数派ですよ。

※CH2…カオサンの外れにある日本人宿。近所にあるマクドナルドに行くためによく通りがかっていた。(丸)

※寺裏…カオサン通りから見てワット・チャナソンクラームという寺の背後に広がるエリア。落ち着いた雰囲気の店が多く夜は静か。(虫)

※第2カオサン…寺裏エリアにはコスパのいいホテルやレストランが多く集まり、タイ人の若者や欧米人の観光地と化している本家カオサンより、本来の安宿街らしくなっている。寺裏を「第2カオサン」と呼ぶ人もいる。(虫)

嵐　俺はもう行かない。つまんない街になったよ。隕石でも落ちて潰れちまえばいい。

虫象　今じゃおしゃれスポットですからね。地元の連中のデートスポットらしいですから。ただ、PCゲストハウスとか古くからある一部のゲストハウスに、ひとクセもふたクセもあるじいさんがまだ生息しています。20年くらいずっと住んでいるようなじいさんが。彼らは小汚くて全然金も使わないし、月に1回の風俗が唯一の楽しみみたいな。

丸山　僕らが行ってた頃は低予算で過ごせたからよかったんだけど、今はそこまで安くもないから、わざわざ行く必要がなくなったよね。今だとエカマイ※より東側とか、チャオプラヤ川の向こう側に泊まったり。1回、みんなでトンブリ※ー泊まりましたよね。嵐さんと日程あわせて行ったんでしたっけ。わりとなんもすることなかったけど、ちょっと前のバンコクみたいな空気感で、街ブラブラしてるだけで楽しかった。お勧めはローカル市場くらいしかないんだけど。

※エカマイ…スクンビット通りに面し、日本人駐在員なども多く住む高級住宅街。長距離バスのターミナルもあり、エロ目的でパタヤへ行く際に立ち寄る人も。(虫)

※トンブリー…チャオプラヤ川の対岸のノスタルジーを感じさせるエリア。渡し船も利用できる。トンブリー王朝が築かれた地で、今人気のワットパク

バンコクのクロントイ・スラムの路上にて。下町感が強くノスタルジックな雰囲気に浸ることができる。(丸)

ナムもトンブリーのはずれ。(虫)

嵐　あれは楽しかったな。でも、カオサンにはもう行かないね、遠いし。俺、最近はラチャダー※に泊まっているんだよ。

※ラチャダー…バンコク中心部の北側に位置し、コスパのいいホテルも多いエリア。鉄道市場のナイトマーケットが大人気。マッサージパーラー（ソープランド）も多く、嵐氏はお忍びで通いたいがためにこのあたりに泊まっているのかも。(虫)

バンコク支部長の髙田胤臣さんと。ブラックロード幹部のなかでも特に仲が良い。(丸)

丸山　実際にはベテランの旅人がカオサンから離れていってますよね。BTS(高架鉄道)とかMRT(地下鉄)が開通した影響もあって、ここ数年はカオサン離れがさらに進んで、旅行者が1箇所に集まるってことがなくなりましたよね。利便性よりも確認作業的な意味が強まってるように思います。

虫象　俺はいまだにカオサン周辺に泊まることが多いですけどね。BTSもMRTも通っていないし、車の渋滞があったりして不便ですけど。安い連れ込み宿もあったりするんで捨てたもんじゃないです。性病は少し心配ですけど……。

嵐　タイに行くと虫象がいつもちんこかゆいって言ってるのは、それが原因？

丸山　昔からカオサン近くに売春婦っていたけど、利用してるやつはあまり聞いたことないですね。

虫象　まあ、いいじゃないですか……あとは、マレーシアホテル周辺に泊まることもあります。ルンピニ公園のあたり。

(股間をいじりながら)

丸山　サイアム裏の川沿いとかクロントイのほうにも安宿はあるよね。そのあたりはまだ日本人がちょっと溜まっている。

虫象　あのへんに泊まるような連中は少々お行儀がアレな感じですが、好きな雰囲気です。少々スケベ臭も漂うので。あと個人的に行くのはチャイナタウンですね。駅周辺からゴザ※飲み屋とか。今は減っているかもしれないけど、王宮周辺の屋台で飲んで、泥棒市みたいな路上販売を冷やかして歩くのが面白かったですね。サイコロでチンチロリンみたいなギャンブルやっているオッサンたちと交流したりしていました。

※**ゴザ飲み屋**…ファランポーン駅前の路上にゴザを敷いた女性が酒を出す飲み屋が並んでいる。イサーン（東北）地方出身者が営んでいる。（虫）

ブラックロードは体育会系

丸山　タイにはブラックロード界隈の仲間もたくさん住んでいますよね。ライターの髙田胤臣さんとか写真家の明石直哉さんとか。

嵐　エロ系のタズヤンとかナオトインポテンツとか。

丸山　たしか嵐さんの穴兄弟でしたよね？

嵐　やめろ！　本気にするやつ出てくるだろ！

丸山　昔はギラギラしていたけど「ポコチン勃ちません」よりはいいでしょ。

嵐　そうだけどよ〜。

丸山　あとは新《しん》羽《は》七助《ななすけ》さんとか西尾康晴さんとかの「Gダイアリー」※系のメンバーとか。Gダイ系との交流が盛んだからか、ブラックロードは「体育会系」って呼ばれているんでしょ？

※「**Gダイアリー**」…伝説の雑誌で当初はバンコクでしか入手できなかった。やがて話題になり日本でも入手できるようになった。特にガイドマップはコメント入りで使いやすく評判だった。現在は休刊。その顛末は室橋裕和著『バンコクドリーム「Gダイアリー」編集部青春記』（２０１９年）を参照。（丸）

バンコクの３大ゴーゴーバーエリアのひとつソイカウボーイ。人気店のドリンク代は値上がり傾向。（虫）

嵐　知らねえよ（笑）。そんなこと考えたこともないよ。
虫象　ノリ的に上下関係が厳しそうだからかな。
嵐　第三者がどう見ているかよくわからないね。
丸山　蔵前仁一《くらまえじんいち》さんの「旅行人」は文化系ぽくて、クーロン黒沢さん率いる「※シックスサマナ」あたりのサブカル系。あとは俺たち「海外ブラックロード」の体育会系。それ以外だと、元Gダイのデスクの室橋裕和さんとかの越境系、高野秀行さんのレジェンド冒険者系、下川裕治さんを筆頭にしたベテラン旅行者たちをひとくくりに解脱系とか（笑）。現役感ある風俗旅系としては、ポッドキャストにも出てくれたJOJOさんとか、※スタジオスモーキーあたりですね。このあたりの分類は勝手に言ってるだけで、本人たちは自覚ないと思いますが（笑）。きっとスタジオスモーキーのカルロスさんあたりが吹聴したせいだと思います（笑）。

※**シックスサマナ**…ライターのクーロン黒沢氏による電子雑誌。「人生再インストールマガジン」と銘打ち、東南アジアのアンダーグラウンド記事を扱う。（虫）

※**スタジオスモーキー**…ブラックロード・ファミリーのカルロス氏が主宰するポッドキャスト。テーマは世界や日本の旅や街歩き、アダルト情報。（虫）

嵐　俺たちが体育会って……丸ゴンがまずマッチョだもん。
丸山　いやいや、嵐さんだって若い頃は、〇×隊で△□だったって言ってじゃないですか。
嵐　バカ。それはマジで言うなよ。
丸山　いまでも□△には行けないんでしょ。アメリカ以外でも出禁になってるんですよね（笑）。
嵐　うるせえ！
丸山　ともかくですが、飲み方がマッチョなのかもしれないですね。ゴーゴーバーで朝まで飲み倒した的な話をよくするから。実際、嵐さんが年下にお酌させたり、若い旅行者を正座させたとかのパワハラするじゃないですか（笑）。
嵐　やってねえよ！
虫象　こういうノリが原因なんじゃ……。
嵐&丸山　あ!?
虫象　いえ、その……見た目の汗臭さもあるんでしょうね。
嵐　それは仕方ないな。

ジミー金村の「バスマップ」

丸山　バンコクでいつも行くとこは？　MK（タイスキ）はダメです。
嵐　初手から封じてくるなよ。とりあえず普通の観光でもいい？　土日にやっている※チャトチャック・ウィークエンドマーケットは外せないんだよね。あそこはとんでもなく大きなマーケットで、服、カバン、靴が安く手に入るから行くのが楽しみなんだ。

※**チャトチャック・ウィークエンドマーケット**…モーチット駅前に広がる巨大マーケット。土日に開催され、地元民や観光客で賑わっている。日本から買い付けにくる人が昔から多かった。(嵐)

丸山　観光ガイドじゃないんですから、王道は外してくださいい(笑)。それと、安く買い物って……僕たちのボスなんだからもっといいとこ行ってってください。

嵐　バンコクに行くスケジュールを作るときに、絶対に土日を入れるようにしているくらい。それくらい好きなんだよ。

丸山　ほかに行くとこないんですか?

嵐　カフェーは好きだね。

丸山　コーヒーとかお茶飲むところじゃなくて、イサーンの演歌を聴く、ステージがある飲み屋ですね。女の子が歌ってるのを聴きながら飲むっていう。タイっぽさが残っていて、日本人の姿を見たことないですね。

嵐　丸ゴンだって好きじゃん?

虫象　ちょっと区民センターの歌合戦ぽい雰囲気ですよね。俺も現地の人と話しているうちに話に出てきて行くようになりました。

丸山　ブラックロードは体育会系とか言っておきながら、ガツガツした女遊びはめっきり行かなくなってますね。風俗街も友だちが来たらアテンドがてら行くけど、テルメ※とかパッポンとかナナとかはもうひとりでは行かないですね。

※**テルメとパッポンとかナナとか**…バンコクのナイトスポット。詳しくはバンコク支部長・髙田胤臣著『バンコクアソビ』(2018年)をチェック。

嵐　行かないねえ。

丸山　昔は「日が暮れたらいい子が買われちゃう」とか思って早めに行ったりしてたんですけどね。

嵐　当たり前のように行ってたね。援交カフェも、テルメだけではなく当時はペップリー通りの「サイアムホテル」、スクンビット・ソイ3にある「グレースホテル」もすごかった。夜9時からゴーゴーバーに行って、そのあと順番に援交カフェをタクシーで回って。

丸山　タクシン政権の時代(2001年~06年)は明け方まで開いてたんですよね。夜遊びにきた日本人のスタンダードな動き方は、昼過ぎまで寝て、夕方くらいから外出するっていう感じでしたね。

嵐　起きるのは12時過ぎが普通だったね。

丸山　昼は紀伊國屋書店※が入っている伊勢丹に行って日本食を食べたりしてましたね。

※**紀伊國屋書店**…エアコンの効いた館内で日本の本を眺めて一日の大半を過

ごすことも多かった。タイに批判的な書籍や風俗や裏ネタなどをテーマにした本は取り扱われないこともあり、ブラックロード・ファミリーの本はそれほど置かれなかった。2020年8月の伊勢丹撤退とともに閉店予定。(丸)

嵐　当時は伊勢丹しかなくて。本を読めるのも嬉しかったね。立ち読みしたり、たまに高いけど買っちゃったりして。

虫象　フリーペーパーとかはなかったんですか？　いっときは20種類くらいありましたよね。

嵐　ぜんぜん覚えてないな。

丸山　嵐さん、もう健忘症ですね……。

嵐　俺を老人にしたいのかよ！

丸山　新しい読者に嵐さんのキャラを知ってもらいたくて(笑)。

嵐　まだまだ現役バリバリだよ、俺は。

丸山　そういうことにしときましょう(笑)。Gダイの創刊が1999年で、そのころはフリーペーパーはまだあんまりなかったですね。それよりも、※ジミー金村の「バスマップ」がめちゃくちゃ人気だったんですよ。手書きのバスの乗り換え案内なんだけど、カオサンのなかだけで出回っていて、それを手に入れたくて。現物は誰ももってなくて、コピーのコピーが流通してましたね。フリーペーパーよりもそっちのほうが重宝されていた気がする。持っている人を見つけたら「コピーさせてもらっていいですか？」って話しかけて。ネットカフェでコピーして。

※ジミー金村の「バスマップ」…カオサン沈没ライフの先駆者であり旅行作家のジミー金村氏による手作りバス乗り換え案内。当時、貧乏旅行者なら誰もが困っていたバス路線の接続(乗換え)をまとめた冊子で、当初は手書きだった。カオサンの日本料理店「竹亭」などで販売していた。ジミー金村氏は2016年に逝去。ご冥福をお祈りします。バスマップ、いっぱい使わせてもらいました。(丸)

虫象　ネットカフェ全盛期ですね。

丸山　まだ携帯電話もなかったから。※国際電話屋とかネットカフェとか、カオサンにはたくさんあったな〜。あのころ、ホットメールのアカウントを持っているのが超カッコイイみたいのありましたね。

※国際電話屋…1990年代、旅先での連絡手段は手紙。それ以外だと国際電話屋を使うしかなかった。設備としては電話のみ。距離と時間から料金が換算されるが、時差を考慮しないとせっかく電話したのにつながらずということも。カオサンでは、家族や友人への金の無心で使う人が多かった。その後、ネットカフェが台頭し、その姿をみることはほとんどなくなった。(丸)

嵐　懐かしいな。無理やり友だちにアカウントを作らされたよ。

丸山　嵐さんしばらくホットメール使ってましたよね？

嵐　そうだっけ？

丸山　使ってましたよ。マジで健忘……。

嵐　え、ちょっと待て。思い出す。

丸山　ほっときましょう（笑）。

旅のシメに8番らーめん

丸山　最後、タイの好きな食べ物の話でもしましょうか。嵐さんが必ず寄るところはウィークエンドマーケットとMK。

虫象　それ、はじめてタイに行く女の子が寄るところじゃないですか（笑）。

嵐　マスト、マスト！　MKスキは野菜と海鮮類に辛いタレをつけて食べるのが最高なんだよ。健康にもいいから、ひとりでも週に1回は行くっていう駐在員もいるって。お通じにも良いし（笑）。あと8番らーめんね。

丸山　何度も行きましたけど、美味くないですよ（笑）。

嵐　それはわかってるけど、確認作業っていうのかな（笑）。日本人のツアー客は、まずいとも言わずに普通に食べているよね。

丸山　でも、あれマジで美味しくないじゃないですか（笑）。

虫象　あんまディスらないでくださいよ（笑）。一応、日本国内にも幅を利かせているチェーン店ですからね。

丸山　虫象の出身地・北陸に強いチェーンだからってこび売ってんじゃねえよ！　とはいえ、正直に言わせてもらうと、20年前にはじめて食べたときはすげー美味かったんですよ。日本を離れて1か月くらいしたあたりに8番らーめん行ったらめちゃくちゃ美味くて。

嵐　俺、いまでもその感覚なんだよ。世界中を周って、最後にバンコクに寄るというのが俺の旅のパターンで、日本食に飢えている状態なんだ。それに、ひとりで入りやすいんだよ。なんだろ、あのヘンなスープが美味しく感じるんだよなあ。

丸山　世界でもなかなかない味ですよね。あっさりしていて。

嵐　現地の人にはすごく人気なんだよ。いつも店は満員だし。タイ人に「オススメのラーメン屋教えて」って聞くと「8番らーめん」って言う人も多いし。

丸山　あの薄味でよく満足できるなって思いますけどね（笑）。

嵐　チャーハンも好きなんだよね。紅ショウガついていてさ。

丸山　カニが入ってるやつですね。唐揚げと餃子もつけます。

嵐　結局食ってるじゃねえかよ！

虫象　MKと8番らーめんの話だけじゃさすがにまずいですよね（笑）。俺が好きなのは屋台のカオマンガイですかね。あとはバミーナム（タイ風ラーメン）。カオサンのワッタナ※

ーさんの10バーツラーメンも食いまくってました。いまはもう閉めちゃったみたいですけど。

※ワッタナーさんの10バーツラーメン…カオサン通りの1本北側、ランブトリ通りの小道にあった激安ラーメン屋。日本人の定番朝食として愛され、日本語の看板やメニューもあった。2015年頃に閉店後、同じ場所で別の若者が20バーツラーメンをはじめるも1年ほどで閉店。(虫)

丸山　カオサンのセブンイレブンの前のおかゆ屋台も美味しくて、今ではすごく大きくなってましたね。あとは、タイ風オムレツに「オン・ザ・ライスで」って注文して持ってきてもらいます。ほかにも屋台で春巻きとパッタイを買ってコンビニでビール。この組み合わせが好きで、次に何食べようか考えながら食べてました。

嵐　だから太るんだよ!

丸山　若かったからいいんです。あとは、竹亭って日本料理屋、カオサンにあったじゃないですか。移転したんですけど。できたばっかりのときは、漫画読めるし、飯は美味いしでめっちゃ通いましたね。唐揚げ定食にマヨネーズたっぷりで米をかっこんでました。

嵐　あー、美味しいね。

虫象　でも、バンコクって屋台とか飲食店がすぐに入れ替わっていくんですよね。気づいたらなくなってる。

丸山　これから先は間違いなく減っていくよ。今の政権は脱途上国というか、先進国に引き上げようと必死だから。そうなると屋台文化みたいなのをなくそうとするんだよね。日本でも屋台が一気になくなったみたいに。アレと同じことが起きるんじゃないかな。

虫象　世知辛いっすね。

否が応でもテンションが上がる街
ブラジル・サンパウロ

「嵐さんの時代がいよいよ来る！」

嵐　ブラジルには1997年に最初に行って、通算10回くらい行ってるね。ブラジルに関する本（『南米ブラックロード』2012年、『ブラジル裏の歩き方』2014年）も書いたし、2019年にも8年ぶりに行ってきたよ。

丸山　ブラジルといえば嵐さんなんですけど、イマイチ認知されなかったですよね。ブラジルの旅本って検索しても嵐さんの本くらいしか出てこないのに、ワールドカップ（2014年）もリオのオリンピック（2016年）もあったのに、嵐さんへのアクセスが少なかったですよね（笑）。

嵐　ブラジルだから。行く人、ぜったいに少ない（笑）。

虫象　地球の裏側ですしね。

丸山　ブラジルのワールドカップとかオリンピックの前からポッドキャストやっていて、収録のときに「嵐さんの時代がいよいよ来る！」って散々言ってたのに、すーっと流れていきましたよね（笑）。あれは衝撃でした。

嵐　敵はいない状態だったんだよ（笑）。

丸山　敵はいなかったけど、客もいなかった（笑）。

嵐　上手いこと言うなよ（笑）。

丸山　需給のバランスがいびつなんですよね。ブラジルに興味ある人はいるけど、遠すぎるし値段も高いから行かない。

嵐　ワールドカップで行った人もいたみたいだけどな。

虫象　一部の変態が行ったってだけですよね。

丸山　サッカーファンって変態なの？

虫象　へんなところに食いつきますよね。変態的にサッカーが好き、ぐらいのニュアンスでした。

丸山　火、消すよね～。

虫象　サッカーファンを敵に回すと怖いんで（笑）。

丸山　まあ、サッカー観戦に行くときに嵐さんの本は読まないですよ。ブラジルで俺たちが学んだことは、いくらその国でビッグイベントがあっても一般の旅行者が増えないと嵐さんの需要も増えないってことです。

嵐　そうなんだよ。オリンピックでも増えなかったねえ。

丸山　虫象が行ったのはいつだっけ？

虫象　２０１４年に南米縦断したときですね。ブラジル滞在は5日間くらいで短かったんですけど。ほぼサンパウロ、あとはイグアスの滝とかそのあたりで。

丸山　サンパウロの日本人宿、ペンション荒木※ってまだあるんですか？

※**ペンション荒木**…かつてブラジルを旅する人は必ず訪れたほどの有名宿。日系人の夫婦が営んでいて、最後は娘のローザさんが経営していた。夜遊びの達人が集まり、俺もここには通算1年以上は住んだと思う。家賃高騰の煽りなどで数年前に廃業してしまって残念。(嵐)

嵐　２０１７年くらいに潰れたみたい。場所はリベルダージ※って東洋人街の、メトロのサン・ジョアキン駅の近く。

※**リベルダージ**…リベルダージは「自由」の意味だ。かつて奴隷の売り買いが行われていた場所である。この場所に「日本人街」が形成されたが、現在は「東洋人街」に改められた。(嵐)

丸山　東洋人を狙った強盗が頻発するところですよね。景気が悪くなって。現地でも「あのあたりは注意しろ」って言われましたね。

嵐　あ、そうなの？　でも15年くらい前から強盗は多かったけどね。

丸山　嵐さん、そのへんの感覚、ズレてますからね。

嵐　丸ゴンに言われたくないよ(笑)。

丸山　ＡＴＭとか両替所に強盗が張っていて、日本人は1回でけっこうな金額おろすから、あとをつけて行って、路上じゃなくて車に乗って走り出してから、車でブロックして襲うらしいです。

嵐　昔から同じような話はあるね。だから昔なんて、両替を終えたら寄り道もせずに宿に戻っていたよ。好きなんだけど、あの治安だけはどうにかしてほしいな。

ボアッチに置き去り

丸山　僕がはじめてサンパウロに行ったのは２０１７年。到着した日の夜、案内してくれるはずの友人にいきなりボアッチに放置されたんですよ。「奥さんが怒ってるから帰らなきゃ」とか言って。ボアッチが何かさえよくわかってないときに。

嵐　はじめてでボアッチにひとりはキツいよ！

虫象　丸山さんでもビビることあるんですね？

丸山　帰り方がわからないんだよ、まず。

嵐　相手が丸ゴンだからそういう態度とったんじゃない？「まあ丸山さんなら平気でしょ」って。

丸山　よりによって街中のボアッチで、「ドラッグの取引とかやってて、いちばんヤバいんですよー」とか言われてたところでした。

嵐　ちなみにどこ？　アウグスタ？※

※**アウグスタ**…かつてアウグスタ通り周辺には安くて怪しいナイトスポットがたくさんあり、日本人旅行者は通っていた。現在はクラブやお洒落なレストランが多い。（嵐）

丸山　公園が近くにある。

嵐　あー、アウグスタだよ、そこ。

丸山　店を出たらドラッグの取引をやってるやつらがいっぱいいて、ヤベーって。ウーバー呼ぶのも、まずそいつらをかいくぐらなきゃいけないんですよ。サンパウロは東洋人風の顔はいっぱいいるから、相手も慣れたもんで。だからこっちも携帯見ながら「俺、ポルトガル語できます」って顔して切り抜けました。これがリオだったらやられてたと思うんですけど、サンパウロはそれが通じるくらい、最大都市としての安定感がある街です。危なさのなかにも安定感があるなって。

嵐　ちなみにボアッチってのは、ブラジル流ナイトクラブで、女と遊ぶ場所で飲むだけの人もいる。敷地内にヤリ部屋があるところもあるし、外のラブホテルに連れ帰るところもある。

丸山　グレードもあって、高級クラブからキャバクラ、場末のピンサロタイプまで揃っていて。老舗の店だと蝶ネクタイのおじさんが出迎えてくれて、料理とか酒も美味いんですよ。

嵐　上にいけばいくほど、すごいんだよ。お金ですべて解決できる。わかりやすい階級社会。

丸山　客だと思われると入り口のボーイの態度がすごく紳士的なんですよ。そうじゃないと「おまえぶっ殺すぞ」みたいな怖いおじちゃんに変わるんですよね。写真とかは絶対撮れないです。

嵐　女がいちばん嫌がる。仲良くなれば話は別だけど。

丸山　クレイジージャーニーで、リオ・デ・ジャネイロのボアッチ、ヴィラミモーザ※を取材したときに、番組ではチラっとしか映らなかったんだけど、海外風俗ブロガーのＪＯＪＯさん（PART2、PART4に登場）だけが「あれ、ヴィラミ

兄貴分のシュウさん提供。サンパウロで不良が火炎瓶を警察の装甲車に投げた。（嵐）

モーザですよね！」って連絡してきましたね。さすがだなって思いました（笑）。

※ヴィラミモーザ…リオ・デ・ジャネイロにある風俗街。街の中心部に近いエリアにあるが、治安の悪さ、独特の怪しさから敬遠する旅行者もいる。リスクをおかしてまで行きたい場所ではないようだが、いかにもブラジルっぽくて大好きな場所。（丸）

嵐　ＪＯＪＯさんはヴィラミモーザ推すよね。

丸山　あそこは本当にいいですよ。パッポンを５００倍くらい治安悪くした感じ。音楽ガンガンで酒飲んでてグチャグチャで面白いです。あれぞ、ブラジルです。

メシはとにかく量で勝負

丸山　ブラジル料理って美味いですよね。

嵐　とにかく量が多いね。繊細な味が好きな人とか少食な人はダメだよ。大食いで肉好きには最高。

丸山　付け合わせでライスとポテトくるでしょ。大皿できたから、みんなでシェアするのかなと思ったら一人前だったっていう。いやいや食えねえしと思ったら、ほかのみんなは余裕で食ってましたね。楕円形の皿にこんもりライスが乗ってて、さらにもうひと皿、こんもり乗ったフライドポテトがくるんですよ。

嵐　あの量はビビるね。女も同じ量、食うんだよね。日本と同じ量しか出さない店だとしたら、客は入らないからね。あそこの店は少ししか出さないと。だから、サッカーでも格闘技でも強いわけだよ、コイツら。

丸山　ちょっと一杯ビール飲もうよって入った店で軽いツマミがステーキだったり。とにかく量で勝負なんですよ。ソーセージもカットしてなくて、串にぎゅっと刺したやつがひと切り分として出てくるし、チーズもブロックで焼いたやつを５個も６個も串に刺して、こんなに食えねえよって量が出てくる。日本の洒落たシュラスコ屋みたいのとは全然ちがって。豆を煮込んだフェジ

一般的なブラジルのランチ。これで一人前。（丸）

ョアーダとか、意外とシーフードも美味しいですよね。

嵐　シーフードはどうだろうなあ。リオの魚は美味いかもしれないけど。ブラジル料理のシーフードは好きじゃないけど、日本食に使われるマグロ、サーモンは美味しいね。サンパウロでは寿司はかなりポピュラーだし。

丸山　ビールのツマミでフリッターを出す店だったんですが、美味かったですよ。リオにあったんですが、地元の人気店でした。あと、文化として日本や東洋の味が根付いていますよね。それもこれも過去の日本人たちが頑張ってくれたおかげで、日本人に対してやさしいし、東洋人街のメシも充実しているし、ストレス全然感じないですよね。

嵐　リベルダージ行くと、日本食、チャイナ、韓国料理もあるから、あのあたりにいるときはほとんどブラジル料理食べてない。

丸山　リベルダージで、博多のとんこつラーメンの一幸舎とゴーゴーカレー食べたんですよ。たぶんいちばん遠い場所で食べ比べしていますね。

虫象　すき家もありますね。

嵐　すき家は店舗が増えてるし頑張ってるね。昔はなかったんだけど、リベルダージ駅の目の前にできて、去年行ったらまだあったね。言い忘れてたけど、俺の本でさんざん書いたけど、ブラジルの女はいいよ。セクシーだし、いい女だなと思ってジロジロ見ていると、ほかの国だったら「何、見てるの？　失礼ね」みたいな態度をされるけど、ブラジルではジロジロ見ても失礼にならないんだよ。

虫象　個人差あると思いますけど(笑)。

嵐　いや、女性は見られることで快感を覚え、ますます綺麗になると思っている。だから嬉しそうに見られているよ。それに人種の豊富さ。東洋系、黒人、金髪白人、先住民のインディオ、アラブ系がいて、それらが混じりあって独特で、美人でも多様なんだ。

リベルダージのすき家店内。牛丼が出てくるのは遅かった。現地のブラジル人にも人気。（虫）

ブラジルの女が世界一だと思っている。（嵐）

虫象　ちがいのわかる男みたいな発言ですね（笑）。

丸山　やけに力が入ってて、妙な思い入れを感じます（笑）。

怖いのになぜ行くのか

嵐　元[※]サンパウロ新聞の記者でブ[※]ラジル番長・吉永拓哉さんって人がいて、2003年ごろに取材させてくれって言われて、それからの付き合い。

※サンパウロ新聞…休刊になってしまった日系新聞。日本人移民の拠り所であったが、一世、二世が亡くなり、ネットの時代になったので部数を大幅に減らした。（嵐）

※ブラジル番長・吉永拓哉さん…丸ゴンと知り合った初対面の感想が「番長に似ているな」だった。現在は博多在住。（嵐）／吉永さんの妹から「お兄ちゃんかと思った」と言われるほど瓜二つで、ドッペルゲンガーという説も。（丸）

丸山　俺と同い年で、もう長い付き合いだけど、会うたびに嵐さんのことを「永井豪の息子」と間違えたって話をしてくるんですよね。

嵐　もうその話はいいよって言ってるのに毎回ね。ペンション荒木で会ったときに「嵐さん、つかぬことをお聞きしますけど、永井豪の息子さんって本当ですか？」って。なんじゃそれ、っていう会話があったのよ。

丸山　シラフでした？

嵐　何回も言ってくるのはシラフじゃな

かったからかもしれない(笑)。夜中に俺がカラオケ屋で女と飲んでたときにも、フラーっと入ってきて、「嵐さん、カワイイですね、その女」とか言ってさーって出て行って、翌朝、まったく覚えてないとか、よくあったから(笑)。

丸山 完全にキマってますね(笑)。気合い入ってるバックパッカーはペンション荒木に泊まってたんだけど、そのペンション荒木より治安の悪いところにあったのがサンパウロ新聞の本社。番長は新聞社の上に住んでたんだけど、何回も強盗に入られてたらしいですね。

嵐 最近もサンパウロ新聞の前に死体が転がっていたらしい。銃弾が撃ち込まれたとかで。夜中歩いたんだけど、すげー怖い場所。

丸山 リオのファベイラ※を取材したあとにサンパウロ新聞に寄ったときは「平和だな」って思いましたけどね(笑)。

※**ファベイラ**…ブラジルの貧困街。治安が悪いと評判だが、それは外部の人間に限った話。住人たちにしてみれば顔見知りばかりで、コミュニティとしての結束も強く、住みやすい環境であるという。とはいえ、ギャング同士の撃ち合いや警察との衝突もあるので、そこまで住みやすいかといえば否である。ちなみに私はファベイラでよく銃声を耳にした。(丸)

嵐 お前が行くようなところと比べるなよ! やっぱり怖いよ。ギャングのやつら、急に来るんだもん。

丸山 歩き慣れてるやつのところには来ないじゃないですか。友だちのとこに来たようなやつには。そういう挙動を見てるみたいですよ、やつらは。

嵐 なんやかんや言っても、楽しいからブラジルには何回も行っちゃうんだよね。だって楽しくなきゃ行かないじゃない。

丸山 海外で日常があんなテンション上がって楽しいのってブラジルくらいですね。ニューヨークも大好きだけど、それ以上でしたね。日常が漫画みたいなことばっかり起きて超面白いです。あと、これは俺だけじゃないと思うけど、俺にぴったりの服が売っている(笑)。

サンパウロ新聞の正面玄関。番長いわく銃撃されたので弾痕があるそう。探したけれど見つからなかった。(丸)

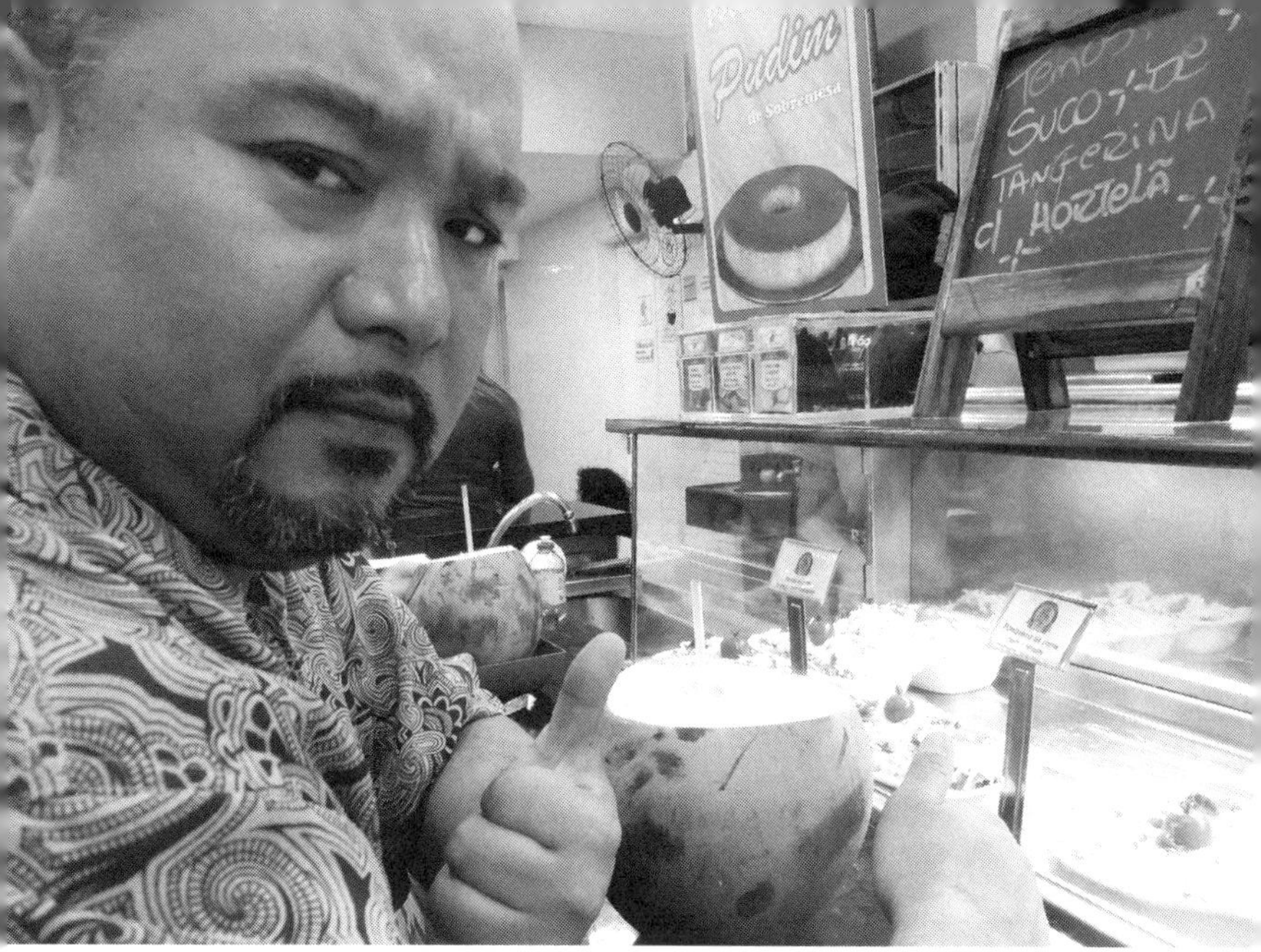

サンパウロのカフェでココナッツを飲むブラジル番長・吉永さん。丸ゴンではない。(嵐)

嵐　あ、それ番長も喜んでた。番長と一緒に買い物したときに、もう嬉しそうに買いだめしてて「ブラジルくると最高なんですよ」って。番長の身体もすごいんだよ。

虫象　丸ゴンさんも番長も同じ体型だし同じ顔していますよね。

丸山　サイズが選べるのが嬉しい。ブラジル行ったら、俺まだ小さめのサイズなんですよ。また趣味が合うんですよ、ブラジル人と。派手めのアロハとかTシャツのセンスが好きで。番長はいつも地味なチェック柄を買うんですけど。

嵐　全然地味じゃねえだろ。服のセンスがカタギじゃないんだよ！

虫象　顔もですよね(笑)。

アメリカ・ニューヨーク

不法滞在したいほど好きな街

「ジミーって呼んでくれ」

丸山　ニューヨークって嵐さんが逮捕された街ですよね?

嵐　ニューヨークではない。

丸山　ニューヨークではない(笑)。不法滞在でしたっけ?

嵐　不法滞在がニューヨークとボストンで、逮捕されたのは1997年のアトランタ空港。住んでいたのは1993年ごろかな。ニューヨークに住んでいた当時はメッセンジャーのアルバイトをしていて、自慢じゃないけど、マンハッタンの高層ビルはほとんど入ったことがあるよ。自転車とかバイクではなく、電車と歩きで周っていた。事務所がグランド・セントラル・ステーションってとこから歩いて5分くらいの場所で。日本人が経営していて、今はなきワールド・トレード・センターも毎日のように行ってたよ。「ワーセン」って呼んでたんだけど。時給6ドルくらいだったかな。いまとは物価が全然違って、そこまで高くなかった。家賃が高いだけで、レストランとかスーパーとかはそんな高いって感じじゃなかった。でも、たいして稼げないから、バイトする人はみんな掛け持ちしていたね。

丸山　嵐さん、「ジミー」って呼ばれていたんですよね。それってニューヨーク時代のこと?

嵐　話がズレちゃうけど、イギリスのブライトンに留学していたことがあって、そのときに学校でみんな「マル」とかニックネームで呼び合うんだよね。最初「マイ・ネーム・イズ・ヨーイチ」って言ってたんだけど、みんな発音できないんだよ。だから、いいや勝手にニックネーム作っちゃえって思って。

丸山　さすがにヨーイチからのジミーはないですよね(笑)。

嵐　いや、半分ネタみたいに「ジミーって呼んでくれ」って言ったのが、いつの間にか浸透しちゃったんだよね。

丸山　話、脱線しすぎですね(笑)。

嵐　丸ゴンが振ったんだろ!

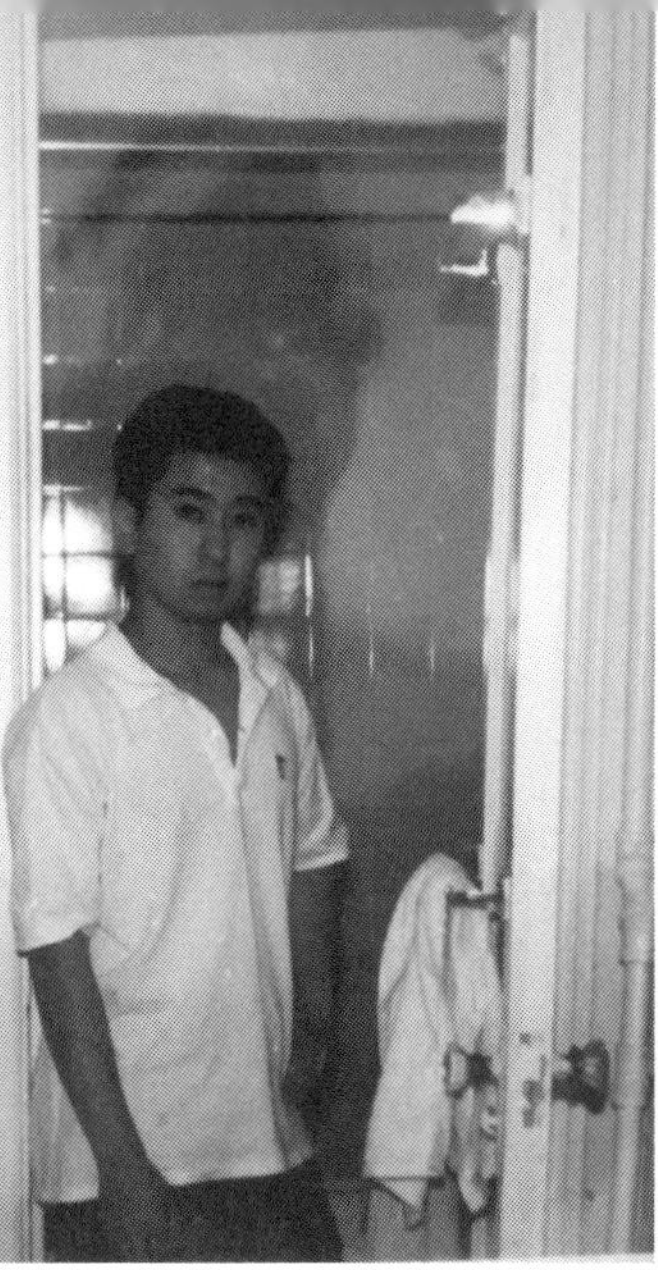

左／ニューヨークの自宅。常に孤独だった。(嵐)　右／最初にホームステイしたイギリスのブライトンにて。(嵐)

貧乏旅行には向かない街

丸山　話をニューヨークに戻すと、行ってる回数自体多いんですが、本(『GONZALES IN NEW YORK』2018年)を出すにあたって本格的に取材しはじめたのが2014年ごろで、そこからは年に1、2回は行ってますね。

虫象　俺は2013年に行きました。極力節約しようとセントラルパークを散策して、ブルックリンブリッジを眺め、蚤の市を冷やかしてました。MoMAとかいくつかの美術館や博物館も金曜か土曜の夕方は無料入館できましたね。でも、やっぱ物価高くて1ドルピザばっかり食っていました。自由の女神もリバティ島って上陸するだけでも20ドルくらいするから、島の近くを通る無料で乗れるフェリーから眺めてなんとなく自分を納得させてました。

嵐　俺が住んでいた頃は時給6ドルでなんとかなったけど、今は20ドルくらいもらわないとやっていけないんじゃない?

丸山　今、家賃が30~40万円でワンルーム借りられるかどうかってとこですよね。

嵐　俺が住んでたのはイーストの86ストリート。日本人が多く住んでる建物だったのね。ボロくて今はもう取り壊されてるんだけど、当時の家賃が790ドル。

丸山　そこそこしますね。
嵐　相場もよくわからないからとりあえず住んで半年くらいで引っ越そうと思ってたんだよ。ブルックリンに友だちが住んでいて、そこはシェアでひとり４００ドルって言っていたかな。
丸山　マンハッタンだと、今シェアでも30万円くらいいきますよ。ホテルも1泊平均３００ドルですよ。
嵐　当時はホテルが70、80ドルくらいだったかな。
丸山　今その金額だとシャワー共同みたいなところしか泊まれないですね。
虫象　俺はエアビーとかホステルワールドとかで、日本人が割と多い宿だったんですけど、ドミで25ドルくらいだったかな。語学留学に来てみたものの「学校選びを失敗した」と言っている女とか、スーツケースにブランドものいっぱい詰めた個人買付けの転売ヤーとかがいました。
丸山　もちろんそういう宿もあって、チャイナタウンのはずれにある1泊30ドルの監獄みたいなホテルに泊まったり。風呂トイレ共同みたいなホテルもあるにはありますね。最初はそういうところに泊まってたんだけど、だんだんエアビーを駆使するようになって。ただニューヨークのいいところは、友だちができると、みんな泊めてくれるようになるんですよ。

ホテルが高いのがわかってるから。そこからは長期滞在ができるようになりましたね。そうじゃないと1回の滞在で宿代だけで20万、30万って飛ぶんですよ。貧乏旅行には本当に向かない街。ドミトリーにずっと泊まっていると心が荒むんですよ。

勝負してる人たちと出会える

丸山　ニューヨークって、行くたびに街が変化していることが楽しいんです。まさに街は生き物だなと思うんです。飲み屋にしてもレストランにしても、いつも行くようなところが

「大麻を買う金をください」。タイムズスクエア周辺でこの手のふざけた乞食行為をする者は少なくない。(虫)

入れ替わっていきますよね。伝統か新しいアイデアか。何が評価されているのか一目瞭然になるのも楽しいし。
　あと、ニューヨークで頑張っているアーティストの友だちがいるんです。みんな四十代くらいなんですけど、そういう仲間と一緒にはしゃいでいるのが楽しいですね。彼らから刺激をうける。表現するとはどういうことかってのを改めて勉強する場にもなりますね。同世代のアーティストが言っていたことで印象的だったのは、「ニューヨークは修行しに来るところではなくて勝負しに来るところだから、勉強しに来てるなんて言った時点でそいつ負けだよ」って。だから、旅する場所としてはあんまり適してないとは思っています。えげつないエネルギーがうねっていて。
　あとは「ニューヨークスタイル(笑)」みたいな珍奇な食べ物を探すのは好きですね。最近だとドーナツ型のパスタとか(笑)。カルボナーラがドーナツになってるんですよ。最近、日本にも入ってきましたけど。

嵐　味はどうなの?

丸山　美味しいわけないじゃないですか(笑)。

虫象　インスタ映えするってことですよね。

丸山　そうなんだよね。あと、僕

ニューヨーク在住のアーティストFUNQESTのアトリエにて。(丸)

ドーナツ型のパスタ。もちろん美味しくない。(丸)

は留学をしたことがないんですよ。日本で大学院に行って勉強する道を選んだけど、もしあのときに留学する道を選んだとしたらニューヨークだったんじゃないかなと。「あったかもしれない俺の人生」みたいな道を歩んでる人たちに会えるんです。それはすごく刺激になります。僕がよくニューヨークに行く理由ってのはそこにあるのかもしれないです。

嵐&虫象　……。

丸山　まじめなこと言ってすみません。ブラックロードのスタンスとはズレますね。

嵐　別にズレないだろ（笑）。俺はロンドンに留学して、そのあとニューヨークではアルバイトしていたんだけど、当時は日本人の留学生の数がすごくて、30代、40代とかが多かったんだよ。音楽やバレエを勉強しに来たり、俳優を目指していたり。カメラマンとしてこっちで勝負するって人もいたし。

丸山　世界中からそういう人が集まって、しかも出会える街ってニューヨークとロンドンくらいなんですよね。ロスになると広すぎて出会いにくいんだけど、ニューヨークだと知り合えるんですよ。これぞニューヨークの魔法です（笑）。

嵐　丸ゴンには刺激があって合ってるかもしれない。俺は当時まだ文章も書いてなかったし、勝負とかそんなことは思わなかったけど。

丸山　もちろん勝負って意識を持ってる人だけじゃなくて、いろんな人がいます。地理の教科書で「人種の坩堝」って習ったと思うんですが、なにから見れば坩堝感がわかるかなって思うんですよね。

虫象　どうなんでしょう。とりあえず飯とかですかね。

丸山　99セントピザとか？

虫象　俺もあれは食いましたね。ほかにもホットドッグとか。

丸山　安いやつばっかり（笑）。ニューヨークはたしかに食にも金がかかるから。でも、少し高くても食べておいたほうがいいところもある。ハーレムに黒人料理のシルビアって店

99セントピザ。1ドルピザとも言う。ほとんどはおいしくないが、隠れた名店もあったりする。（丸）

があって、そこはお気に入りなんだよね。スペアリブとか肉料理に付け合せのコロラドグリーン、そういったアメリカでしか食べられないメニューがあるんだよ。デリやベンダー(屋台)で買えるチキンライスとかもいいね。ニューヨーカーと同じような食生活をしてみたいならホールフーズとかスーパーで買ってみるのもいいかも。惣菜とか冷凍食品とか。キッチン付きのエアビーで、毎朝料理してたな。

虫象　何作ってたんですか？

丸山　ベーコンエッグとトースト。

虫象　それは料理じゃないですよ。

丸山　ベーコンも日本より種類あるから楽しいんだよ。ただ、調味料が短期滞在用にないので、めっちゃ余っちゃうんだよな。だから、やっぱり外食がいいよ。クイーンズあたりには移民コミュニティが固まってるから、それぞれの国の料理が食えるし。フードフェスやフリーマーケットなんかもあって、とにかく何を食べるのかを選ぶのが大変なんだよ。

虫象　本当に食べるの好きですね。

丸山　チャイナタウン、リトルイタリーあたりも忘れちゃダメだ。あそこは名店が多い。

虫象　もういいですから。

「日本に強制送還です」

虫象　逮捕の話に戻っていいですか？

丸山　空気読めよ(笑)。

虫象　さすがに脱線が過ぎるんで。

嵐　当時のアメリカは日本のパスポートをもっていれば観光ビザで6か月間滞在できた。すぐに有効期限が切れちゃったんだけど、まわりで働いていた人たちもみんな同じように切れていて、でもそのまま働いてたんだよ。アルバイト先から証明書をもらってグリーンカードの窓口に提出すると滞在延長できるから、俺もそれをもらえばいいやって簡単に考えてたんだよ。今と違って出入国もワークパーミッションもユルユルだったたし、ビザの期限が切れても出入国できてたしね。

丸山　いい時代ですよね。

嵐　本当だよ。それで、いざ帰国することになって、そのときは何も言われずあっさりと帰国できたんだよ。そのあともブラジル行くときにロス経由で行ったんだけど、なんにも言われなかった。※転換点は911だな、2001年の。あれからアメリカ政府が厳しくなったんだよね。2002年にブラジル行こうと思って、アトランタ経由のデルタ航空のチケットをゲット。いざアトランタの空港に着いたら、トランジッ

マンハッタン、タイムズスクエアというミーハーど真ん中。毎回ここには足を運ぶことにしている。理由は特にない。(丸)

トなのに入国審査があってイヤな予感がしたんだよね。そしたら「あなた何年から何年の間、ビザなしでアメリカにいたでしょ」って言われて、「よくわかんない」ってごまかしたんだけど「別室に来なさい」って連れて行かれちゃって。でもサンパウロ行きのチケットも持っているし事情を説明すれば大丈夫だろうと思ってたんだけど、めちゃくちゃ大勢の係員が集まってきて、日本人の通訳の女の人も来て「サンパウロには行けません」と。「どうなるの?」って聞いたら「日本に強制送還です」って言われて。次のフライトがその日にないから、※留置所みたいなところに連れて行かれて。

※**転換点は911**…2001年の9・11アメリカ同時多発テロまではかなり入国規制が緩くて警備も甘かった。(嵐)

※**留置所みたいなところに連れていかれて**…翌日帰国できるかと思ったら、手違いでもう1泊する羽目に。30人ぐらいの大部屋だったが不思議なことに2日で慣れてしまって、シャワーを浴び、トイレもゆっくりできるようになった。今はいい思い出(笑)。詳細は『海外ブラックロード 危険度倍増版』に収録。(嵐)

丸山 これ、ニューヨークの話じゃないですね(笑)。なんで虫象、蒸し返したんだよ。

虫象 いや、知りたい人もいるかなって(笑)。カットしましょう、カット。

南アフリカ・ヨハネスブルグ

褒める部分はないけど、ネタの宝庫

ブラウンシュガーで差別を受ける

嵐　俺が最初に行ったのは2004年かな。ブラウンシュガーって宿に泊まって。

丸山　ヒルブロウ※ってエリアの、住宅街にある宿ですね。嵐さんにオススメされて、のちに僕もそこに泊まることになるわけですが、高級住宅を改装したホテルで、過ごしやすいんですよね。場所もいいし。

※**ヒルブロウ**…中心部に近いエリア。ポンテタワーがあるところとしても知られている。かつて「世界最悪」の治安と言われていた。過去に一度、ここで襲われたことがある。現在は一部高級住宅に生まれ変わっているが、それでも安心できるような場所は少ない。(丸)

嵐　いやー、いい場所にあるよ。元々その宿はマフィア幹部の邸宅だったらしく、警察と銃撃戦の末に幹部は射殺され、持ち主がいなくなった建物を前のオーナーが二束三文で購入したらしい。ケープタウンで知り合った人に教えてもらったんだけど、電話予約したらホテルの人が迎えに来てくれて。

丸山　はじめて行ったときは迎えに来てくれたけど、2回目以降は、散々念押ししたのに来てくれなかったですね。経営者が代わったって言われました。最初はくわえマリファナのヨーロッパ系のいい感じのオーナーで、夜になるとステーキ焼いてくれてビールが出てきて、はいどうぞ、みたいな。メシも豪華で採算度外視のいい感じだったんだけど。

嵐　マリファナばっか吸ってたよな、あのおっちゃん。

丸山　吸ってましたよね。そのオーナーが代わっちゃって、全然楽しくなくなっちゃいました。白人女性のマネージャーに売っちゃったみたいで、そいつがすげー差別してくる感じ。

嵐　俺にはなかったけど(笑)。

丸山　僕の英語の発音をイジってきたり、ゴハンできたって呼んでくれないとか、そういうのを平気でやるから。

嵐　えー、マジで。それはひでえな。

丸山　なんだこのババア、二度と来るか！って。実際、ヨハネスって慣れてくるとヒルブロウとかあのへんに泊まらなくてもいいじゃないですか。北のほうの白人居住区あたりとか、ショッピングモールとかもあるローズバンク※ってエリアがあって、そっちでいいやって。

※ローズバンク…郊外の中級～高級住宅地。ショッピングモールやホテルもあり、滞在時はだいたいこのあたりにいる。美味しいレストランもあって平和なので、つい飲みすぎたあとに歩いて帰ろうとしたら、店の人に「気をつけて」と言われる。無視して歩いているとガラの悪いやつに追いかけられたので、油断はできない。(丸)

嵐　当時は情報がなく、「地球の歩き方」にゲストハウスがいくつか載ってたんだけど、ブラウンシュガーはほかの日本人に聞いても知らないいって言ってた。それで俺が自分の本(『アフリカ・ブラックロード』2009年)で紹介したんだよ。ヨハネスブルグに集まる日本人旅行者がここに来てくれないかな、なんて願いを込めて書いたんだけど。数年後に「地球の歩き方」を見たら、ブラウンシュガーが載っていた。俺の本が参考文献に載っているかなと思って見てみたらクレジットもされてないいし、なんだよって思ったね(笑)。

丸山　南アフリカの旅行のスタイル自体が変わってきて、ヨハネスを経由しなくなったんですよね。サファリとかクルーズとかダイビング目的でケープタウンに行く人が増えて。あんな治安の悪いところ取材じゃなかったらわざわざ行かないでしょ(笑)。

ステーキかチャイニーズか

丸山　ヨハネスといえば名物料理がステーキですよ？

嵐　知らねえよ。そんなイメージないけど(笑)。

丸山　ケープタウンには料理屋多いイメージあるけど、ヨハネスだとステーキ一択ですよ。むしろ嵐さんは何を食べていたんですか？

嵐　チャイニーズ。

丸山　ほらきた。どこに行ってもチャイニーズ(笑)。南アフリカってのは、いろんな肉を焼いて食べるのが名物なんですよ。家畜の牛だけじゃなくて、ゲームミートって呼ばれる

ブラックロード・ファミリー御用達だったヨハネスブルグのブラウンシュガー。見た目の要塞感に違わず、もともとはマフィアの邸宅。ちなみに裏にはテント泊専用の空き地がある。(丸)

2009年、ヨハネスブルグのダウンタウン。怖いので車内から。昼間からなにをやっているのか。（嵐）

狩猟で獲得した野生動物の肉。クドゥ、アンテロープとかワニとか、とにかく肉食文化なんですよ。中国人が増えていてチャイナタウンも広がってきてますから、嵐さんの中華もなくはないですが……毎回この展開だとすでにオチ見えてますよね（苦笑）。

嵐　最初はチャイナタウンにお店は数件しかなかったんだよ。ヒルブロウのホテルからの一本道を歩いて15分くらいかな。なんにもない道をひとりぼっちで淡々と歩いて行くんだけど。

丸山　2000年代初頭は中華料理が数件集まっている場所だったんだけど、行くたびに店が増えていて。チャイナパワーがすごくなっているのを感じますよね。

嵐　ちゃんと中華街の門もできたんでしょ。

丸山　できてましたね。でももう行かないでしょ？

嵐　いやヨハネスはわかんないな、行くかもしれない。

丸山　嵐さんの旅から南アフリカはすでに除外されてると思う。

嵐　モザンビーク※ってポルトガル語を話すじゃない？　そこは一回行ってみたいんだよな。そこ行くのはヨハネス経由なのよ。だからヨハネスに2日寄って、みたいなのはある。

※モザンビーク…南アと隣接する治安のよくない人口2950人（2018年）の国。見どころは特にないらしい（笑）。（嵐）

丸山　単なる経由地扱い（笑）。

嵐　あ〜これ「俺たちの街」ってテーマだからもっと誉めなきゃな。

虫象　魅力は？

丸山　アパルトヘイト・ミュージアムが見どころかな。南アフリカの負の歴史である人種隔離政策時代の様々なアイテムを展示しているんだけど、ひとつひとつに重みがあって差別の果てにある人の悪意とか、同時に亡くなっていった人たちのこととか重く突きつけてくる。ただ、ミュージアムショップがいいんだよね。あそこで買えるTシャツはデザインがいいので今でも愛用してる。

嵐　俺のオススメはイーストゲート・ショッピングセンター。館内は安全で様々な人種がいる。そこで頼んだカフェラテが白いミルクの入ったコップに、黒いコーヒーを注ぐものだったのが、すごく印象に残ってるな。

丸山　あとは肉の種類。さっきも言ったけど食のストレスはないです。サファリとかダイビングとか自然系の遊びは多いけど、俺はやらないから。俺的には町歩きできないってのは全然面白くない。とりあえずすぐ襲われるし、差別も多いかな。

嵐　ケープタウンでは大きな※ゲイ・フェスティバルがあるよね。

※ゲイ・フェスティバル…南アはアフリカで同性婚が認められている唯一の国。ケープタウンは「ゲイの聖地」と言われているようで、宿にもそのような人たちが宿泊していた。（嵐）

丸山　白人限定だけど、世界最大級のフェスとも言われていますよね。なんというか、ヨハネスを褒めるつもりがまったく褒めていない（笑）。結局、散々イヤだイヤだと言ってますけど、あの街はネタになるんですよ。

嵐　俺もそれ言おうと思った。かなりネタにさせてもらったよな。※弟子の小神野も本を出したし。

ヨハネスブルグ取材中の小神野。火を見て妙なテンションになっている。やつのなかの「野生」が目覚めたのだろう。（丸）

※弟子の小神野も本を出したし。…ブラックロード・ファミリーのジャーナ

リスト小神野真弘は2020年に『ヨハネスブルグ・リポート』を刊行。よく取材された興味深い本で、怖いことが苦手な人には勧められないかも。（嵐）

丸山　取材がなければ行く意味はあんまないかもしれない。でも、あんなにネタになる国はない。大嫌いだけど行っちゃうんですよね。

「クレイジージャーニー」の取材でヨハネスのガイドとして登場したニャイコ。久しぶりの連絡で「覚えてる？」って聞いたら、「バカ言うな。お前と俺は友だちだろ」って送ってくれるようなやつである。彼の新しいビジネス（旅行会社）がうまくいくように応援している。いつかいろんな人を連れて乗り込みたいと思っている。（丸）

カンボジア・プノンペン、シェムリアップ

無法地帯感が残る国際都市

売春宿居座り事件

虫象　プノンペンのロシア大使館裏に、「東洋一危ない団地」と言われたブディンってありましたよね。

丸山　取り壊し済みのはずだね。通称「ホワイトビルディング」。どう危険かっていうと、治安的にではなくて、物理的に今にも崩れ落ちそうっていう意味。虫象はいつ行ったの？

虫象　２０１２年くらいですね。風俗があるとは聞いていたんで、女の子と遊ぼうと思って行きました。一階にある汚くて狭いヤリ部屋みたい小部屋に案内されて、おばちゃんに先にお金を渡して待ってるように言われたんだけど。

丸山　いくら渡したの？

虫象　10ドルですね。８ドルだったんで、２ドルのお釣りを返してもらうはずだったんですよ。

丸山　それはプレイの前？

虫象　前ですね。まだお釣りを待っている段階で。おばちゃんが全然帰ってこなかったんで、「早く返せよ」って揉めて、部屋に居座ったんですよ。売春組織のやつらが「早く出て行け」って言ってきたんだけど、こっちも「返さないと出て行かない」って言って。

嵐　よくあるボッタクリだよな。

丸山　お釣りがないように8ドル渡したほうがよかったな。

虫象　一旦は宿を出たんですけど、そこから何回もブディンに通って、おばちゃんが来るのを待ってたんですよ。２日後におばちゃんを見つけたから捕まえて押さえつけて。必死に逃げようとする形相を見られただけでもちょっと満足はしたんですけど。

丸山　まわりの人が止めに入ったんでしょ？

虫象　そう。「10ドル盗まれた」って話をしたら、そのおばちゃんじゃなくてまわりの人たちが「俺たちが払うから許してやってくれ」って（笑）。

丸山　結局返してもらったの？

虫象　返してもらってはないんですけど、おばちゃんが泣きそうになっていたんでスッキリしました。

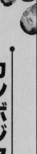

今はなき「ブディン」。一階には風俗の客引きがたむろしていた。（虫）

嵐　たった10ドルで何やってんだよ（笑）。

丸山　騙す人もいるけど、やさしい人もいるっていう。

旅行者とロリ好きが混在するカオス

丸山　でも、カンボジアと風俗は切っても切れない根の深い話がありますよね。通称S村とか。

虫象　スワイパー村※ですね。昔は何軒も置屋が並んでいて、小学生ぐらいのロリがたくさんいて、買春にくるのはドイツ、日本、アメリカ人が多かったらしいですね。

※**スワイパー村**…プノンペン中心部から北へ約10キロに位置する村。格安で児童売春が行われていることで有名になった。2003年に大規模な摘発が入りほとんどの置屋は閉めた。（虫）

嵐　俺は2007年くらいに行ってみたんだよ。3軒くらいしかやってなくて。

丸山　ダメになりはじめたのは2000年くらいだから、その頃に残ってるのは美人局的なやつでは？

嵐　一応ちゃんと営業していてたよ。

丸山　嵐さんまさか…？

嵐　店の中には入ったけど、中には出してねえ！って何言わすんだ。俺は、そっちの趣味はないし、むしろ嫌いなんだよ。許せない。

虫象　村の近くに横断幕で日本語でも「児童買春はやめましょう」ってのがありましたよね。

嵐　「コンドームをつけよう」って看板はあった気がするな。見張りがいて写真は絶対NG。入り口で女の子が来て、20ドルって言ってたかな。若い男に「おまえロリ好きか？　11歳、12歳くらいのを連れてくるぞ」みたいなこと言われた。

丸山　２０００年代初頭のカンボジアは、ひどい話ですけど、ロリを買いにくる旅行者は少なからずいましたね。バンコクのバックパッカー宿で「長老※」って呼ばれるような長期滞在者が、ロリ専門で風俗遊びをしている人たちと、「バンコクはロリが買えなくて終わった。これからはカンボジアだ」みたいなことを話し合った挙げ句にカンボジアに移っていったのを覚えてますね。

※**長老**…感覚的には3か月以上の宿泊キャリアが必要。一度でもチェックアウトするとリセットされることもある。もしくは、何度も訪れている常連。宿の人とのコミュニケーションを重視する傾向にあるが、まともな生活を送れていない人が多い。（丸）

嵐　タイのプーケットとかにもあったらしいね。

虫象　俺は２０１２年くらいに行ったけど、そのときはベトナム人の移住者が住んでるだけの場所になっていました。

丸山　とにかく昔のプノンペンは旅行者とロリ好きが混在しているカオスなイメージでしたね。

嵐　「俺たちの街」とは言えない街を紹介しちゃったな（笑）。

丸山　プノンペンの思い出といえば、真夜中まで飲み続けてクラブで遊んだ帰りに見た光景が忘れられないですね。目の前を一輪車に乗った白人が暴走族に追いかけられて逃げていて、しかも俺とすれ違う瞬間にアイコンタクトをしてきたんですよ。翌日、調べてみたけどニュースにはなってなくて。きっと無事に逃げ切れたのだと信じてます（笑）。

嵐　オススメだと、トゥールスレン博物館は何度も訪れた。ポルポト時代の収容所で、当時どのように拷問されていたか知ることができて、牢屋もある。昔は人が全然いなかったので怖かった記憶があるね。

アンコールワットで夕日待ち

丸山　シェムリアップの話もしましょう。アンコールワットは行きました？

嵐　人が多すぎて。特に中国人。ゆっくり見ようにも多すぎるから、もういいやって。

丸山　で？

嵐　少ししか見てないよ。あんなのただの廃墟だろ。並んでいくようなやつの頭の中がどうかしてるんだよ！

2000年代前半。シェムリアップの市場を歩くゴンザレス。トレードマークは麦わら帽子。ワンピースのルフィよりも早くに麦わら帽子の格好良さに目覚めていた。（丸）

丸山　辛口ですね。俺はまだ出版社に入る前くらいのときに行ったんだけど、そのときは欧米人と日本人くらいしかいなかったですね。第三回廊※でしたっけ？　いちばん上まで登って、バックパッカーみんなでマリファナ吸ってましたね。昼間は水だけ買って、ぼーっと座って『地雷を踏んだらさようなら』※とか読んでました。

※第三回廊…アンコール・ワットの最上階。急角度なため転落して怪我する人もいる。一度登ると下りる気がしないので、そこに留まって日がな一日過ごす人もいる。屋根があるので昼寝に最適。（丸）

※『地雷を踏んだらさようなら』…一ノ瀬泰造著。青春の一冊である。第三回廊で昼寝のついでに読んでいた。現在も本棚にある。（丸）

虫象　「夕日待ち」みたいのありましょよね。

丸山　そう。なんにもしないんですよね。「じゃあ、夕日で集まりましょう！」みたいに言って、みんなで飲みに行くみたいな。アンコールワットの正面から写真を撮りたいと思ったら、ちょっと待てば、人が入り込まずに撮れるくらいに空いてましたから。

虫象　俺は2008年に行ったときは1日チケット買いましたけど、2012年に再訪したときは午後5時以降、無料で入れるっていうんで。

丸山　いや無料じゃないから（笑）。職員が帰るから無銭で侵入しちゃってるだけだから。

虫象　もぎりのスタッフがいないから入って。その時間でも結構人はいましたけどね。

丸山　虫象と同じように、そのタイミングを狙って行くやつがいたんだよ。ちょうど夕日のタイミングだから。あとは3日間チケットを買って、4日目はもういいだろってタダで入れてくれたり（笑）。それくらいユルかったですね。まだアンコールワットの敷地内に地雷とかあって、除去作業とかしてました。

虫象　アンコールワットは広大なんで、中心地以外はただのジャングルみたいな場所もあるからまだまだ地雷があるんじゃないですか。宿から何人かでタクシーをシェアして行ってましたね。

丸山　2000年ごろのカンボジアは、とにかくどこも舗装されてない。常に赤土が舞ってるってイメージ。

虫象　タイからカンボジアに入るとわかるんですよね。

丸山　コンビニもなくてガソリンスタンドで買い物したり。

虫象　シェムリアップのオススメでいえば、定番観光地ですがナイトマーケットですね。日本人経営の店もあり日本人ウケするセンスの品が並んでいます。複数あるナイトマーケットを見て回るだけでも楽しめます。

「昔のアジア」の無茶な感じが残っている

丸山　プノンペンの発展もすごい。それこそ長老たちが話していたのが、10ドルあれば、コーヒー飲むか、マッサージ行くか、女買うか、みたいな3択。ゲスいなと思いながら聞いてましたけど、全部同じくらいの値段だったんですよね。10ドル以下。いま売春宿でもちゃんとしたところだと200ドルとかしますからね。急速に発展はしてるんだけど、まだ無法地帯感もあって、東南アジアのなかでは「昔のアジア」が残っている。実質の流通通貨がドルで、ビジネスでの公用語も英語なんですよ。だからすごい国際都市感があって、ヨーロッパからも人がたくさん流れてきていて、夜の街もオシャレだし、かっこいいんですよ。酒飲んでガンガン運転してるようなやつもいるし、その無茶な感じが面白い街ですよね。

虫象　プノンペンは発展著しいものの、昔ながらの安宿や市場もあって、古き良き東南アジアを感じさせますね。主要エリアはコンパクトだしイオンモールがあり、カジノがあり、安置屋もある。夜はちょっと危険な空気が漂うエリアもあるのがまた魅力なのかもしれません。一時期、プノンペンに投資目当てとかの胡散臭い詐欺業者※が跋扈してましたよね。

※**胡散臭い詐欺業者**…カンボジアのコンドミニアムなど不動産投資名目での詐欺被害は多い。日本人を騙す目的で近づく怪しい日本人も存在する。（虫）

丸山　ボランティアなのに金を払って参加させるっていう妙な団体も乱立していましたね。

虫象　カンボジアだと日本人でも土地が買えるとか。

丸山　土地が買えるんじゃなくて、観光ビザでもビジネスができるとか、ホテルが建てられるとか、ビザ関連がユルユルなんですよ。高級マンションがたくさん建ってるんだけど、そこをエアビーとして貸したりしていて。いまはあんまりゲストハウスに泊まらなくなってきてるんじゃないかな。有名なゲストハウスなんだっけ？

虫象　シェムリアップはタケオゲストハウス。プノンペンだとキャピタルとか。ボンコック湖沿いの安宿とかたくさんありましたよね。
嵐　あー、泊まった。キャピタルも懐かしいな。
虫象　ボンコック湖も埋め立てられちゃって、開発されてるんですよね。
丸山　バックパッカーのなかでは、カオサン発のバスに乗って国境の街アランヤプラテート※を抜けて、シェムリアップに行ってプノンペンに流れ着くというおきまりのルートがありましたよね。

カンボジア国境に差し掛かった若き日の丸山ゴンザレス。このあと迎えのバスに乗れずに取り残されることになる。（丸）

※アランヤプラテート…国境沿いの別にどうということもない街。いまは巨大な中古品のマーケットなどがある。（丸）

嵐　あったあった。
丸山　カンボジアはとにかく安かったから。でも15年前とはもう違うからね。15年前は何を買っても1ドルって言われていて。現地通貨が使いづらくて、お釣りがリエルできたりして「なんだよ使えねえじゃん」って。現地人も受け取ってくれないから。
嵐　ドルがほしいからね。1ドル札、大量に持っていってたな。
丸山　ただ、みんなも思ってると思うんだけど、食事が思い浮かばないです。カンボジア料理って何？　ハッピーピザ？
嵐　ハッピーピザはピザにマリファナの粉が塗してあって、少し苦みがあるんだよね。粉の量が多いと食べ終わってしばらくすると効いてくる。
虫象　思いつくのは麺だけど、どれを食べてもドクダミ感満載のパクチーが入っていて。
嵐　あれ美味しくないよな。
虫象　現地の人でもそんなに好きじゃないんじゃないってレベルの、ドクダミそのまんまみたいなの入ってますよね。
丸山　ベトナム料理とタイ料理があんなに美味いのに。ブラックロードのメンバーのレベルではカンボジア料理のオススメが見つけられなかったですね（笑）。

「海外ブラックロード」ポッドキャスト傑作選① 第1回

嵐よういちとは何者なのか？ 伝説の第1回放送

嵐よういち／丸山ゴンザレス

（2010年2月16日放送）

丸ゴンに誘われ、ノリではじめた第1回。正直、かなり緊張している。まさかこれから10年も続けるとは夢にも思わなかった。（嵐）／実はこの頃、会社員を辞めてフリーランスになろうというタイミングで、自分を発信する媒体が欲しいと思っていた。相棒に嵐を選んだのは、圧倒的な旅の経験の積み重ねがあるプロだから。（丸山）

社会不適合者からの留学

丸山 はい、はじまりました。「海外ブラックロード」ポッドキャスト。嵐さん自己紹介お願いします。

嵐 どうも嵐よういちです。

丸山 ちょっとなんかテンション低くないですか嵐さん。

嵐 いやいや第1回目ということでこのくらいでいいかなっていう。

丸山 ちょっと落ち着き払った大人の。

嵐 どんどん上げてきますんで。皆さんよろしくお願いします。

丸山 私、司会進行をやります丸山ゴンザレスです。通称「丸ゴン[※]」などと呼ばれておりますのでお見知りおきください。この番組自体は旅をテーマに適当に自由にトークしていく、そんな番組です。

※**丸ゴン**…命名したのは作家の草下シンヤである。この略称は比較的定着していたが、クレイジージャーニーで「ゴンザレス」の呼び名が普及。いまでは当時を知るメンバーだけが呼ぶニックネームになっている。（嵐）

嵐 そうだね。

丸山 この番組では基本、嵐さんの旅の予定などを音声を通してお伝えしていきたいと思います。本には書けなかったようなエピソードとかそういうのも紹介していこうかなーなんて。そんな感じの番組です。俺はともかく嵐さんのことをはじめてこのポッドキャストで知る人もいるでしょうから、今回は嵐よういちとは何者なのかということを本人の口から語ってもらおうかなと思っています。嵐さんの本の読書なら見たことある奥付、いちばん後ろのページにある著者略歴。あそこを軸に嵐さんの人となり、嵐よういちとは何やってる人なのというのをみんなに紹介していきたいなと思います。まず嵐よういちは本名なんですか？

嵐 まさか。

丸山 やっぱり嵐のほうが本名で。

嵐 いやいやいや逆逆。よういちが本名で嵐がペンネーム。

丸山 1969年生まれ。東京都杉並区出身までは普通にあるパターンだと思いますけども。その後の「独身」ってこれなんですか？

嵐　いやだからね、そういう風に書いたほうが女にモテるし。

丸山　そんな。

嵐　いいかなーみたいな。

丸山　そんな不遜なこと考えてわざわざここに？

嵐　うんそうだね。

丸山　20歳からイギリス、アメリカと留学。

幼少期の俺。(嵐)

嵐　そうそう。

丸山　その後、面白い写真を求めて海外を放浪する。これまあ留学っていうのはあれですか？　遊びに行ったたっていう。

嵐　一応ちゃんと勉学をしてたよ。

丸山　本当ですか？　前に4日で退学したとか言ってませんでしたっけ？

嵐　さすがにそれはねえよ！　アルバイトしたり遊んだけどちゃんと学校は行ってたよ。

丸山　はじめての海外が20歳？

嵐　20歳の時にオーストラリアに行ったのがはじめて。

丸山　オーストラリアで童貞(初海外)喪失？

嵐　そう。

丸山　何しに行ったんですか？

嵐　ホームステイ。1990年に遡るけど、今と違って良い時代で、俺の周りはみんな留学してたわけよ。オーストラリアとかアメリカとかイギリスに行って、俺もちょっと両親から行ってみないかと言われて。

丸山　両親ですか？　親が言ってくるなんてよっぽど何もしてなかったんですね。無職でブラブラしていた穀潰しだったんですか？

嵐　そうなんだ。父親から会社の関係で安く行ける伝手があるので行ってみないかって勧められたんだ。当時の俺、社会不適合者で飛行機は乗ったことないし、英語も話せないし、最初やっぱり不安だったんだけど行ってみて本当すごく面白かった。

丸山　クズ的な部分に否定がないんですね(笑)。それで旅にハマったんですか？

嵐　いや全然違うな。ハマったわけではない。ただ普通に行って良い経験したし、いろんな外国の人に興味持っただけだった。

丸山　じゃあ留学時代で旅にハマったとかそういう感じなんですか？

嵐　イギリス留学先の学校でクラスに世界中の人が集まるじゃない。そうするとまあいろんな話をするよね。それで友だちになって、その友だちの国にすごく興味持って、どういう所に住んでいるんだろうとかいろいろ知りたくなったんだ。夏休み迎えたからちょっと旅をしてみようかと。鉄道周遊チケットを現地で買って、それでヨーロッパを周って友だちに会ったりして、いろいろ大変なこともあったけど、非常に有意義な経験だったな。

丸山　今と違って好奇心に溢れたアクティブな感じ。すごくまともじゃないですか。

嵐　最初は俺もまともよ。リュックサックを買ったけど、旅の仕方もわからない素人だったけどね。

丸山　今聞くとなんか「嘘くせー」とか思いますけどね。嵐さんが素人だった時代って本当にあるんですね。

嵐　時代が1991年で、俺も21、22歳の時だからね。

丸山　欧州激動の時代ですよね。旅を続けている間に、その国が分裂したとか。そういうのを目撃できたわけですよね。それってどうなんですか?

嵐　とにかく、なんていうか不思議な感覚だよね。その時、ヨーロッパって東側陣営と西側陣営に分かれていたわけよ。

丸山　覚えてます。ニュースで見たり世界史で習ったりしました。

ロンドンの学校にて。オックスフォード・ストリートにあって周りは常に賑やかだった。(嵐)

嵐　今はユーロとかで繋がっているけど。例えばハンガリーからルーマニア、ブルガリアとかあの辺全部日本人はビザが必要だったんだ。いちいちそれらの国に行く前にビザを取らなきゃいけなかった。さらに鉄道も国境を超えるたびに出入国検査があって面倒だったんだ。通貨も今はユーロでほとんど済んじゃうけどその時はフレンチフラン、スイスフランから、イタリアだってリラだったし。もう全然違うわけね。ソ連がまだあったから。

丸山　(笑)。ソ連があった時代ですか?

嵐　もうCIS※(独立国家共同体)になってたけどね。

丸山　ヨーロッパの変わっていく様子をずっと見てこられたのですね。

※**CIS(独立国家共同体)**…ソ連を構成していた15か国のうち、バルト三国を除いた12か国によって結成されたゆるやかな国家連合体。(嵐)

イギリスのメシは豚の餌？

丸山　嵐さんってグルメじゃないですか？

嵐　あぁ、もう大好き食べ物。

丸山　ヨーロッパはどうなんですか？　ふたりで飲んでる時に、イギリスのメシはまずい最悪だとか言ってるじゃないですか。

嵐　あーまずいよね。イギリスはもう食い物じゃないよ。

丸山　（爆笑）。

嵐　豚の餌※だよあれ。

※**豚の餌**…現在はかなり改善され、俺が住んでいた時とは違うようだ。（嵐）

丸山　（爆笑）。イギリス人が聞いたら怒りますよ。

嵐　いや、俺イギリス人に言ってるもん。

丸山　本当ですか？

嵐　うん。そうねーみたいに言われる。

丸山　（爆笑）。

嵐　イギリス人でグルメでお金ある人たちは、イギリス料理ではなく、インド料理とかチャイニーズとか食べたり、あとフレンチ、イタリアン。そういう食生活だったね。ケンブリッジに有名な地元のレストランがあるっていうので、友だちと行ったんだ。ガイドブックに書いてあって、カレーが美味しいので有名だった。注文しまして、きました。そしたら友だちが頼んだものも含め、全部まずいもん。まずいというかね、ふたつくらい何かが抜けているの。日本特有の「旨味」なんてもちろんない。

丸山　（爆笑）。

嵐　何が抜けていたのだろう。

丸山　多いじゃなくて足りないんですか？

嵐　足りないの。

丸山　何ですかね？　塩味とかそういう単純な話じゃない…。

嵐　塩とかじゃないね。食べ物を舐めているとしか思えないよ。

丸山　（爆笑）。やっぱフィッシュアンドチップスは食べたのですか？

嵐　あれまずいよ。観光で行った時とか、1回目はまだ大丈夫かなとは思う。ただあんなの毎日のように食べていると憎しみ湧いてくるよね。

丸山　（爆笑）。そんな食ってたんですか？

嵐　金ないし、お腹すくじゃない当時若かったし。パブとかになるとそういうのしかないわけよ。

丸山　はいはい。

嵐　あと生の貝。

丸山　貝って。牡蠣とかじゃないんですか？

嵐　いや違う。それで変なタレみたいなのつけて食べるんだけど、安いから腹減ってるし食べるじゃない？　もうすっげえ生臭くてまずいの。

丸山　（爆笑）。ビール常温※は許せます？

※**ビール常温**…イギリスのパブではビールをグラスに注いでくれるが、冷たくないので最初は驚いた。正確には少し冷えている。（嵐）

嵐　びっくりしたね、最初は。

丸山　なんか日本人の感覚からするとビールってもんはちんちんに冷やしてないとね。

嵐　でも、やっぱり慣れてくるよね。

丸山　あー。慣れって恐ろしいですよね。

嵐　あれでもしビールが冷たかったら、イギリス人はずっと飲んでられないよね。

丸山　たしかに(笑)。

嵐　例えばパブで飲みに行こうってなるじゃん。夜7時くらいから3時間も4時間も飲むんだけど。あれでもし冷たかったらあんな飲めないし、胃と腸が悪くなるよね。だからぬるいんじゃないかなっていう。

丸山　冷たいほうが好きなんですか?

嵐　でもね、その時はそれが普通だから、まあそれでいいかなっていう。

丸山　ちょっとそれますけど、海外でアイス・イン・ビール※あるじゃないですか?

※**アイス・イン・ビール**…東南アジアでは冷蔵庫でキンキンに冷やしたビールではなく、コップに氷を入れて冷やす。好みの分かれるところではあるが、好きな人は「これぞアジアンスタイル」と喜ぶ傾向にある。ただし、氷が水道水などで作られている場合、腹を壊すことがあるため、注意と慣れが必要。ちなみに、同じ飲み方を日本でしても美味しくない。(丸)

嵐　東南アジアでしょ?　大好き。

ロンドンの自宅にて。ジミー時代。(嵐)

丸山　あれはOKなんですか?

嵐　フィリピンとかタイとかベトナムでは、冷たいビールが出てきても外が暑いからぬるくなっちゃうじゃない。氷入れると美味しいね。しかもビールがちょっと濃いよね。

丸山　あぁちょっと濃いですよね。

嵐　それで氷が溶けた感じで飲むのがちょうどいいんだよね。あれは好きなんだよ。

ふたりの出会い

丸山　本のプロフィール欄に嵐さんの哲学として「楽しくなきゃ人生じゃない」こう書いてありますが。

嵐　うん、そうじゃない?

丸山　なんかまあ人に歴史ありというか、そういう嵐さんがいたからまあ俺もこうやって今しゃべってるわけですよね。俺と嵐さんの出会いって、嵐さんが旅行作家になって、俺が書いた原稿を嵐さんがたまたま見て。

嵐　あーそうそう。

丸山　覚えてますか?

嵐　あれは12月30日、何年前だ?　俺の担当者編集でMっていうのがいるんだけど、あと平間君っていう旅行作家ともうひとり誰かいて4人で夜中に麻布のファミレスにいたのかな。今だったら多分みんなタクシーで帰っちゃうと思うんだけど、とにかくちょっと金ねえなって感じで。時間つぶそうと朝まで。そこで編集Mが仕事で悩んでることがあると。嵐さん原稿を見てくれないかと言ってきたんだ。それでもし嵐さんが面白いって言ったら出版する決心がつくと言ったんだよ。読んだら、誰これ？　丸山ゴンザレス？　おもしれーじゃん。俺はただ正直に言うから。普通に面白いから面白いなぁ、なんだこいつはみたいな。

丸山　(爆笑)。

嵐　危険な奴だなって言って、そんな感じで話していたら本が出ていた。

丸山　恩人[※]なわけですね嵐さんは。

※**恩人**…この当時、嵐さんは鮮明に記憶していたらしいが、ポッドキャストも10年を迎える頃にはすっかり記憶から消去していることが判明。おそらく思い出すこともないであろう。なぜなら嵐よういちはすっかり物忘れが激しくなっているからだ。嵐さんに評価されたことが多少はデビューを後押ししたと思っており、感謝している。(丸)

嵐　いや恩人ていうかいずれ出てくるでしょどっかで。

丸山　いやわかんないですよ。そういう縁があって、その後知り合ってしゃべるようになったわけですけども。まあとりあえず今回は大まかな、我々のお送りしたい番組の概要と嵐よういちとはなんぞやと、僕と嵐さんのちょっとした出会いのいい話、そんなのお送りしたわけですが。

嵐　みんな感動しましたか？

丸山　しないと思いますよ(笑)。これからもいろいろとその他の海外の危険ネタとかそういう情報とかもここだけで紹介できるものとかそういうのもやっていければなと思います。まあ第1回目こんなところですね、ありがとうございます。

嵐　じゃあ何回まで続くかわかりませんけど。

丸山　いや続けましょうよ。

嵐　1万回[※]目標、目指して頑張りましょう。

※**1万回**…海外ブラックロードは10年で600回。このとき、いかに荒唐無稽なことを考えていたのかがわかる。(丸)

丸山　それは多すぎかな。

嵐　あーそうか。

丸山　ありがとうございます。

嵐　はいどうもありがとうございました。

「海外ブラックロード」ポッドキャスト傑作選②　第13〜15回

2010年のエジプト旅

嵐よういち／小神野

（2010年3月放送）

2010年の2月から当時ライター兼カメラマン志望の小神野真弘とスラムを巡る取材をはじめた。タイのバンコクをスタートしてインドのハイデラバード、ムンバイを経てケニアのナイロビ、そしてウガンダのカンパラに到着。カンパラのクーラーもない、ぼろいホテルからの収録。（嵐）／この回の臨場感は最高だった。また、この放送で外国人に罵倒されたエピソードを聞いたことで、嵐よういち＝実はツッコミではなくボケ役のほうが合うんじゃないかと確信した。（丸山）

ウガンダでブチキレる

小神野※　ケニアのナイロビからウガンダのカンパラまではバスで移動したんですが、あれは大変でしたね。

※小神野…フォトジャーナリストにしてライターの小神野真弘。嵐の弟子でもある。日芸の文系男子にして虚弱バンドマンな学生時代を過ごした反動で破天荒に憧れる。独特の感性は周囲を巻き込んで様々な事故や奇跡を起こし続ける。2年ほど同棲したが「玄人童貞」だそう。また2017年の冬に「もやもや湯気あがるニューヨークの道をスタバのコーヒーを持って歩きたい」と言って失踪したが、2019年にニューヨークに留学していたことが発覚。各方面への謝罪後に帰国。現在は千葉の完全異業種の会社で人間関係に苦労しながら過ごしている。独身である。独身である。もう一回、言っておこう。独身である。（丸）

嵐　かったるくて。本当だったら飛行機でと考えてたんだけどね。朝7時に出発はいいんだけど、それで席に座ろうと思ったら、デブの黒人のババアがふたり座っていてね。

小神野　ダブルブッキングだーって。

嵐　女に「ダブルブッキングだからあなた行って来なさい」って言われたから、チケットを運転手に見せると日にちが違っていたんだよね。まあ確認しない俺らも悪いんだけど。しかもさ、もう出発間近で、荷物も預けちゃった後でね。それで慌てて、小神野くんにバスが出発しないように待っていてもらって。俺が交渉したら、俺らのミスで乗るべき日に乗ってないわけだから、チケットは無効なんだけど、割引で乗ることができた。割引って言っても本当は向こうの責任だよな。

小神野　要するにどっちも悪い。

嵐　とにかく乗らなきゃいけないと思って、日本円で1200円くらいかプラスして乗ってさ。

小神野　いやーその道中もオフロードレースかってくらい、ガックンガックンしていましたね。

嵐　ほんとだよもう、俺、ナイロビに戻りたかったもん、あの時点で。

小神野　いや戻りたくないですよ、あんな恐ろしい街に。でまあ、そんな紆余曲折があって、カンパラに着いたのが夜10時40分。ホテルに着いたのも11時半くらいでしたね。

嵐　去年の旅で知り合った人からカンパラに行ったらみんなニューABCホテルに集まっているらしいよって聞いてて、そこに向かったんだよね。「地球の歩き方」に書いてあるし、最低限の宿かなと思ったら、バーの2階の最悪の宿だった…。

小神野　バーに入ったらいきなりビリヤード台があって、その奥になんかすごく薄暗い空間で黒人が死にそうな顔しながらビール飲んでいてね。

嵐　真っ暗なんだよね。

小神野　あれ怖かったですよね。

嵐　窓もない部屋に通されてさ。不気味だったよね。それでさ、夜11時に電気消えちゃったんだよね。停電。後になってわかったんだけど、俺らのホテルだけだったたっていうね。

小神野　そうそう。

嵐　朝まで点かない。窓がないから真っ暗でさ。

小神野　自分の掌が見えないくらい真っ暗って僕はじめてですよ。

嵐　それで朝、普通だったらホテルのスタッフは「ごめんね」とか言ってくるじゃん。なのに、なんか変な態度だったんでしょ？

小神野　そうそう。なんかへらへら笑いながらね、俺は英語が喋れねーよって完璧な英語で言うんですよ。お前英語しゃべってるじゃねーかって。

嵐　なんか質の悪いホテルとかって、そういうふうに日本人とかアジア人とかに対してあからさまにバカにするような態度してくるよね。部屋を見せてもらう時に、スタッフの態度がすごく悪かったんだ。これは何かおかしいと。小神野くんが一日寝れば変わるかもしれませんよっていうし、移動もめんどくさいじゃない。でも寝て起きたら、真っ暗だったからね。それで態度も悪いから俺がブチキレて、とりあえず朝飯食って次のホテルを探して、もう移動しようと。すぐ4軒くらいとなりのね。

※**あからさまにバカにするような態度**…10年にわたる付き合いからわかったのだが、嵐さんは差別されることを異常に嫌います。それ以外の攻撃はむしろネタにするのに。彼の過去にいったいなにがあったのか。(丸)／海外を放浪していると東洋人の外見というだけで、バカにしてくるやつがいる。俺はそういうのを許せない。暴力はよくないし、口論してもキリがないので、本などで発表するようにしている。(嵐)

「性病じゃ」

小神野　そこで今ラジオを収録しているわけなんですけど、ここは悪くないですよね。

嵐　悪くないっていうか普通だね。

小神野　ただ暑いのがね。ウガンダは3月くらいになると平均気温24度くらいって聞いたたんですけど、いや猛暑ですよ現在。

嵐　夜に気温下がってくれればいいんだけど。

小神野　きついですよね。疲れが取れないからね。あと日本人がやっている旅行代理店に行って、この街の情報を教えてもらったんですけど、我々が泊まっているこのあたりが一番治安悪いらしいですね。

嵐　そうだね。

小神野　実際、外がすごくザワザワしてるんですよ。

嵐　夜11時くらいになるとうるさくなって、人が踊って変な奇声が聞こえてくる。

小神野　めちゃくちゃうれしそうな奇声がね。キャーっていう。

嵐　そう。謎だよウガンダ人。面白いよね。※空耳アワーみたいにいろんな言葉聞こえるよね。

※**空耳アワー!**…「タモリ倶楽部」の人気コーナー。嵐さんはこのコーナーがいたくお気に入りで、たびたびネタにする。(丸)

小神野　目の前をいきなり遮ったバイタクのやつが「性病じゃん」って言ったんですね、俺に。

嵐　「性病じゃ」でしょ?

小神野　「性病じゃ」。

嵐　あと「※中尾亜紀」ってよく聞くよね。

※**中尾亜紀**…ググってみたが、これといった情報は出てこなかった。数年後に訪問した人々からもこの名前は聞かれなかったことから、一過性のもので、ふたりの極度のストレスからくる幻聴であった可能性を否定できない。(丸)

小神野　あとなんでしたっけ?

嵐　いや俺この前メモ取ったんだけど、「ほんまか」もあったよね。

ウガンダのカンパラの安宿。ここで小神野と収録した。(嵐)

小神野　「ほんまか」ありましたね。「安くしてくれよ」みたいなこと言って、ダメだみたいなことを言われて、じゃあ俺帰るぜみたいなこと言ったら「ほんまか」て言われて。

嵐　「ほんまか」って言われたんだよね。あとさっきも歩いていたら、誰かと誰かがバンってぶつかった時に「いたっ」と聞こえた。

小神野　それ※完全に日本語ですよ。

※**完全に日本語**…海外における日本語の浸透具合は、ディレイが大きいほど面白い。1990年代終わりにインドで「宮迫です」が流行した。その後もいくつかのギャグが日本人により伝達されるのだが、2000年代にも「宮迫です」をやるインド人をごく僅かにみとめることができた。伝承文学や民族学的な文化や言語の伝播という観点からも貴重な資料となるはずもないので、みんな忘れましょう。(丸)

嵐　実はこの4時間後くらいに小神野くんはひとりでエジプトのカイロに行っちゃう

んですよ。俺はそのあと4日くらいまだカンパラに残って、もう取材も終わって何をするわけでもないんだけど、その空耳アワーを収集しようかなみたいな。歩いているだけでいろんな言葉が聞こえてくるんで。

世界中どこでも麻婆豆腐

小神野　カンパラの食事なんですが、嵐さんお気に召した食事ございました?

嵐　俺ら考えてみたら夜飯チャイニーズしか食ってないじゃん。

小神野　うん、日記を見てみたんですけど到着してから今日まで毎日チャイニーズしか食ってませんね。

嵐　でも基本的に1日2食で、朝食はホテルで付いているクソまずいパンと、黄身が薄い、黄身が白っぽい変なゆで卵。

小神野　あれ黄身の味もしませんよね。

嵐　「地球の歩き方」に書いてあるチャイニーズ全部行ったもんね。

小神野　行きましたね。すべての店で麻婆※豆腐が共通してメニューに載っているんで、頼んでるんですけど、やっぱりファンファン飯店の麻婆豆腐。

カイロの宿。「エジプト編」はここから収録した。(嵐)

※**麻婆豆腐**…控えめに言っても嵐さんの体の30%は麻婆豆腐によって構成されている。食の好みについてうるさそうに語るが、実は麻婆豆腐以外に興味はなく、日本の居酒屋でもメニューにあれば頼むほど。「もう、世界の麻婆豆腐の本でも出しちゃえばいいのに」と周囲は言っていたが、重い腰を上げて写真を撮影しはじめたのがここ2年である。もっと前からやっておけ!(丸)

嵐　俺らがチャイニーズ行くと麻婆豆腐を必ず注文するね。一番笑ったのは、ムンバイの麻婆豆腐。

小神野　ムンバイの麻婆豆腐びっくりしました。

嵐　ムンバイの中心街に、チャイニーズレストランがあってさ。ひとり1500円くらいで、いつものパターンで麻婆豆腐頼んだの。そしたら味自体美味しいんだけど、その豆腐がちっちゃいサイコロくらいの大きさなんだよね。

小神野　5ミリ角くらいでしたね。

嵐　5ミリ角くらいで、ここまで小さくするほうが大変。

エジプシャン、マジで気に入らねえ

小神野　「海外ブラックロード」ポッドキ

ャスト・エジプト。嵐さんはじめてのエジプトということですが、この国はどうでしょうか?

嵐　この国なんかね若い奴がムカつくよね。

小神野　ははは。

嵐　しかも観光してあまり良いことがないんだよね。

小神野　若い奴っていうのはエジプシャンですか?

嵐　エジプシャン。12歳ぐらいから17歳推定。なんか態度悪いよね。ガンつけてきたり囲んできたり。俺、40のオヤジだぜ![※] ガンつけてどうすんだよ。観光しても何もいい思い出ないんだよね。

※**俺、40のオヤジだぜ!**…この言葉に本気の臨場感を感じた。実際の音源を聞き返すと、ここからはじまるリアル過ぎる現場の様子に今でもなんか笑ってしまう。(丸)

小神野　どこ行きました?

嵐　まず考古学博物館。ツアー客に囲まれちゃってよく見えないんだよね。

小神野　見えない?　展示物が?

カイロ郊外の墓地の空き地を利用した「死者の街」と言われるスラムに小神野と取材。(嵐)

嵐　そうそう。空いているなと思ってその辺歩いたらなんかへんな壁画みたいなの書いてあるし。ゆっくり見れないしね。

小神野　その変な壁画を見るためのとこですよ。

嵐　でも館内はめちゃくちゃでかいじゃない。ここ見たいなーって所に、ツアー客が埋もれているからじっくり見れないしさ。その後、知り合った藤井君[※]という人とカイロ動物園行ったらもうライオンしかいねえし。

※**藤井君**…カイロの宿で知り合った人で、行動を共にしていた。旅慣れている人だった。当時、ポッドキャストのリスナーでもあった。(嵐)

小神野　ライオンがいればいいじゃないですか。

嵐　その他の動物の数は少ないし、エジプト人が2ポンド。

小神野　2ポンドだと35円くらいか。

嵐　外国人の場合その10倍するんだよね。

小神野　えー20ポンド?

嵐　うん。20ポンド。

小神野　むちゃくちゃですね。

嵐　それで中身たいしたことないのに。入ったらもうつまんねーし、まあ憩いの場だね。

小神野　公園みたいな感じになっているんですか?

嵐　公園みたいな感じでカップルがいて、動物はしょぼいし、ライオンばっかりで、へんなガキがたくさんいて、彼らは見てくるだけならいいんだけど、俺たちが珍しくて、からかってくるんだよね。ガンつけてきたり、前塞いだり、失礼だよね。15、16歳ぐらいのやつがいきなり、ガッーっとアラビア語叫んでからかってきたり、笑いながら逃げていく。

小神野　それムカつきますね。

嵐　俺もう気分悪いから帰ろうと言って出口に向かったの。そしたらさ、遠巻きに7、8人に囲まれて。もう遠くからガンつける感じだね。

小神野　ガン飛ばしてきますよね。

嵐　なんなんだ。こっちは別に何もしないわけよ。単なる外国人で普通に来ているだけなのにもう居心地悪いでしょ。俺、頭に来て、俺あいつらぶっ飛ばしちゃおうかなと思って。

小神野　ぶっ飛ばさないでください、それ国際問題になるんで(笑)。

嵐　マジで。気に入らねえなと思って。

小神野　まあ僕もですね、単独で下町のほうを歩いていた時に、10歳ぐらいの子どもたちに後ろから囲まれたんですよ。アラビア語で悪口みたいなのが聞こえてくるんですけど、キャーキャーと言ってきて。それ無視して歩いていたら、石投げつけられてびっくりして後ろ振り向いてさすがにこれは注意しなきゃあかんと、そしたら大人がバーって走ってくるんですよ。大人も俺に石を投げる気かと思ったら、そのガキを捕まえて思いきりぶん殴って、まあそれはちょっと殴りすぎだろと思ったんですけど。

嵐　こっちの大人、ガキ思いっきり殴るよね。俺も見たんだけど。

小神野　暴力に躊躇ないですよねこっちの人。あと、ピラミッド行きましたか?

嵐　ピラミッド、なんだあれは。

小神野　え、そんなにダメでした?

嵐　もうがっかりだね。

小神野　え、見てみたら意外としょぼいってことですか?

嵐　しょぼい。テレビと写真のほうがいい。騙されたとまでは言わないけど、観光地化されまくっていて、あと内部もうざい奴多いし。

小神野　あぁ物売りとかガイドとか。

嵐　それでまたさ、現地のエジプト人の修学旅行か遠足かわからないけど大量にいるんだガキが。もう推定10歳くらいから18歳ぐらいの。で囲まれる囲まれる。ハローハローハロー言ってきて写真まで撮られちゃうんだよ俺。

小神野　あなたの写真をですか?

嵐　そう。珍しいから。意味が分からないんだよ。もう常に囲まれる感じでさ、落ち着かないわけよ。藤井君は遺跡とか大好きで、やっぱり浸りたいわけよ。

小神野　あぁロマンにね。

嵐　ところがさ、ガキに囲まれてさ、ハローハローとかいって。もうなんかウンコにたかるハエみたいにたくさんいて、ゆっくり見られないんだよ。

小神野　それはちょっと残念ですよね、はるばる来たのにね。

「あれを楽しめるようになれば、ほんまものだ」

嵐　小神野くんは今回の旅で俺とほとんど同行していたわけだけど、印象に残った国と場所とかってどこなの？

小神野　あの僭越なんですけど、初インドということで、やっぱりインドがね。

嵐　ムンバイ？

小神野　僕はムンバイですね。そのムンバイでガイドをしてくれた方がいるんですけど、我々はガマさんって呼んでたんですけど、その方、電話で話をしていた時、日本語がすごく達者な方で、どんな人が来るんだろうねって話をしていたわけなんですけど、待ち合わせの場所に来たら、しわくちゃのおばあちゃんで。

嵐　おばあちゃんだったね。

小神野　あれはびっくりしましたね。その方がね、これ見てこれ見てってのが口癖で、悲惨なスラムを指さして、「これ見て」って。いやちょっとこれ見てって言われても。

嵐　見ちゃうけどね。

小神野　目を背けたくなるようなものを指差して「これ見て」って言う。このおばあちゃんがまた、歩くのが困難そうで。嵐さん、手を引いてましたもんね。

嵐　そうそう。なんか危なっかしくてさ、大丈夫かなって思って。

嵐　ケニアとウガンダと東アフリカはどうだった？

小神野　海外ってこんなもんなのかっていうのはインドあたりまではあったんですよ。イメージ通りだなって。ケニアから全部ぶっ壊れますよね。やっぱり黒人国家ってのもあると思うんですけど、異国情緒ではない異国、アウェー感ですか？　あれに苛まれますよ。あとやっぱり嵐さんと同行したら絶対避けては通れない危険地帯、ね。

嵐　あれを楽しめるようになれば、ほんまものだ。

小神野　いやーぜひとも海外ブラックロードの一読者としてあなたに質問したいんですけど、ダウンタウンのあの引くような恐怖感をどうしたら楽しめるようになるんですかね？　リスナーの方も知りたいと思うんですけどね。ぜひともインタビューしたい。

嵐　あの程度は慣れるよ。

小神野　あの程度なんですか？

嵐　だってさ、あそこのなかに宿があるんだよ。その宿に泊まってる人は一応出入りしているわけだから、

小神野　確かにそうなんですけどね。なんていうかリスナーの方にも追体験してもらうべくダウンタウンの感想を述べるんですけど、まな板の上のコイというか、どうやって食べちゃおうかなっていう肉食動物が俺たちをじろじろ見ている、町を歩いている最中ずっと意識している感じなんですよ。あのプレッシャーったらないですよ。

嵐　そりゃ確かに疲れるけどね。そういう体験ってあまりできないじゃん。

小神野　まあできませんね。

嵐　でも昼間で人が多かったし、毎年ひと

りでヨハネスブルクやジンバブエのダウンタウンを歩いてるから、しかももっと人のいない状況。それよりラクだろうみたいな。

小神野　比較して。

嵐　悪いほうを見ているから、もっと地獄みたいな所を見ているからね。だからナイロビのダウンタウンはそれよりいいかなみたいな。そんな感じだよね。

小神野　なるほど。まあそうですね。今回ナイロビのダウンタウンということで、初心に戻って旅の趣旨について話したいんですけど、スラムを見て回る旅ということで、今まで嵐ようぃちと言ったら世界の危険地域、ファベイラであったりダウンタウンだったりそういった危険多発地帯を旅されてきたんですけど、スラムというと毛色が変わりますよね？　貧困が加わったり、汚さが加わったり。

嵐　まあまったく違うけど、でも行ってみて変わったよ、意識がね。ガイドがいたり、気をつけているのもあるけど、そんなに危険ではない。

小神野　なるほど。

嵐　あと、確かに貧困なんだけど人が明るくて、そんなに感じない。小神野くんも思っているかもしれないけど優しい人が多いよね。

小神野　そうですね。

嵐　俺も個人的にいい勉強になったし。またこれからどっか行くたびに寄っていこうかなと。

スラムなんて行きたくないんだけど

小神野　あなたはいろんなものを引き付けますからね。不必要なものを引き付けますよね。

嵐　そうだね。

小神野　ほんとですよ。だってバンコクに滞在中、ただ道を歩いているだけなのにパラソルが強風にあおられてそのパラソルのとがった先端が嵐さんに向かってきましたよね。

嵐　あったね。

小神野　あなたに向かってってことは俺にも向かっているんですけど。こっちに転がって来て、死ぬかと思いましたよ。絶対何か憑いていますよ、あなた。旅全体に言えるのですが、なんていうか、なぜそんなにプレッシャーを感じないんですか？

嵐　いや感じているよ。スラム行く前。

小神野　感じているんですか？　まったくそんな風に思いませんけど。

嵐　別に行きたくないんだけどさ、編集M※からどこどこ行きましょうって指示が送られてくるんだよ。

※編集Mからどこどこ行きましょうって指示…彩図社の鬼編集者。この旅のことは『海外ブラックロード　スラム街潜入編』（２０１０年）に収録。（嵐）

小神野　行きたくなかったんですか。

嵐　いや違う。俺さ、基本的に面倒くさがり屋じゃない？

小神野　そうですね。

嵐　みんな勘違いしているかもしれないけど、俺は出不精だから基本的にどっかの国いって、いいホテル泊まってそこからあんまり出たくないタイプなんだ。ホテルにあるプールで泳いじゃって。小神野くんはスラムの取材とかもなんとなくコツ覚えてきたよね？　今回の場合は小神野くんがカメラ専門で頑張ってくれたからいいけど、俺ひとりでやる場合はまた面倒だよね。ガイドの話を聞いたり、質問したり、それに写真やんなきゃいけないでしょ。

小神野　そうですね。ああ、一応どのように取材していたか、語っておきますか？

嵐　俺がガイドをスカウトするんだよね。一本釣り、なかなかすごいでしょ？

小神野　ほんとに人を見る目がありますね。あれガイドっていうよりもタクシーの運ちゃんとかそのあたりに住んでいる人間に金を渡して案内してもらってるって感じですね。そこになるべくお金払って安全を確保してからの話ですよね。

嵐　インドの街中にスラムがあったらカメラ持っていって、別に慣れてるならいいよ。頻繁にスラム行ったりして。言葉が通じないから誤解もあるかもしれないじゃない。インドとか、ケニアと、ウガンダは英語圏で、話せるならいいじゃねえかと思うかもしれないけど、ところがスラムにいる人たちって、英語はまず通じないよね。だからその現地の言葉に通ずる人。

カンパラのスラム街にて。（小神野）

小神野　びっくりしたのがインド。

嵐　そうだね。言葉が何種類もあるから大変だよね。ガイドも3つくらい現地の言葉を話せて、やっとわかるみたいな。

小神野　あとなんかありましたっけ？

嵐　最初に行ったバンコクのクロントイ・

カンパラの孤児院を訪れた嵐さんは、なぜか教壇に立つことになった。（小神野）

スラムの時、考えてみればとんでもない洞窟みたいな場所に突っ込んでいたね。

小神野　そうですね。

嵐　向こうは何だこいつらって顔をして、その人たちタイ語でなにか言っていたよね、「日本人がこんな所を歩いているぞ」みたいな。

小神野　最初はまったく要領もつかめてなかったから、ガイドすら雇っていませんでしたもんね。

嵐　ガイドもいないし、隠しカメラだけで行って、言葉もわかんないから。

小神野　そしたら一回奥で行き止まりになっている所ありましたよね。

嵐　あれびっくりしたよね。いきなりヤクザみたいな奴でてきてさ。もうやべーと思って、相手は腕組みしてやがってさあ。その前にへんな奴がじろじろ見ていたんだよ。あ、やべーなと思ったんだけど、それで奥に行こうと思ったら行き止まりでさ、人がそこ住んでるわけだよ。これはあかんと思って。そしたら、俺が演技したんだよね。何も知らない旅行者を装って、「Where is なんとか」とか言ったら「しょうがねえな」みたいな感じで、英語であそこのほうだとかいって。

サモサらしき軽食の仕込みを行うスラムの若者。(小神野)

小神野　「駅はどっちだ」みたいなこと言ったんじゃなかったですか？

嵐　なんかそんなようなこと言って、迷子のバカな旅行者を装ったね。

小神野　いやーあれはアカデミー賞モノの演技でしたよ。

嵐　しかも映像※で載っているよね。やつは怖かったよね？

※映像で載っている…海外ブラックロードのHPにあります。チェックしてみてください。(嵐)

小神野　怖かったですよ。

嵐　なんか人殺しているようなやつで。

小神野　人殺しすぎて何人殺したのか覚えてないような感じのやつでしたね。

嵐　でもね。奥に彼の家族がいたんだよ。奥さんと子どもみたいなの。だから、危害は加えられそうもないなーとは思っていたんだけど。

リゾート研究家になりたい

小神野　タイから一転して、インドあたりになるともうスラムが様相を変えてきますね。

嵐　インドはほんとにスラムだらけだね。

小神野　たしかに。高級住宅街で家と家の間にスラムがあったりしますからね。

嵐　面白い光景で、スラムの人たちは金持ちの家に働きに行くんだよね。例えば金持ちの家なんかメイドとかお手伝いが4、5人いてスラムから歩いて通えるから。そこで働いて掃除とかしてそのまま家に戻る。給料が、1日何時間か働いて、ムンバイで聞いた人は月収1500ルピーって言っていたね。だから3000円くらい。安いなー。あれ1500じゃねーか？

小神野　いや1500。俺も記憶にありますね。生活の中にスラムがあるって感じでしたね。でもあれを見ちゃうとなんで日本にスラムがないのかって思っちゃうくらいですけどね。逆に日本が異質ですよ。アメリカですらスラムはありますからね。嵐よういちさんはスラム研究家として。

嵐　いや研究家にはなりたくないんだけど。

小神野　なりたくないんですか？

嵐　リゾート研究家になりたいんだよね。ビーチ研究家とかさ。世界の美女探索するとかね。あとね、俺、食べるの大好きじゃない。『世界美食の旅』とかさ。

小神野　誰も嵐さんにそれ求めてないと思うんですけどね。

アフリカ最大級といわれるナイロビの「キベラスラム」。どこまでもバラック小屋が立ち並ぶ。（小神野）

嵐　去年、スワジランドで知り合った韓国人の旅行作家[※]がいて、本職が大学教授なんだけど、生徒3人くらい連れてきていて、本を何冊か書いている。で「あなたも旅行作家らしいな」と話しかけられて、「どんな本を書いているんだ？」って俺が聞いたら、東欧とかて行って有名なレストランとかバーとかに入り、その味をレポートしたり、写真撮ってきたりしていたんだ。うわ〜いいなと思って。

小神野　つまり嵐さんはその話を聞いて、そういう本を書きたくなったと。

※**韓国人の旅行作家**…確か名前はキムで、日本語も話せ、彼の教え子と歩きながらサファリを楽しんだ。ナイスガイだった。（嵐）

嵐　やっぱりね、世界の高級レストランを巡るとかね。

小神野　なるほど。それをリスナーの方々にお伺いたててみましょうよ。嵐よういちが書く高級レストランのガイドを読みたいかという。

ハイデラバードを取材中の小神野とガイド。小神野も若いな〜。（嵐）

嵐　でもさ、俺、まずいならまずいって書いちゃうよ。

小神野　そういうとこはいいですけどね。いやほんとにあなたは物事をはっきり言いますからね。黒人の脇が臭いとか。

嵐　あれ臭いよな。※

※**あれ臭いよな…**まあ、これを言ったら、白人やアラブ人なども同じかもしれないし、すべての黒人が臭いわけでないいし、たまたまかもしれないね……。（嵐）

小神野　まあたしかにあれは、そこはお茶を濁してもしょうがないんで言いますけど、あれはたしかに臭いんですよね。吐きそうになってましたね。あの匂いはなんて表現したらいいのか。

嵐　まあこの中で旅好きの人多いかもしれないから、臭い匂いで思い当たる人もたくさんいると思うけど、まあ言えないよね。

カンパラで俺ら狭いところでネットやっていたじゃない。そこはクーラーが効いてるんだよね。俺ら普通にネットやっていたら、いきなり恐ろしい匂いがきて、俺、外に出ちゃったもんね。

小神野　ぶわーってきましたもんね。

嵐　あれ黒人が嗅いでも、慣れているからそんな感じないのかな？

小神野　感じていたら、対策はするでしょ。

嵐　やっぱり日本人とかアジア人とかが感じちゃう匂いなんだろうねあれ。

小神野　もしかしたら我々も「アジア人クセーな」って思われているのかもしれませんよ。

嵐　いや、アジア人は基本的には無臭って言われているね。

小神野　なるほど。そのあたりもすごく不思議ですよね。

「海外ブラックロード」ポッドキャスト傑作選③　第17〜19回

嵐よういちとの旅

小神野真弘／丸山ゴンザレス

（2010年4月放送）

海外長期取材から帰還した小神野くんを迎えての日本国内での番外編収録。この頃、小神野くんとは仕事場を共有しており、蜜月の関係にあったため、非常に仲良くテンポもいい。ちなみにどちらもストレートであるため、BL的な展開は期待しないでもらいたい。（丸山）／実はこの頃、ポッドキャストにあまり興味がなく、バンコク滞在中に、あれ、ふたりでやっているんだなと、他人事のように聴いていたのを思い出す。（嵐）

コンビニに行く感覚でスラムに

丸山　「海外ブラックロード」ポッドキャストはじまりました。久しぶりにひとり喋りから解放されております。といっても嵐さんが帰国したわけではなくてですね、まあ自己紹介どうぞ。

小神野　はい、嵐さんの旅に同行させていただいておりました。

丸山　旅をするにあたってなぜ小神野くんが選ばれたのか、僕と小神野くんの関係性なんかを導入に話したいんですけど。小神野くんはライターなんですよね？

小神野　ライターですね。週刊誌などで記事を書かせていただいている。

丸山　活躍しているんですけども、週刊誌の取材で知り合ったんですよね。

小神野　その時、丸ゴンさんと嵐さんがおふたりでゴールデン街※でしたね。

※**ゴールデン街**…正確にはゴールデン街の「モンシリ」という焼肉屋。（丸）

丸山　そうでしたね。ちょうど嵐さんもその場にいて。俺の仕事を手伝ってもらったりとか、そういう関係性もあったんで、僕としてはふたりの旅の報告が上がってくるのも楽しみではあり、どうなってんだよ大丈夫かみたいな不安もありつつ、いいから早く帰ってきて仕事溜まってるからって、まあそんなノリだったんですけど。嵐さんとの旅はどうでした？

小神野　嵐よういちと1か月半近く世界を周ったのですけど、それだけの期間一緒に過ごせば、彼がどういう人間なのか分かるだろと最初は思っていたんですけど、全然分かんなかった。

丸山　（爆笑）。

小神野　あの人は何なんだ。まあ彼の旅ですから、スラム街だったりダウンタウンだったり、やっぱり危険なところに行くんですよね。それがコンビニに買い物に行くような足取りで行くんですよ。

丸山　コンビニに買い物（笑）。

小神野　こっちは戦々恐々ですよ。こう隠しカメラを持って。

丸山　今回、ブラックロードのサイト見ている人だったらわかると思うけど、嵐さんの動画がリアルタイムに近い状態でいろいろ送られてきていて、それをアップしていたんだけど、嵐さんの後姿をずっと撮影してたのが。

小神野　僕ですね。

丸山　週刊誌取材で培った隠し撮りの技術で。ハンディカムとか構えていたわけじゃないんだよね？

小神野　それだと本当にもう避雷針のように的になってしまうので。ライターぐらいの大きさの隠しカメラがございまして、２万円くらいで秋葉原に売っているんですけど、それを掌の中に握りこんで、それだと絶対カメラを持っているようには見えないんですね。

丸山　嵐さんが歩いてる様子を見られるってのは貴重だよね。

小神野　そうですね。まあ一言でいえば嵐さん変人ですからね。あんなとこ喜んで行く人いないですよ。

丸山　なんかでもさ、現地で収録したラジオを聴くと、嵐さんだいぶイライラしていたし、「うーん、なんでもねーよ」みたいにすごく飄々と言ってるから、何言ってんだこの人とか思ったんだけど。

小神野　そうですね、海外の危険なとこでどこが魅力的なのか聞いてみたんですけど、「アウェー感がたまらんね」って。

丸山　アウェー、たしかにアウェーだけど。

小神野　どんどん日本から離れて、タイに行き、インドに行き、ケニア、ウガンダ、エジプトとどんどん日本から離れて行ったんですけど、離れていけば離れていくほどあの人、生き生きしはじめるんですよ。

丸山　はいはい。しかも今回の旅のテーマが「世界のスラムを巡る旅」っていう。このテーマ設定でさ、やっぱ日本にいるときはぼやーっとしていたり、適当なこと言ってる人なんだけど、やっぱ離れていけば離れていくほど燃えてく感じなのかな？

小神野　そんな感じですよ。だんだん肌つやがよくなっていく。

危険を察知する臭覚

丸山　でもさ、実際スラムを嵐さんと歩いて、後ろからついてくじゃんか。あれってやっぱり怖かった？

小神野　かなり恐怖を感じましたよ。

丸山　だよね(笑)。

小神野　詳しいところは嵐さんが本の中でお伝えするんでしょうけど、やはり拳銃が氾濫していたり、麻薬中毒者のような方が青春を謳歌してらっしゃったりするんで、やはり普通に街中をぶらっと歩いてるよりはそういったトラブルに巻き込まれる可能性は大きい。

丸山　結構トラブルとかありました？

小神野　そうですね。ケニアかウガンダ、どちらかのスラム街で、取材をしていたんですよ。歩きながら。そしたら２００メートルくらい先から猛ダッシュでこっちに向かって走ってくるすごい嫌なオーラを纏ったふたり組のガールたちがいて。

丸山　ガールたち(笑)。

小神野　ほぼ半裸なんですよ。

丸山　半裸!?

小神野　何だこれはと思ったら取り巻かれて、その手に持っている水をよこせと。明らかにもう目が据わっていて、ヘロインか何かをやっているなって目なんですけど。水をよこさないと殺すくらいの勢いですごい必死なんですよ。なんでこんなにこの水が欲しいんだと。でも嵐よういちさんは完全にそれを無視して、先に進んでいきましたけど。

丸山　無視したんだ（笑）。拾おうよそこ。なんかネタの匂いプンプンじゃん。でもだから生き残ってるのかな、あの人。

小神野　そうかもしれないですね。

丸山　そういう細かいこと気にしていったら、ほんとに無用のトラブルとかあるかもしれないし、もっと大きなトラブルに巻き込まれることもあるわけじゃんか。

小神野　客観的に見るとあの人、危険に関する嗅覚が普通の日本人にはないところあると思いますね。

丸山　ほんとに。なんかよくそんな話はするんだよね。「危険がわかる」と言っていたからさ。

小神野　僕は海外に行くのが2回目くらいの人間なんですけど。

丸山　はじめての海外は?

2010年のインド・ハイデラバードのスラム取材。嵐さんは子どもに好かれる。本人は「嫌いだ」と嘯くが。（小神野）

小神野　大学時代に一回タイに行ったくらいですね。で、右も左もわからないと。そんな人間なんで緊張していますよ。スラム街とか怖いなーって思いながら歩いているけど、情報量が多すぎて何が危険で何が危険じゃないか判別できないじゃないですか。そんな時に嵐さんがふと言うわけですよ。「道を渡ってあそこの道に入ろう」って。すって動いていくんです。「何かあったんですか?」と聞くと「すごく雰囲気が悪いふたりがついてきたから」。そんなのいたんだ、って。

丸山　そういうことを察知しているんだね。

小神野　やっぱりしているんですよ。そこがすごいですね。素直に。

丸山　俺もいざそういうとこ行くと確かに嵐さんの言うことわかるんだよね。ドバイ経由で南アフリカ行く時、ドバイまではなんかいやだなーと思ったんだけど、乗り換えてアフリカ行きに乗った瞬間からもうスイッチ切り替わって、アフリカ来たなっていう感じになって、危険察知モードに全開になっていくんだよね。

小神野　そういう危険なところに行かれる旅行者はそういうスイッチ持っているものなんですね。

丸山　ひとりだと今回の旅は無理だったかな？

小神野　無理ですね。危険なところの取材の際にも嵐さんはいろいろフォローくれるんですよ。俺がこう言ったら逃げろとか。普通に生活していても食生活の気の使い方とか、あの人何も考えてないようでいて教えてくれるんですよね。

丸山　え？　例えば？

食生活だと。

小神野　チャイニーズは食べたほうがいいみたいな。

丸山　言ってたよね(笑)。しきりにチャイニーズ、チャイニーズって。食生活どうだったの？

小神野　半分は中華料理を食べていましたよね。

丸山　ほぼ初海外の小神野くんからすると現地の物とか食べたいと思うんだよ。嵐さんの言いたいこともわかるけど。

小神野　なぜチャイニーズを食べるのかって、俺は自問自答しながら考えたんですよ。嵐さんは旅慣れているから現地の食事なんて見向きもしないんだろ、でも俺は食いてーなとか最初は思ったんですよ。しかし現地の食事だけ食べていると野菜が不足するし、完全に火を通したものじゃないから。

カンパラのスラム街をずんずん進んでいく嵐さん。その自信はどこから来るんだ。（小神野）

アフリカ、やっぱり危険なところもありますからね。

丸山　まあ安全とはいいがたいところもあるね。

小神野　その点を全部クリアできるのが中華料理で、日本人の味覚にも向いていて確かに理にかなった食事ではあるんですよ。面白味はないですけど。

丸山　嵐さんがそこまで考えているかわかんないけど。

小神野　多分考えていません。あの人、中華料理大好きなだけだから。アフリカでの料理は他にいい思い出はないですが、あれにはびっくりしましたよ。食文化ってここまで違うのかってね。アフリカン珈琲ってのがあったんですよ。嵐さんとこれはなんだって注文してみたんですよ。そしたらですね、木の皮を煮込んだお湯が出てきたんですね。

丸山　え？

小神野　木の皮を煮込んだ。

丸山　それは比喩じゃなくて、ほんとにそうなんだ。

小神野　はい。木の皮がプカプカ浮いたお湯が出てきたんです。でまあ困惑しながら飲みますよね。

丸山　皮が浮かんでんの？

小神野　浮かんでいますね。木の皮を煮込んだお湯の味がするんですよ。

丸山　（笑）

小神野　翌日、もう懲りた、そんな冒険するもんじゃねーって、ブラックコーヒーを頼んだんですよ。ブラックコーヒーなら大丈夫だって注文したら、今度は木の皮を牛乳で煮込んだものをボンっておかれて、横にミロみたいなチョコレートの粉末みたいなココアみたいな。それをボンっておかれて。店員が「これだったら大丈夫だろ？」って感じの顔するわけです。意味不明ですよね。

丸山　お前ら昨日不満たらたらな顔してたけど、これを入れとけばいいでしょ的な（笑）。

小神野　親切だろ俺、みたいな顔しているんですよ。

丸山　伝わらねー（笑）。

小神野　意味不明なんですよ。怒る気もしないんですよ。

丸山　食ランキングで行くと今回訪れたなかで、一番よかったのはどこですか？

小神野　ダントツでタイでしょうね。

丸山　やっぱりね。そうだよね。

小神野　こっちに帰ってきて、嵐さんからメールが何通も届いているんですけど、件名が全部「バンコク最高」、「バンコク最高すぎる」って。メールでMKに行きたいけど、君がいないからひとりだと入りづらいみたいなこと書いてましたよ。

丸山　なんかしっかり気に入られてるじゃん小神野くん。もう勝手に次の同行者※に指名されたもんね。

※**同行者**…初代同行者に小神野くんが指名されて以後、自分で撮影しないでもいいというラクを覚えた嵐さんは、積極的に同行者を募ることになる。そして、これまで面倒がって撮影してこなかったためにビジュアルでわからなかった嵐よういちの旅が可視化されることになる。これはファンにとって嬉しいことだが、同行者にとっては無用なプレッシャーとなってのしかかる。歴代の同行者は、判明しているだけで5代目まで継承されている。（丸）

小神野　勝手に。次はどこ行くんだか。南米のファベイラとか言ってたけど、行きたくねー。

丸山　小神野くん、人生経験とライターとしての厚みを出すためにバックボーンを持ちたいって言って旅にでたじゃない？

小神野　そうですね、今このタイミングで出ないともう世界を見ることないだろうなってのもあったし、嵐よういちさんと一緒に旅できるって、いちファンからしたら、もうほんとよだれが出て止まらないくらい贅沢な経験だと思ったので。びっくりしたのが、嵐さんとはじめて会ったのが、その旅に出る半年くらい前なんですけど、嵐さんからメールが来てたんですね、「実は1月か2月くらいに世界のスラムを巡る旅に行くんだが一緒に行かない？」って。富士急ハイランドに行くんじゃないんだから、っていう。
丸山　温泉の誘いじゃあるまいしさ。
小神野　それで、あ、行きますって返した俺もあれなんですけど。

インドのホーリー体験

丸山　はいはじまりました「海外ブラックロード」ポッドキャストです。今回から聞く人のために言っておきますと、小神野くんは嵐よういちの旅の同行者、カメラマンとしてね、日本でも有数の隠し撮りの技術を持つと聞いておりますけど。
小神野　評判悪くなるからやめてくださいそういうこと言うの。
丸山　旅慣れてきた時にひとりで周ってみたいって意識は。
小神野　芽生えてきました。今回インド、タイ、ケニア、ウガンダ、エジプトだけ同行させていただいたんですけど、インドあたりから取材がない時は、別行動もしていたんですよ。街をぶらぶら歩いたり。エジプトでは夜行列車に乗って、嵐さんをカイロに残して南のほうに行ってみたりしましたけど。インドのムンバイはかなりデカい都市で、インド最大の都市ですからね。
丸山　そうですね。
小神野　インド門、有名なタージマハルホテルの近辺に宿を取っていて、その近辺とスラムは重点的に周っていたんですよ嵐さんと。それ以外の部分を見てないなと思いまして、下町のほうにひとりでタクシー乗ったりして行ったんですけど、その時にインドのホーリーという祝日がございまして、ちょうどその日だったんですよ。ひとりでプラプラ写真なんか撮りながら歩いていたんですけど、ちょっと先のほうから地響きがするようなウーファーの重低音、インド・ポップスがが鳴り響いてきて、なんだこれはと思って、そっちのほうに行ってみたんですよ。そしたらですね、踊り狂いながら水をぶっかけてるんですよ。
丸山　見たくねー、その景色。
小神野　あ、これが有名なホーリーかと思って、その時点ではもう観客の気分だったんですけど、不用意に近づいたところ腕をガッとつかまれて、その渦の中に引きずり込まれまして。
丸山　観客から当事者に(笑)。
小神野　責任は逃れられない。頭からわけのわからない液体をばーってぶっかけられて、「お前、日本から来たのか?」「日本のスペックを見せてみろ」とか無茶ブリですよ。それでちょっと一緒に踊っていたんですけど、アルコールが出てくるのはいいんですが、その色が付いた液体をぶっかけあいながらビールを回し飲みしているものだからビールの色が紫色なんですね。
丸山　いやー、ちょっといやじゃないですか?
小神野　で、ジャパンのフレンドお前も飲めっていう形で渡されるんですけど、明らかにこれ飲んだら逝くだろうという色なんですよ。飲まないのは野暮だと思って飲むんですけど、飲んだ瞬間に舌がビリビリビリってするような。

丸山　その染料ってなにから作ってんだろうね（笑）。

小神野　植物らしいんですけど。

丸山　じゃ、有害なものではないんだ。

小神野　おそらくは。ただシャツに付いた色が全然落ちなくて捨てました。それを飲みながら酔いも回ってきて、もうみんなで肩を組んで、肌の色がみんな赤とか紫とかになって、これは肌の色を超えたグローバルスタンダードなんやとか思いながら。体中が色まみれになった感じですね。で、俺はそろそろホテルに帰るからって、じゃあなジャパンのフレンドみたいな感じでタクシー止めたんですよね。そしたらインドのタクシーに、これ人生初の屈辱なんですけど、乗車拒否されました。

丸山　（爆笑）。向こうから客を奪ってくるような連中に拒否されたと。

小神野　拒否られました。

丸山　どうやって帰ったんですか?

小神野　一緒に踊っていた人のところに戻って、ちょっとタクシーに乗車拒否されちゃったよって言ったら「安心しろフレンド」って彼らのバイクで3ケツでホテルまで送ってくれました。

丸山　3ケツ飲酒、日本だったら一発で免許取り消しですね。免許持っているかどうかも怪しいけど。

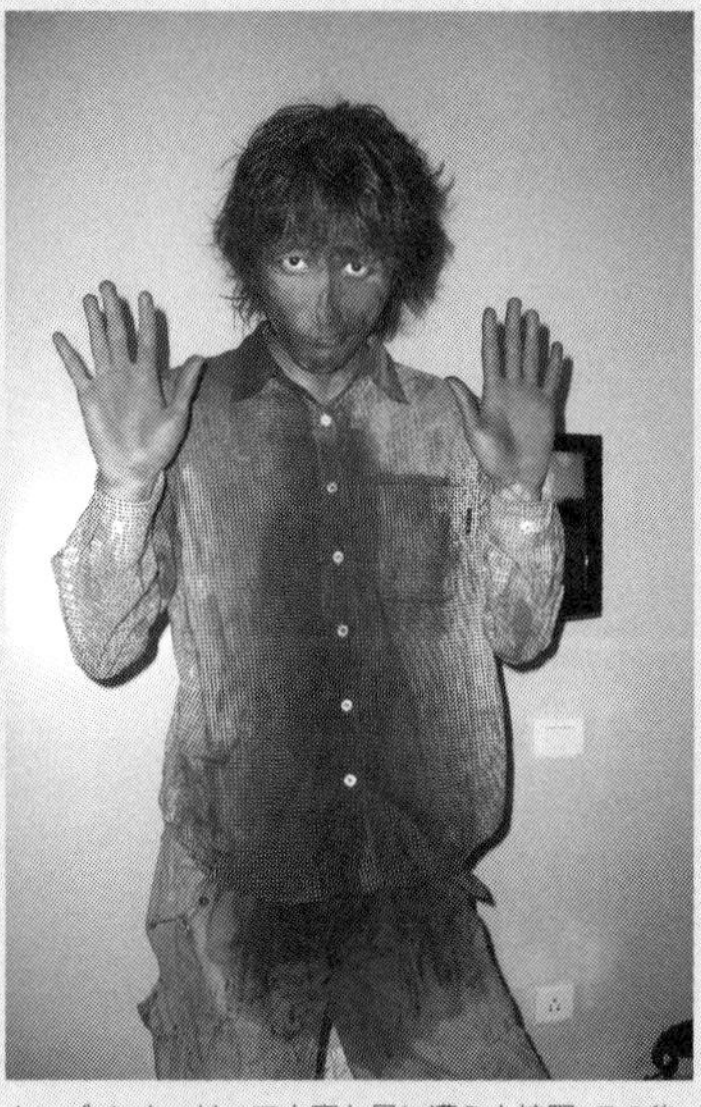

ムンバイ。ホーリーで大変な目に遭う小神野。この後、パスポートが濡れてトラブルに。（嵐）

小神野　怖いですよね。まあその時俺も酔っぱらっていたんでね。

丸山　でホテルに戻って?

小神野　はい、で嵐さんのところにガチャッとやったら嵐さん、絶句してましたよ。

丸山　（爆笑）。あの人はそういうとこ参加しないでしょ。

小神野　そうなんですよ。

丸山　まあ根っからのセレブリティだから。そういう庶民と交わるとかあんまり好きじゃないかなと思うんだけどね。

「このマリファナを買わないと殺す」

小神野　ムンバイで町をプラプラして歩いていたんですけど、なるべく怪しいほうにフォーカスしようと思っていまして、歩いていたら当然ムンバイだからマリファナ売りがいるんですよね。買わないと、こいつは脈がないと離れていくんですけど、多分そいつがヘロインか何かでキマッている感じだったんですよ。で、ずっと買え買え、目の前でつきまとわれていて、1キロくらいついてくるんですよ。

丸山　1キロ!?

小神野　はい、ずーっと。もうさすがに面倒くさくなって、「俺は買うつもりがないから」ってはっきり言ったら、「このマリファナを買わないと俺のボスが怒ってお前を殺すだろう」みたいなことを片言の何語だかよくわからないような、とりあえず意思だけは伝わるような言葉で言ったんですよ。それでもう腹が立って「殺せるもんなら殺してみやがれ」と言ったら、そいつもすごく怒ってきて、俺のポケットにすっと何かを入れて離れていったんです。マリファナか何かを入れられたんだろうなとポケットの中を探ったらハシシが入ってて、それを取り出した瞬間にまたそいつが寄ってきて「お前、今盗んだな」みたいなことを言ってきたんですよ。もうほんとに腹が立つじゃないですか。で、ハシシを投げつけたら、そいつが逆上して殴りかかってきたんですよ。そしたら屋台にいたおっちゃんたちがガッと5、6人集まって、そいつを叩きのめしてくれて。

丸山　おーー!

小神野　大丈夫か日本のフレンドって。

丸山　おー、それはフレンドになるね。

小神野　それはフレンドでしたよ。すごくありがたかったですけどね。

ブラックロードのマラリア対策

丸山　アフリカは予防接種とかしてった?

小神野　黄熱病の予防注射をしていきました。マラリア多発地帯に行くのでマラリアの予防接種も必要なんですが、予防接種をするとアルコールとぶつかってしまって飲酒ができなくなる。

丸山　あーそうなんだ。

小神野　てことなんで、嵐さんと協議した結果、全会一致でそれはしないと。

丸山　それはやっぱり男飲みを優先すると。

小神野　マラリア・タブレットというものがございまして、現地の薬局で売っているんですけど、1週間に1錠飲むとだいたい感染しないかもしれないくらいの効果がある。それを飲んでいましたね。

丸山　へー。嵐さんにはこのポッドキャストでも言ったんだけど、タイの蚊よけを持ってくといいんだけどね。肌がかぶれるほど強いんだよ薬が。

小神野　それは強烈ですね。

丸山　蚊が寄って来ないけど、負けるんだよね皮膚が(笑)。まあ、どっちを取るかって話なんだけど。もし今後旅出るときは、タイで蚊よけを買うといいよ。日本には持ち込めない液体状なので、小分けにして持っていってもいいけど、あれはほんとに効きます。

小神野　蚊が多いですからね、アフリカは。

丸山　多かった?

小神野　そうですね、蚊が刺すと寄生虫が入って、それで発病するという形なので。で、蚊取り線香持っていったんですよ。

丸山　効いた?

小神野　かなり効きます。日本の蚊取り線香。ただ、我々限度※というもの知らなかったようで、すごく狭いテントの中にですね、サバンナのど真ん中だったんですよ。さすがにビビるじゃないですか。危険な蚊がいそうだと。2個焚いたんですよ。いやー目もあけらんねーし。

※**我々限度というもの知らなかった**…いまでも限度をわかっていないブラックロードメンバーが多い。そのためトラブルに遭遇しがちである。特に酒が入ると顕著である。(丸)

丸山　あはは。でも蚊は来なかったんでしょ?

小神野　来るわけないでしょ。俺らすら出ていきそうになりましたもん。

丸山　(爆笑)。テントの中はきついなそれ。

小神野　「やりすぎじゃないですか、嵐さん」って聞いたら「こんぐらいやるのがいい」と言って問答無用でしたね。

丸山　限度ってものを知らねーな、あの人。

パスポート洗濯事件

丸山　サファリで小神野くんが感動したっていうようなことを※書いていたけど、やっぱり良かった?

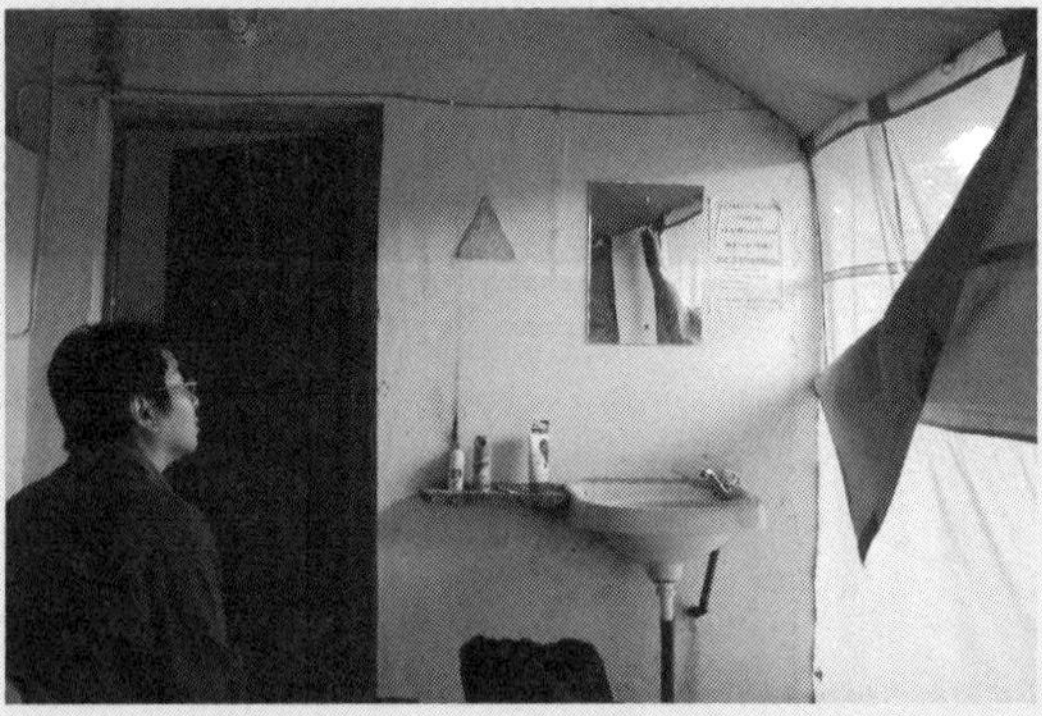

サファリツアーの道中、宿泊したテントにて。この後、蚊取り線香を焚きすぎて室内は地獄と化した。(小神野)

※**書いていた**…主にツイッターに投稿されていた小神野くんのアフリカ旅行記。その写真と短文に凝縮されたはじめてのアフリカ体験は読むものの感性を刺激すると、狭い界限で評判になる。彼の隠された文才を披露した場ではあったが、それがその後につながったのかは本人のみぞ知る。(丸)

小神野　もう難しい言葉がまったく出てこないんですけど、素直にすごいですね。四方が地平線なんですよ。それだけでもすごいですし、風景のスケールがでかすぎて、風が向こうから吹いてきてその葦、麦のような植物をなぎ倒しながらこっちに向かってくる様子が見えたり、あと雲が地面、大地に影を落としながらゆっくりと通り過ぎていくのが分かったり、あれはすごい景色ですよ。

丸山　エジプトの話を聞きたいなと思ったんですが、その前に。パスポートやっちゃったんだって?

小神野　やっちゃったんですよ。インドのホーリー、色水をぶっかけられる祭り、まあ体中濡れますよね。その時にですね、ホテルに帰って、さあ洗おうと思いまして、ズボンごしごし洗っていたんですね。

丸山　はい。

小神野　なんか硬いものはいってんなーと、すぐ出したらパスポートでねー、これがまた。

丸山　やっちゃったねー。

小神野　でも大丈夫だろうと思って空港に行ったら当然のようにダメで、大変なことになりました。

丸山　それは結局その後、そのパスポートで行ったの？

小神野　もちろん新しく申請しましたよ。空港でパスポートを提出した瞬間にライス国務長官みたいな顔をした女のオフィサーがですね、般若のような顔になって「何だこれは」って感じになったんですよ。もうこっちはニコニコしながら「いやーこれちょっと、やっちゃって、でもパスポートだしわかるでしょ」みたいな感じでやっていたんですよ。ちょっとお願いしますよみたいなこと言っていたら、後から5人くらいオフィサーたちが集まってきまして、待たされまして、最終的にその中のひとりがですね、俺の顔についたまだ残っていた塗料を見て、「ホーリーか？」って言ったんですよ。「そうホーリー！　俺、ホーリー大好き！　インド大好き！」って強調したら、ホーリーだったらしょうがないなってフォローしてくれたんですよ。

丸山　（爆笑）。さすがインド。通してくれたはいいけど、次の国どこだっけ？

小神野　ケニアです。

丸山　入れた？

小神野　オフィサーにパスポートを出すじゃないですか、何じゃこれって顔されますよね。で、インドで通ったから大丈夫だろって言ったら、「ここはケニアだ」って至極まっとうな正論を言われて、あーと思って。

丸山　ホーリーって言ってもだめだよね。

小神野　知らないでしょうしね。ただ、職業欄にですね、私フリーライターをしているんですが、日本でフリーライターなんて言ったらほぼフリーターじゃないですか。

丸山　もともとちょっと文字違いだよね。

小神野　社会的な地位なんて皆無なんですけど、海外でライターって書くと作家みたいな意味が入るから。

丸山　そうなのよ。

小神野　結構社会的な地位が高い職業なんですよ。それを見たオフィサーが上司みたいなのを呼んで、いろいろな話をしていて、これはもしかして行けるんじゃないかと考え。

丸山　あー。

小神野　仕方なく、いくらか払いましたよ（笑）。ケニアでパスポートを再発行して、そこからウガンダまで陸路で行ったんですが、パスポートにケニア入国のスタンプがないと。

丸山　はいはい。

小神野　ただ日本大使館で再発行した時に、入国のスタンプを別紙に移さないでいいのかって聞いたら、大丈夫ですよって言ってたんですよ。それで、へらへらしながら国境に行ったらまあ。

丸山　案の定だめ？

小神野　「ケニアに帰れ」と言われたんですよ。12時間バスに揺られて、体の下のほうに血がたまっているような最悪な状態ですよ。もうそれでお願いしますよーって言っていたら、手をごねごねと動かしてるんですよ。あの人差し指と親指をこすり合わせて。ああこれはと思って、まあ50ドルほど。

丸山　はいはい。

小神野　包みまして、あのこうね、お饅頭ですと。そしたら通していただいた。

丸山　越後屋気分ですね。

小神野　はい。

丸山　その辺は声高にはあれだけど(笑)。でもさ、今の流れで小神野くんの横には常に嵐さんがいたわけじゃん？

小神野　いませんでした。

丸山　え？

小神野　いませんでしたね。あの人は自分のペースで動きますからね。どんどんどんどん先行っていましたよ。

丸山　先行っちゃった？　マイペースだ(笑)。

小神野　「あ、通れた？　じゃあ行こ」みたいな感じでしたね。

丸山　さすが大物ですね。大物旅行作家ですよ。たしかにすげーなそれ。でもそんなこんなで結局エジプトまで？

小神野　はい。

徹底的にエジプトにやられる

丸山　どこで別れたの？

小神野　えーウガンダですね、ウガンダで1週間の予定だったんですけど、取材の予定を全部クリアした後に航空券を取りに行ったんですよ。そしたらエジプト行きで一番早いのは明日だ。その次は4日後だって言われたんですね。その間にすることもなかったので俺はもう慌ててその翌日に取って行ってしまったんですけど、嵐さんはまだ見たいものがあるからって言って、それで別れて先にエジプトにはいったんです。

丸山　それでひとりでエジプト周ってたの？

小神野　周ってましたね。嵐さんが来るまでぶらぶらしていたんですけど、まあ嵐さんは観光する気がない。

丸山　はいはい。ないっすよあの人。

小神野　ないですね。嵐さんと合流するまでは取材地の調査などをしていまして、嵐さんと合流してお互い近況報告をして、その晩のディナーは素敵なものでした。

丸山　はい。もしかして中華？

小神野　中華ですね。

丸山　どんだけ中華好きなんだ(笑)。

小神野　中華大好きですからあの人。中華以外食べないくらいの勢いですからね。それでルクソールにひとりで行きまして、ナイル川を源流のほうに下っていくとルクソール、アスワンという遺跡が大量に密集している地域がございまして、遺跡が見たいなと思って行ったんですけど。そんときに実質はじめて嵐よういちの保護から外れた感じなんですよ。徹底的にエジプトにやられましたね。

丸山　え、それはどんな感じで？

小神野　ほんとに素人をいきなりエジプトに放り込んだらこうなるだろってモデルケースができて面白いと思うんですけど。まず深夜の12時くらいの電車に乗ってルクソールに向かったんですけど、朝方に機内食みたいなの配られたんですよ。あ、食事つきなんだと思って食べる、それも酷い食事でして、ぱさぱさのパンにゴミみたいなチーズが挟んであってオリーブが5個だけついていて、これ刑務所の飯のほうがまだましだなと。

丸山　食事事情は最悪なんだね（笑）。

小神野　それを食べてまずいなと思っていたら、その機内食を持ってきたおっちゃんがやってきて、「食べたか？　美味しかったか？　じゃあ30ポンドだ」って。30ポンドがどれくらいの金額かというとコシャリというまあエジプトの立ち食いそばみたいなのがあるんですけど、それが大体5ポンドなんですよ。明らかにクソ高いんですよ。でも食ってしまったから払うしかない。すごいのがそのエジプトの寝台車、観光客をその車両に集中的に集めているんですよ。で、その客全員に配るんですよ。だれも分からないから食っちゃうんです。誰も注意しないし、それで全員から30ポンドを。

丸山　30ポンドって日本円にするといくらくらい？

小神野　えー600円くらいですね。

丸山　あー微妙な金額設定してくるねー。払うよね外国人だったら。

小神野　払っちゃうんですね。

丸山　しょうがない、食べた手前。

小神野　向こうの警察官の月収が300ポンドなんですよ。

丸山　あー。

小神野　そんくらいの金額で、しかも車両全体から取るんだからめちゃくちゃな上がりですよね。

丸山　で、そのぼられまくった他は？

小神野　カツアゲされたんですよ。

丸山　カツアゲ（笑）。それはどういうことですか？

小神野　えっと王家の谷※というところがありまして。歴史のロマンが詰まった素晴らしい場所ですよ。そこで「世界ふしぎ発見！」みたいな気分になりながらプラプラしていたんですけど、現地のちょっとヤンキーみたいな奴に「お前、景色がいいとこ知っているからさ」みたいなこと言われて、あっほんとに、と思って行ってみたんですよ。すごい急こう配のその谷の斜面を100メートルくらい上がっていったら、後ろ20メートルくらい離れてそのヤンキーが一緒についてくるんですよ。あれー、これはちょっともしかしてと思って。一本道なんですよ。でまあその中腹みたいなところで追いつかれて、「ここまできたか？　いい景色だろ？　ここまで案内してやったから金くれよ」って。まあチップだなって自分を誤魔化しながら小銭を渡したら、「おい何やってんだよ？　100だよ」みたいなこと言われて。

※**王家の谷**…ルクソールのナイル川西岸にある岩窟墓。古代エジプトの新王国時代の王墓が集まっており、ツタンカーメンの墓が発見された場所でもある。風の谷の親戚ではない。（丸

丸山　あー。

小神野　中学生の頃の辛い思い出みたいな、そんなのが。「小銭なんていらねーよ、財

布だよ」って何でもないような口調で言ってきます。

丸山　「先輩、勘弁してくださいよー」みたいなノリだよね。

小神野　はい。その場所も地味に怖くて、足元がおぼつかなくて踏み外したら死ぬようなところなんですよ。泣き叫んでも誰も来ないようなところで、これうまい手口だなと思ったんですよ。無視してまあまあって言いながら降りて行ったら、なんと大丈夫だったと。

丸山　追いかけてこなかったの？

小神野　追いかけてきたんですけど、下まで行ったら、しょうがねーなお前も根性あるなって感じでフッて笑って奥に次のカモを探しに。でもこれ引っかかる人いますよ。

丸山　でも、これはいい情報ですね。強盗じゃなくて確かにカツアゲだよね（笑）。金よこせ、財布よこせってないよね。

小神野　でカイロに帰って、嵐さんと会った時に、「嵐さんだ！」と思って。嵐さんがいとおしくなりましたよ。

丸山　でもさ、一足先に帰ってきたわけじゃん。寂しかったりした？　旅の終わりになったわけじゃない。

小神野　嵐さんと別れたのが自分のフライトの前日だったんですよ。その時が一番切なさの波みたいな、旅全体に対するものなんですけど。1か月半以上もの間、この人主導で引っ付いて旅をしていた。じゃあって言って別れて、タクシーを見送ったんですけど、それを見送りながらあー終わってくんだなーという風にね、すごい寂寥感を。でもその時にはじめて感じられたなと思ったのが、これが旅の魅力のひとつなのかもしれないなと思いまして。

丸山　出会って別れてだからね。そういうのは確かにいいかも。でももうすぐまた会うわけだけど。

小神野　まあすぐ（笑）。

丸山　やっぱり旅はいいものだと。

小神野　はい。いいものだと思いました。みなさんほんとにありがとうございます。嵐さんも含め、ほんとに旅を好きな人々に、みなさんにお礼を言いたいんですが。

丸山　何年かしたら聞き返して初心に戻る※と。

小神野　あはは。

※**初心に戻る**…小神野くんが初心に戻ることはありません。だって、この放送を聞き返してないんだもの！（丸）／おい、小神野、お前ちゃんと聞いとけよ！（嵐

懐かしい話

旅のスタイルはそれぞれ異なる3人だが、原点はバックパッカーだ。ポッドキャスト開始前の旅を振り返りつつ、旅のあるある(というよりは違和感)について語り尽くす。

PART 2

旅に出てまで日本人とつるみたい？

日本人宿

シェア飯嫌い

丸山　最近に限った話ではなく、日本人宿には行かないですね。積極的に避けています。旅をはじめたころは、カンボジア、インドあたりで泊まったことはありましたが、ハマりませんでした。

嵐　なんでよ？

丸山　決まってるじゃないですか。海外に行ってまで日本人と交流したくないからです（笑）。虫象なんかは積極的に泊まる派だよね。

虫象　基本的には安さ重視なんで、安ければ行きます。

丸山　日本人宿だからって理由ではなく？

虫象　気分とかタイミングにもよるんですけど、積極的には行かないですね。でも、正直なところで言えば日本人とワキャワキャ交流したいな、日本人の女の子と話したいな、あわよくば※シェア飯とかで食費節約できたらいいなとか思ったりもします。

丸山　それだよ！　俺はね、シェア飯が大嫌いだったの。自分で金払って、自分の好きなもの食べたいわけ。海外に来て自炊するのも嫌だし、どこの誰かわからないような子に気を使ってまで食べたくないんだよね。

嵐　作らなくていいからラクじゃない？

虫象　あと節約にもなるし。

嵐　女の子たちが作ってくれて、あとで割り勘みたいなのラクじゃん。ただ、好き嫌いとか言えないから、嫌いな玉ねぎとか入れられたら困るけど（笑）。

虫象　小学生じゃないんですから、我慢して食べるか、皿の端っこに避けてください。

丸山　ラクしたいなら金払って済むほうがよくない？

虫象　丸山先生、※すぐに金で解決しようとするのは悪い癖ですよ。

※シェア飯…安宿のキッチンで自炊をし、食事を複数人でシェアすること。食材代を割り勘にするため節約になる。男女交流を目的にする者もいる。（虫）

※すぐに金で解決しようとする…丸山氏は金を稼ぎまくっているため、些細

なことでも面倒があると「金だすから虫象がかわりにやっといてくれ」とくる。（虫）

丸山　お前は金を使わなすぎるんだよ。嵐さんは日本人宿のこと、どう思ってたんですか？

嵐　俺は東南アジアとか日本人が多いところはあえて日本人宿を避けてたね。

丸山　同じじゃないですか。

嵐　ところが、南米だと街を歩いていても日本人に会えないのよ。ネットがなかった時代はなかなか情報が手に入らないし、けっこう日本人差別もあったから心細いんだ。そういうときの逃げ場というかオアシス的な存在として日本人宿を位置づけていたね。

丸山　弱気なことを強気に発言するのは嵐さんのいい癖です。

嵐　うるせえな！　日本人宿行くと、気合いの入ったバックパッカーがたまにいるから情報をもらったり、あとは単純に日本人と話せるのも嬉しいのよ。今はないんだけど、ケニアのナイロビにあったイクパルホテル[※]とか、南アフリカのケープタウンのキャットアンドムース[※]とか。

※**イクバルホテル**…ナイロビにあった、かなり大きな日本人宿。２０１０年に確認したらなくなっていた。（嵐）

※**キャットアンドムース**…日本人と話したい人はここに行けば会えるだろう。居心地は良く、自炊もできる。（嵐）

丸山　めっちゃ日本人宿活用してるじゃないですか（笑）。

虫象　日本人宿のよいところは、「情報ノート」が置いてあるところですね。ふた昔前くらいの話ですけど、マイナーな国だと特に旅行者同士の情報交換が重要になってくるし、日本人宿ってだいたいがその地域の最安の宿だったりするんですよね。カオサンのママズとかは俺が行った時は70ＴＨＢとかで最安でしたね。２０１０年前後ですかね。ベッドにはナンキン虫がいましたけど。それでも長居してるおじいちゃんとかいましたし。基本、日本人宿はドミトリーばっかりですけど。

嵐　お前は本当にブレないね（笑）。

旅の同行者が見つかる

（たまたま同席したＪＯＪＯさん登場）

ＪＯＪＯ　たしかに日本人宿ってその地域で最安な場合が少なくないんですよね。だから僕も時々使ってました。例えば、フランス・パリのドリームハウス[※]ってドミトリーは25ユーロ（約３０００円）でパリ最安ですね。朝食と夕食もついていて、韓国人のおばちゃんがご飯を作ってくれて。そんなに美味くはないんですけど（笑）。確か息子が日本人とのハーフだとか。

※**ドリームハウス**…夏休みなど長期休暇を利用した短期のキレイ系旅人と長期旅行中の小汚い系旅人が混在する宿。ベッドではなくリビングで寝ると2ユーロ引きという謎のディスカウントルールがある。（JOJO）

丸山　ここで突如として海外風俗のカリスマJOJOさんが参加です。JOJOさんは世界中の風俗に造詣が深いだけじゃなくて、中南米、アフリカ、ヨーロッパなんかを無帰国で3年以上さすらっていた筋金入りのバックパッカーでもあるんですよね。

嵐　たしか「JOJO世界一周」って名乗ってるんでしょ？

JOJO　貧乏旅行してました（笑）。ドリームハウスはフランス外国人部隊の人たちが休暇になると遊びに来るんですよ。旅行中の日本人と交流したくて。長く海外にいると日本語が恋しくなるタイミングがあるので、そういう時に日本人宿は良いですね。

虫象　日本人が経営してることもあって、最低限の清潔さはありますよね。

嵐　盗難とかも少ないっていうしね。

JOJO　貴重品管理って難しいので、安全性が確保されるのは嬉しいですね。あとは長期旅行してるときだと、ビザの情報とかを知れるのもよいですね。中央アジアを回っていたときは、キルギスで近隣国のビザをまとめて取るのが便利なんですが、その情報はビシュケクの南旅館※ってところでもらいました。

※**南旅館**…ウェイウェイ系の若者よりも年齢層高めの静かな旅人が集まる宿。日本語を話せないキルギス人のおばちゃんがオーナー。ここを拠点に、カザフスタン、タジキスタン、ウズベキスタンなど近隣国を回って戻ってくる旅人もいる。（JOJO）

丸山　日本宿で唯一の推しポイントは漫画が揃ってることかな。カンボジアで1か月まったく動きもせずに漫画を読み続けてるやつとかいましたからね。

嵐　沈没しやすいんだよね。まわりに日本人もいるし。

丸山　日本人宿にいたころは、次の街へ行くタイミングは、

マチュピチュへの安い行き方が記された情報ノート。（虫）

そこの宿の漫画を読み尽くしたときでしたね。かわぐちかいじ先生とか普段、自分だったら集めない漫画があるから。

虫象 『沈黙の艦隊』ですね。『ドラゴンボール』[※]もありましたね。全巻揃ってないけど。

※**『ドラゴンボール』もありました**…トルコ・イスタンブールの「ツリーオブライフ」(閉鎖)で読んだような記憶が。(虫)

丸山 読みたい漫画にかぎって途中の巻が歯抜けでなかったりして、ストレスになるんだよね。日本に帰ってきたら、そこだけ買って読んだりして(笑)。

虫象 「地球の歩き方」も置いてあるんだけど、大事なところだけ破かれていたりします。

嵐 地図だけなかったりするんだよな。破くぐらいならコピーでもしていけっていうんだ。そういう奴らに出会ったら俺、めっちゃキレると思うよ。

丸山 嵐さんのキレる中年化が加速しそうですね。

嵐 ポッドキャストをはじめた時点で40のオヤジだったんだから、今さらだろ。とにかくマナーを守らないやつは許さない!

丸山 でも嵐さんって「ルールは破るためにあるんだ!」って言ってませんでした?

嵐 どうでもいいんだよ! そんなことは。

虫象 戻しますね。あとは麻雀卓がある日本人宿[※]もありましたね。

※**麻雀卓がある日本人宿**…インド・プリーの「サンタナロッジ」が有名。そのほか、アルゼンチン・ブエノスアイレス「日本旅館」(閉鎖)など数か所にあった。(虫)

丸山 そこで仲良くなって次の旅の同行者になったりすることもあるね。

虫象 あるある。カンボジアのタケオでも、アンコールワットを回るときに割り勘でトゥクトゥクに相乗りしたりしてましたね。

丸山 どうせきっちり一の位まで割り勘にして、みんなに引かれたんだろ。

虫象 そんなこともありましたね(笑)。

嵐 あるに決まってるんだろ、虫象なんだから。なにせ世界[※]最強人間スラムって言われてんだから。

※**世界最強人間スラム**…トミー・リー・ジョーンズ(ブラックロードの大ボス)が名付け親。「人類が滅亡しても、ゴキブリと虫象は生き残るに違いない」と言い出した。(嵐)

虫象 まったく意味がわかりませんが、言いたいことはわかります。カンボジアでシェムリアップにいるときに、一緒にプノンペンに行く人を募って行ったことありますね。バンコクだと、「アンコールワット、一緒に観に行く人募集」みたいなのもありましたね。

JOJO アフリカだと、エジプトの日本人宿で一緒になった人たちとグループでアフリカを南下する旅人が多いですね。

嵐 俺の場合は、南米だと日本人宿でも旅行者が2、3人しかいなくて、長期滞在で全然移動しなかったりするから、そういうノリはなかったな。気合いの入ったバックパッカーばっかりで。

丸山 日本人宿に長期滞在して身動きとらない時点で気合い入ってないんじゃ?

嵐 そうとも言う(笑)。

丸山 そこでは嵐さんもベテラン扱いなんですか?

嵐 いや、俺は全然目立たないよ(笑)。

丸山 嵐さんよりもっと上の世代の、上下、白の下着みたいな服を着たおじさん。

嵐 いるねえ! 長期滞在も行き過ぎると人の目が気にならなくなるんだよ。南米のほうに多いよね。

虫象 ペルー、ボリビアはこの5年くらいでめちゃくちゃ変わりましたよね。ウユニ塩湖※のせいで、インスタ映え目的のライトな旅行者層が増えましたね。あのエリアの空気感はガラっと変わっちゃいました。

※**ウユニ塩湖**…ボリビアにある塩湖。雨季には溜まった雨水が鏡面のように空を映し、一部の日本人に「天空の鏡」と呼ばれ人気になっている。だだっぴろい塩の平原が見られる乾季もオススメ。(虫)

丸山 ただのコカインの街※なのに(笑)。

※**ただのコカインの街**…ボリビアのラパスは世界トップクラスのコカインの生産量。街なかでは安価でコカインが入手可能。外国人であればなおさらで、一部のバーではウィスキーのつまみに出してくれるらしい。(丸)

虫象 あの街をそういう捉え方をしているのは丸ゴンさんぐらいですから(苦笑)。

嵐 いや、昔からそういうイメージしかなかったよ。

ラウンジが充実しているかどうか

虫象 インドのクミコハウスは1泊だけしたことありますね。

丸山 あー無理だ。あそこって門限あるんでしょ。

虫象 はい(笑)。そういって敬遠する日本人旅行者も多いですよね。ただ、そうじゃなくても苦手な人は多いと思いますよ。値段は安いんだけど、ネズミとかゴキブリが走ってたりするんで。ほかにも似たようなレベルの宿もあるから、わざわざクミコにしなくてもいいかなという感じです。実際、今のクミコハウスは日本人宿から韓国人宿に代わってますよ。5年前くらいだけど、宿泊者が韓国人のほうが圧倒的に多く

インド・バラナシの有名日本人宿、クミコハウス。（虫）

なってました。

嵐　それは日本人の旅行者が減ってるから？

虫象　それもあるんですけど、韓国人の間でインドへのバックパック旅行が流行ったらしいんですよね。

嵐　そういう時代なんだね。

丸山　今はバラナシの道が整備されて綺麗になってるらしいね。インドでコーディネーターやってる人に聞いたんだけど。あとガンガーの水質改善も急速に進んでるみたいで、浸かっても水中で何も異物に当たらないんだって。

虫象　え？　もうウンコ流れてないんですか？

丸山　昔は固形物がいっぱい当たってきたけど、あれがなくなってるらしい。俺たちが自慢されたいインドは記憶の中にあるだけ。

虫象　インドは※1000ルピー札（約1500円）が一瞬にして使えなくなる国ですからね。何があってもおかしくないですね。

※1000ルピー札が一瞬にして使えなくなる国…インド政府は2016年11月8日午後8時に通達を出し、4時間後の9日から1000ルピー札と500ルピー札が使用停止となった。偽造紙幣と脱税の根絶が目的。（虫）

丸山　政府の力が強い国だと、法律とかもチェックしていないと変わったこととかわからないからね。あと、俺たちの世代だと、コルカタのサダル[※]はみんな立ち寄る場所だったよね。パラゴン[※]とか覚えてる？

※サダル…サダルストリート。バンコクのカオサンと並ぶバックパッカーの聖地。比較的、白人バックパッカーが多い。(丸)

※パラゴン…サダルストリートの名物宿。ドミトリーがメインで、昔はマリファナ愛用者がとどまることもあり、敬遠する人も多かった。(丸)

嵐　あの安いところ？　俺は泊まってないわ。

虫象　俺は何泊かしましたね。日本人宿でよいところは、ラウンジの共用スペースでゆっくりできたりして、そこが充実してる宿はよいなと思うんですけど。

丸山　大麻部屋みたいなのがあって。宿泊客でやる人はその部屋に行ってたかな。

嵐　話には聞いてたけど、本当にあったんだな。

丸山　パラコンの壁に「嵐ようういち参上！」「ようちゃん、空を飛ぶ！」って書いてありましたけど。

嵐　やめろよ！　本気にするやつだっているんだぞ！

丸山　いいじゃないですか、大麻ぐらい。嵐さんにとっては雑草みたいなもんでしょ。

嵐　違うわ！

虫象　プリーのサンタナロッジなんかは、屋上で大麻はもちろんだけど、アヘンとかいろいろ持ち込んでやってる解放区でしたね。朝から晩まで、誰かしらやりまくってました。なかには自分で作ったボング(吸引パイプ)とか持ち込んでるやつもいました。

丸山　嵐さんも屋上いたんだろうな〜。

嵐　いねえよ！　俺をジャンキーにするな！　そういうのは草下シンヤ[※]に言え(笑)。

※草下シンヤ…作家で編集者。付き合いはもう18年になる。ドラッグのことにやたらと詳しい。(嵐)／もう少し別の言い方があるでしょ。「嵐さんの恩人にして、無茶振りをする編集Mとして、嵐さんの著作ではお馴染みの存在」とか。(丸)

虫象　パキスタンだと、ラホールのリーガル・インターネット[※]・インは安いし、よかったですね。ただ、パキスタンは「泥棒宿」が多いじゃないですか。

※リーガル・インターネット・イン…ラホールの有名安宿。日本人宿ではないが、日本人は多い。ドミトリーも二段ベッドではなく普通のベッドで寝やすい。パキスタンでは違法のアルコールを飲んでも問題なく、ゆるい雰囲気。(虫)

丸山　じゃないですかって言われても(笑)。

虫象　ラホールの駅周辺の宿とかは泥棒宿が多いというのはよく聞きました。寝ていたら天井が開いて泥棒が入ってきて目が会った、ってよく聞く話じゃないですか？

嵐　それよく聞くんだけど、本当にあるの？
虫象　宿のオーナーもグルになってるんですよね。

憧れのドミ・セックス

丸山　ストリート[※]と宿のセットって、サダルとカオサンと、ほかにありましたっけ？

※ストリートと宿のセット…ひとつの通りに、安宿とそこに宿泊する旅行者を相手にした食堂、旅行代理店、旅グッズなどの商売で成り立っているエリア。

嵐　ニューデリーのババールガンジー[※]、ホーチミンのファングラオ通り[※]とか。

※ババールガンジー…バイクや牛が多く、歩きにくく、ストレスが溜まる。バイクが2回も俺に当たったが謝りもせずに去っていった。不快な場所でもある。（嵐）

※ファングラオ通り……ホーチミンの安宿街。バックパッカー、旅行者が多く集まる場所で便利だ。（嵐）

JOJO　ストリートじゃないけどレストランとセットってパターンもありますね。ハンガリーのブダペストにアンダンテ・ホステルって日本人宿とコマチって食堂があって、確か同じ経営者です。
丸山　JOJOさん的には日本人宿でエロいところとかありました？
JOJO　ドミで女の子とセックスしたことあります（笑）。
嵐　おー！
丸山　虫象が憧れるやつ！
虫象　そうですよー！
JOJO　正確にはドミで知り合って、一緒に旅をすることになって、別のホステルのドミでセックスしたんですけど。あ、さっき話したパリのドリームハウスでも、セックスまではいかないですけど、夜中にこっそりユニットバスに忍び込んでイチャイチャしたことはありますね（笑）。
虫象　風呂だけって、むしろエロいんですけど。

伝説の宿ジュライホテル

丸山　バンコクのヤワラー[※]のロータリーに面して建っていたジュライホテル[※]は貧乏旅行の起源となった宿で伝説の宿とされていますね。

※ヤワラー…バンコクの中華街。30年ぐらい前の日本人旅行者のたまり場で、現在では中華街目当ての旅行者が多く、宿泊する人は減った。ファランポーン駅があるため、タイ国内を陸路で旅行する人にとっては玄関口としての顔もある。（丸）

※ジュライホテル…伝説の日本人宿。長期滞在者のたまり場であった。現在の40代後半以上の人しか実際に宿泊経験がある人はいないだろう。1995

年に閉鎖されるも、立地の良さから復活がささやかれることも。(丸)

虫象　そうですね。日本人の旅行者がタイで沈没してめちゃくちゃなことをやってるって言われてて、実際、売春婦がたむろするような宿で、チャイナタウンにあったらしいですね。俺が行ったころにはすでになかったですけど。

丸山　俺がはじめてバンコクに行ったときにはもう閉まってましたね。建物自体は存続してるんですけど。

虫象　廃墟になってるんですよね。丸山さんから「行けるもんなら行ってみろ」って言われて、仕方なく行ったことがありますけど。

丸山　写真撮ってきてほしいなと思って(笑)。窓から入ったんだっけ?

虫象　3階まで壁をよじ登って(笑)。写真撮ってきましたよ。

嵐　不法侵入じゃねえか!

丸山　つまんないこと言わないでください。せっかく伝説を目撃するチャンスだったんですよ!

嵐　じゃあ、お前が行けよ!

丸山　で、虫象はどうしたんだっけ?

虫象　写真撮ってきただけですよ。

丸山　ジュライのオーナーは、日本人がドラッグやってセックスやってトラブルばっかり起こして、警察がしょっちゅう来るからいやになっちゃったみたいですね。しかも、あの地帯一帯の大地主らしく別にジュライをクローズしたからって生活には困らないんだってさ。

JOJO　日本人が殺された場所でしたっけ?

虫象　殺されてはないけど、ドラッグとかで死んだりしているんじゃなかったかな。

丸山　もうみんなオッサンだから記憶がぼんやりしていますね(笑)。ともかく、日本人宿の元祖といえるでしょうね。

虫象　昔のバンコクで日本人が集まるエリアは、カオサンよりもチャイナタウンでしたよね。

ジュライホテル内部。虫象撮影のものだが、閉鎖状態のホテルへどのようにして侵入したのか。明らかになっている放送回もあるとかないとか。(丸)

ファランポーン駅近くのロータリーに面した伝説のバックパッカー宿「ジュライホテル」。すでに入る客もなく、ただ廃墟として建っている。(丸)

丸山　台北旅社[※]とか、周辺にもいろいろあったしね。

※**台北旅社**…ジュライホテルなきあとの長期滞在社の受け皿としてヤワラーで機能していたが、若い旅行者からは敬遠された。独特の怪しい雰囲気と立地の良さから一定の人気を保っていたが、家賃高騰などを理由に閉館。(丸)

虫象　台北旅社も2015年にクローズしましたね。今は中を改装してオシャレホテルができたようですけど。

嵐　俺ももうオッサン扱いされるので日本宿に行きにくいけど、アフリカや南米では情報が欲しいので、この先も訪れるかもしれない。

虫象　バックパッカーが減って、宿のオンライン予約が当たり前になった現在では、日本人宿は減少の一途をたどってますね。でも、日本人の長旅のオアシスとして絶滅しないでほしいです。

地球の歩き方

ガイドブック、情報ノート。お世話になってます！

亡くなったJBLの向井さん（後述）もそっち派でしたよね。

丸山 俺としてはガイドブックが間違ってるなら、現地で情報集めて修正すればいいじゃんって思うんだよね。

虫象 地図があるだけでも十分役に立ちますよね。

丸山 空港から市内への行き方の代表的な交通機関がわかるだけでよいというか、ガイドブックは使い方次第なんだよね。とはいえ、過去に何度も話題にだしているのに、幸か不幸かダイヤモンドさんは僕たちに一回も声かけないですね（笑）。

嵐 俺、連載やってるよ。ウェブだけど。

丸山 え、うそ!?

虫象 裏切られた（笑）。

丸山 なんで俺は外されてるの？

嵐 知らねえよ（笑）。

丸山 賄賂ですか？

嵐 そんな金あったら連載なんかやるわけねえだろ！

間違えてるのはしょうがない

嵐 「地球の歩き方」は完全なバイブルだね。

丸山 ダイヤモンド社のドル箱企画ですけど、僕的にはめっちゃ評価高いんですよ。ほぼ全世界を網羅していて、だいたいのガイドラインがわかる。それってすごいんじゃないかと。

嵐 イギリスに住んでるときに、はじめてヨーロッパをバックパックで周遊しようと思って、旅の先輩みたいな人に聞いたら「地球の歩き方のヨーロッパ編を日本から取り寄せたほうがいいよ」って言われて。「地球の歩き方」の存在も知らなかったんだけど。そこからの付き合いだから。

虫象 「間違いが多い」って言う人もいますよね。

嵐 間違えてるのはしょうがないじゃん。怒るやついるけどバカかと思うね。

丸山 分かれ道はそこなんですよね。全部合ってないと許せない人っているじゃないですか。そんなこと不可能なのに。

虫象 「地球の迷い方」みたいな言い方する人いますよね。

「ロンプラ」でイキる

丸山 「地球の歩き方」と双璧をなすガイドブックといえば「ロンリープラネット(Lonely Planet)」じゃないですか。ビール大好き世界旅行者の三矢くん(=三矢英人)[※]が大好きな。

※**三矢くん**…高学歴からの一流企業という路線を旅するためにおりた変わり者。妙にスペックは高いので一部の女性からはモテている。現在は長期海外旅から帰国して謎の活動を続けている。(丸)

嵐 ロンプラ好きな理由はわかるな。英語で書いてあるんだけど、情報が細かいんだよね。地図がアバウトなところと写真が少ないのは欠点ではあるけど。

ロンプラを眺めるバックパッカー三矢くん。(JOJO)

丸山 嵐さん、英語読めるんですね。

嵐 ロンドンとニューヨークに住んでたんだぞ! できるに決まってるだろ!

丸山 日本語がおぼつかないことはありますけどね。

嵐 正直、最近はそれあるんだよね(笑)。

丸山 老いですね。俺もですけど。それはさておき、日本人宿でロンプラを広げてると一段上に見られるってのありますよね。

JOJO ちょっとイキれる(笑)。

虫象 あるあるある(笑)。ドヤ顔で見せつけてるやついますよね。

嵐 マイナーな国のカフェとかで広げてると、「ちょっと見せてもらえませんか?」って言われる確率が高いんだよ。

丸山 やっぱちょっとイキってますよね? 声かけられたくてやりましたよね?

嵐 そういうことがやりたい時だってあるんだよ! 若かったし。

虫象 モテ意識していた時代もあるんですね。でも、ロンプラって日本語版も存在しましたよね。

嵐 あるんだけど、国の数が少ない。

丸山　海外の古本屋いくと、数ページ読んで挫折したロンプラがたくさんありますよね（笑）。1、2ページだけ折り目ついていて諦めたような。

嵐　暇つぶしにはなるんだよね。

丸山　めっちゃロンプラ関連だとフォローいれますよね。いくらかもらってるんですか？

嵐　違うよ！　本当にいいガイドブックだと思ってるだけ！

JOJO　国によっては海賊版みたいのも出てますよね。コピーを印刷して製本しました、みたいな。

虫象　俺、コピーだけのガイドブックを使ったりすることもありますよ。

嵐　お前は地元の図書館で借りるだろ！

虫象　それもやります。

丸山　まあまあ。それで、ガイドブックのあるあるネタなんですが「日本人は地球の歩き方ばっかり読んでる」ってバカにされることがあったんですよ。

虫象　常に持ち歩いている日本人多いですもんね。

丸山　昔の「歩き方」は小口が青に塗られていて、外国人が見ても一発でわかった。それで馬鹿にされることがあったんだけど、外国人もたいがい「ロンプラ」ばっかり読んでて。外国人のバックパックが縦長になったのは、ロンプラを入れるためなんじゃないかって（笑）。それくらい分厚いですよね。

虫象　紙質の差なんでしょうけど、無駄に重すぎですよね。ほぼ枕じゃないですかアレ。

バカじゃないと長旅なんかしない

虫象　「地球の歩き方」と「ロンプラ」は双璧かもしれないけど、一部の旅行者に熱烈に支持されたのは「旅行人ノート」[※]。

※「**旅行人ノート**」…充実した安宿情報や国境の出入国状況、辺境地域の掲載などで一般的な旅行ガイドブックとは一線を画している。旅慣れたバックパッカーを中心にコアなファンが多い。（虫）

丸山　旅界隈でインテリを気取ってる人が読むやつでしょ？　旅に出てる時点でバカだと思うけど。

虫象　いやいや敵にしないでくださいよ（笑）。そっちはそっちで熱烈支持されているんですから。めんどくさいことになりますよ（笑）。

丸山　マニアックな人たちぐらいにしておきましょう。

虫象　「旅行人」はよくできていますしね。俺も実際、「アジア横断」とかはかなり重宝しましたよ。

丸山　俺も「アジア横断」は読んでたし、旅にも持っていった。国境超えの情報が充実していて、それが素晴らしかったな。

虫象　「情報ノート」の発展版ですね。

嵐　気合いの入ったバックパッカーが作った感じね。

虫象　褒めたいんですか？　けなしたいんですか？（笑）

嵐　褒めるに決まってんだろ。熱心に読んでる他の旅人を馬鹿にしてるやつが嫌いなだけだ。

虫象　そんな奴は誰でも嫌いでしょう（笑）。

丸山　旅行人といえば、地図が素晴らしかったですね。あれを持ってるといっぱしの旅人感が出る（笑）。

虫象　地図のページだけコピーして持ってきてる人とかもいましたね。せっかくなんで、旅行人だけじゃなく丸山先生の※「最強ナビ」シリーズの話もしときましょう。

※**「最強ナビ」シリーズ**…丸山ゴンザレスが編者をつとめる旅行本シリーズ。約10冊ほど発売されているが、近年では「丸山外し」ともいうべき現象が起きており、女子向けのシリーズには関わらせてももらえていない。発行元の編集長に直訴したところ「キャラとカラーが合ってない」と切って捨てられた。（丸）

丸山　いいトスあげるようになったね。

虫象　丸山先生に鍛えられていますから。

丸山　まあ、でもね〜、最強ナビは表紙の作りがイマイチ気に食わないんだよなあ。いまだに編集部との溝が埋まらないんですよ。

虫象　いきなりディスらないでください（苦笑）。いったい何が不満なんですか？

丸山　まず「旅の賢人たちが作った」っていうコピーがいらない。シリーズはじまったときから言ってるんですよ。これは意味ない。旅人は賢くないんで。バカじゃないと長旅なんかしないんで。

虫象　全否定が過ぎます。タイトルは、もういいじゃないですか（笑）。

丸山　「最強ナビ」ってタイトルは去年くらいにようやくしっくりきた。それまでは「ナビ」って呼んでたから。

虫象　どこが気に食わないんですか？

丸山　もうちょっと雑に作りたかったんですよね。初期の※「バックパッカーズ読本」みたいにPP加工ナシのマットニスのザラっとした印刷がよかったんですけどねえ。デザイナ※ーの田中さんが売れるような装丁にしてくれてるのはわかってるんですけど。

※**「バックパッカーズ読本」**…バイブル的な存在。この本を読んでバックパッカーとはいかなる存在なのかを知るきっかけとなった。ただし、この本を作ったのがライターの先輩の室橋裕和さんであることを知ったのは最近のこと。（丸）

※**デザイナーの田中さん**…10万部超えのベストセラーを書いている作家でもある。抜群に頭がいい！　あだ名の由来は「おぼっちゃま」から来ている。（丸）

嵐　おぼつ（田中さん）は俺の幼馴染で優秀なデザイナーであり、俺も世話になっている。ロンドンに留学していた頃に偶然一緒だったしな。まさに親友ってやつだよ。

虫象　男の友情ですね。

嵐　まあな（照れ笑）。

丸山　田中さんのデザインが全部の不満を吹き飛ばしてくれるぐらい良かったから編集部との意見の相違も飲み込めているんですよ。あの人がいなかったら編者なんてとっくにやめていたかも。とはいえ今のところ売れてくれているので、この先もシリーズが続く予定です。

中南米の「富永MAP」

丸山　2013年に虫象とミャンマーに行ったときに、国際電話屋を見つけてテンション上がったよね。久々に見たからほんとにビックリして。

虫象　ありましたね。インドとかだとまだありますけどね。

嵐　まだあんのかね。俺が行った2010年には確実にあったけど。

丸山　カオサンはもうないよね。

虫象　単独の国際電話屋はなくて、何かを兼ねた店みたいのはありますよね。

丸山　ネットカフェもだいぶなくなったけど、ゲームが流行りだして、ゲーム目的のネットカフェはまだまだある。メール送るためじゃなくて。

虫象　初期ってメールのための場所でしたね。俺はエロ目的でしか使ってませんでしたけど。

嵐　エロって？

虫象　まわりの人に見られてないのを確認しながら、エロ画像を表示して自分のデジカメで写真に撮って、それを拡大し

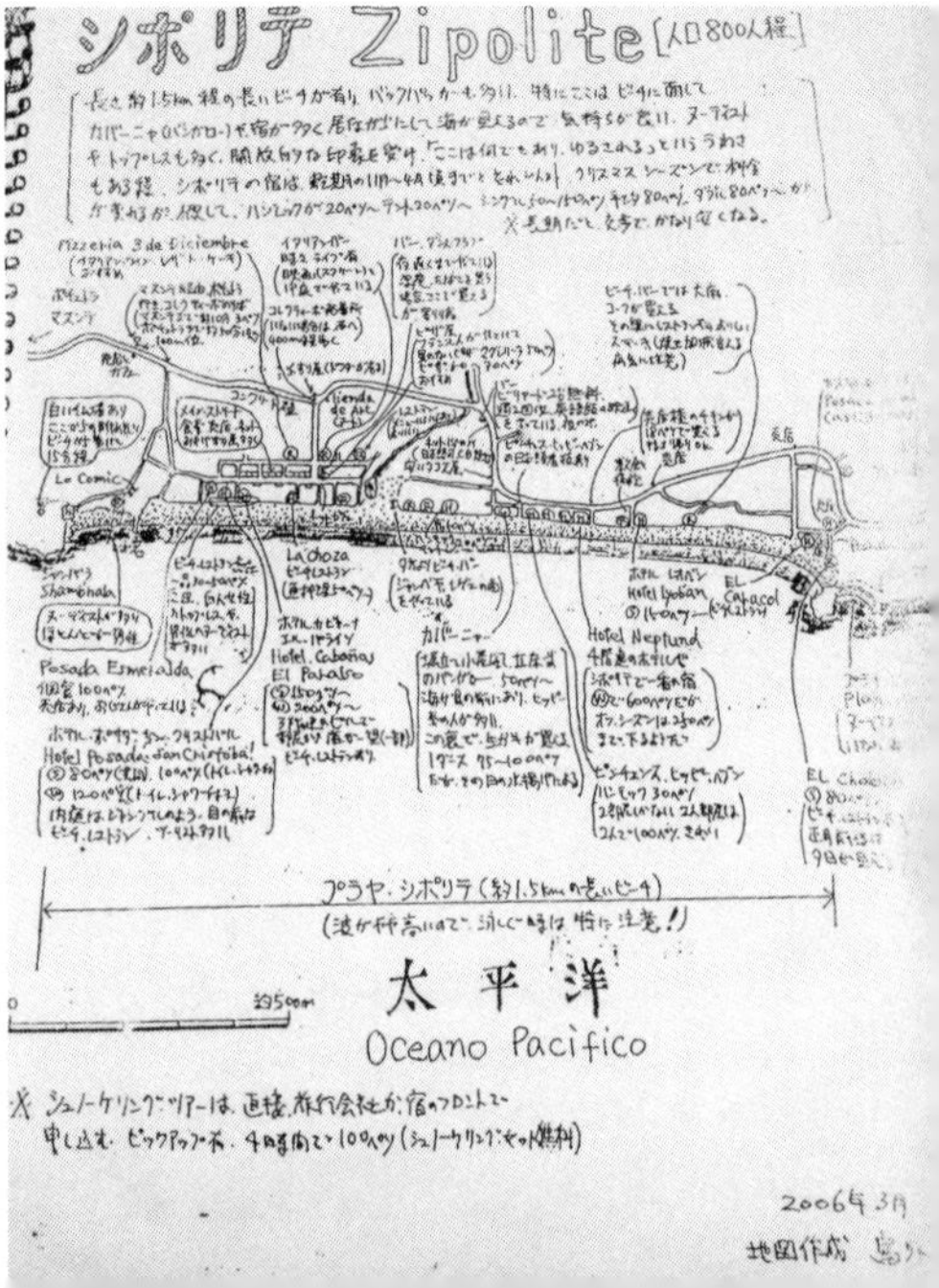

「富永MAP」。メキシコシティのペンションアミーゴの掲示板に貼ってあった。（JOJO）

てヌクってのをやってましたね。

嵐　まあ、お前ならやるよな。

丸山　あと、PCに日本語が入ってるかどうかは重要でしたよね。ブラウザ上では日本語が見えるんだけど、メールで送って日本で見ると全部文字化けしてるとか(笑)。

嵐　そうだっけ?

虫象　日本語が入力できなくて、ローマ字で「konnichiwa」って打ったりしてましたわ。「Ajax IME」っていうローマ字入力した文字を日本語に変換するウェブサービスもありました。

嵐　俺は英語でやってってたから関係ないよ。

丸山　英語でメールする相手なんていたんですか?

嵐　いたよ。おぼつとか、親とか……。

(沈黙)

JOJO　中南米の「富永MAP」ってわかりますか?

丸山　え、知らない。

嵐　聞いたことないな。

JOJO　富永省三さんって人が作った手書きのマップで、これがほんとにすごくて。南米の見どころをまとめた地図、国ごとの地図、街ごとの地図とかいろんな規模の地図があって、手書きっぽい作りなのにとにかく正確で細かい。登山ルートも正確に書いてあったり、「ここの食堂が美味い」とか情報の精度がヤバいレベルです。地図の測量とかを仕事にしてた人が作ってるらしいんですけど、いまだに日本人宿にいくと置いてあったりしますね。この人は伝説の旅人※だと思います。

※**伝説の旅人**…パッと思いついた人を挙げると……①MASAKI世界一周氏。旅行中、何度も情報ノートに書き込みを見つけた。だいたい見開き2ページ丸々使い、自分の名前も大きく書いていて、ページからキャラクターが伝わってきた。／②世界旅行者・西本健一郎(みどりのくつした)氏。2000年頃から旅行関連の掲示板に書き込みがしばしば見られた。／③みどりさん。インド周辺国で旅行者や宿主に身体を売って旅を続けていたという伝説が流れていますが、よくわかりません。(虫)

俺に書かせろマウンティング

虫象　「情報ノート」はたまにすげえなって人がいますね。めっちゃローカルで誰も調べないようなメシ屋の情報とかビッシリ書いてあるページにあたると驚愕します。たぶん長居しているから暇なだけなんだろうけど。

嵐　暇人じゃないと書き込まないだろ。前にめっちゃ書いてる人に聞いたことあるんだけど、使命感とかじゃなくて、とにかく書くのが好きなんだって。誰かが読んでくれるのがうれしいんだってさ。俺、めんどくさくて一回も書いたことない。

虫象　でももはやノートのほうはオワコン感ありますね。最近「情報ノート」見つけても、あんまり更新されてないですし。2010年代の前半ぐらいで止まっている感じです。

JOJO　いまはブログに書いちゃうんですよね。

虫象　それはありますね。ノートよりも多くの人に見られるし。見る側も便利ですし。

丸山　結局のところ、現役の旅人だと「俺が書いたほうがよい情報になるぞ」っていうマウンティングがすごいじゃないですか。「最強ナビ」シリーズは、そういうマウンティングとは違って、日本に帰ってきても旅の匂いを漂わせてる人に書いてもらってるんですよ。

虫象　「情報ノート」は細かい情報が載っていて、「最強ナビ」はコラムが中心ですよね。

丸山　最強ナビはプロレス※なんですよね。昔の名勝負をみんなで語ってるときのほうが盛り上がるのと一緒で、旅のエピソードを書いてもらってるんです。情報が新しいにこしたことはないけど、むしろ大事なのは旅力に昇華できるような旅の知恵が知れるストーリーであって、「これが最新です」ってドヤってくるだけの情報はいらない。極論すれば、今年読んでも来年読んでも、いつ読んでも変わらないエピソードがほしいんですよね。実は最強ナビの執筆陣のなかでもいちばんすごいのは嵐さんで、何にも考えてない。最新とか更新しようとかいう発想が一切ない(笑)。

※**最強ナビはプロレス**…過去の名勝負で盛り上がるプロレスファンは多い。もちろん最新の名勝負もネタになる。捨てるところがないのだ。旅もこれに似ている。どこを切り取っても面白いし、時代を超越して楽しめる分野なのである。(丸)

嵐　褒めてないだろ(笑)。

虫象　昔のボツ原稿を横流ししてるだけなんじゃないですか?(笑)

嵐　おい!

「Gダイアリー」の最強マップ

丸山　「Gダイアリー」を最初に見たときは、こんなのがあるんだってビックリしたんですよね。最初は紀伊國屋書店だったかな。

虫象　昔からあったんですか?

丸山　バンコクの紀伊國屋にはなくて、新宿南店(2016年に閉店)にはバックナンバーも揃えてあったんだ。

虫象　「Gダイアリー」は「エロと旅」をミックスして読ませる記事が多かったですよね。硬派なルポや記事もあったし、あとは「最強マップ」。あれがよくて、マップだけを切り取って持って行っていましたね。自分で見て回って「ここは閉店している」とか、「値段が上がってる」とか自分で最新情報に更新したりしていました。

丸山　そのあと「アジアの雑誌」[※]になって、「アジアの深層」になって「リアルアジア」になるんだけどね。

※**「アジアの雑誌」**…室橋裕和著『バンコクドリーム』（2019年）を参照してもらいたいが、実質的なクーデターによって雑誌が分裂した結果、元のGダイ編集部によって立ち上げられたのが「アジアの雑誌」。（丸）

嵐　その変遷を追っかけられてる人はいないよ。

虫象　みんな知らないんじゃないですか。

丸山　僕は「アジアの雑誌」の後くらいから原稿のオファーがきたから覚えてるんですよね。負け戦みたいな状況のなかで。

虫象　負け戦はダメでしょ、その言い方は（笑）。涙流す人いますよ。

丸山　室橋さん[※]を悪く言うな！

※**室橋さん**…越境ライターにして、東京外国人街評論家の室橋裕和さん。高身長で早稲田卒で元文春というハイスペックなライターなのだが、いたって控えめな性格をしている。大久保在住。（丸）

虫象　わかってて言ってますよね（笑）。

嵐　室橋さんが編集していた「アジアの雑誌」は俺と丸ゴンは好きだったね。ポッドキャストでも宣伝したしな。

丸山　その室橋さんが「Gダイアリー」から独立して「アジアの雑誌」もコケたわけじゃないですか。そうなると頼める人が限られてくる、というなかでのオファーだったんですよね。当時、僕からも室橋さんに記事とか無茶振りしてたんですけど、その室橋さんから「書いてください」って言われたら断れないです（笑）。たとえ沈みゆく船だとしても。

虫象　その悲しい表現、やめましょう（笑）。

丸山　ぜんぜんギャラが払われなかったんですけど、ときどき室橋さんが謝ってくるんですよ。運営側じゃなくなっていたのに。Gダイからアジアの雑誌に移るときに、原稿料未払いだった担当ライターには、室橋さんが全部自腹で払ってたみたいですけどね。

虫象　そうなんですか！

丸山　そうじゃないと次の雑誌で書いてもらえないからね。しかも、次の「アジアの雑誌」では自分も出資しているんですよ。人生を賭けた勝負に室橋さんは負けたんですよ。

虫象　もうやめてあげてください。きっと泣いています（笑）。

嵐　結局、広告を取れなかったから？

丸山　やっぱ売れないですよ。Gダイのときは、オーナーの外国人社長が金持ちだったから、内部留保とかで補填してたんじゃないですかね、多分ですけど。それを売上だけでまかなえるって試算していたところが、うまくまわらなかった。やっぱ会社って難しいですよ。今は誰が編集長になっても広告を集めるようなモデルから脱却しない限り続かないと思います。

虫象　なんかビジネスマン丸山の怖い顔がチラ見えしましたね。そういえば２０２０年は、※新型コロナの影響で海外旅行が制限されましたよね。

※**新型コロナの影響**…２０２０年に世界に広がった新型コロナウイルス感染症は人と人の接触により感染を拡大するため、世界各国で外出制限が行われた。出入国制限により国際線フライトの多くは運行停止となり、海外旅行に出ることが非常に難しくなった。（虫）

丸山　日本人だけじゃなく、世界中の旅行業界が様変わりするだろうね。どんな商売だって客がいて成り立つわけだし、たとえばバンコクの風俗店だってそうじゃないですか。

ＪＯＪＯ　ソイカウボーイとかナナプラザとか、コロナが流行してから一気に閉鎖しましたね。風俗嬢の子は、ネットで客を探したり、常連客に送金をお願いしたりしてるみたいです。

嵐　潰れている日本食レストランとか、めちゃくちゃありそうだね。

虫象　ここで話した日本人宿が全部閉まっている可能性もありますよね。新型コロナでの死者数が日本より少ないタイとの入国規制の緩和は他国に比べて早くなりそうですね。すでに二国間交渉がはじまっているとか（２０２０年６月現在）。

嵐　でもバンコクだったら、１年も経てば復活してくれるんじゃないかなって期待感あるよね。それぐらいパワーのある街だと思うよ。

沢木耕太郎先生の言うことは絶対か？
バックパッカー

シチリアの空港にて。バックパッカーぽい俺。（嵐）

コロコロかバックパックか

丸山　旅のカバンってどんなの使ってますか？　コロコロするやつか背負うやつか。

JOJO　世界一周したときは、コロコロできて背負えるやつを使ってましたね。

丸山　僕も最近それにしたんですよ。嵐さんは転がしてるんでしたっけ？

嵐　転がしたいんだけど転がしてないんだよ。まだ普通のリュック。

虫象　転がしたいんだったら転がせばいいじゃないですか（笑）。

丸山　虫象は？

虫象　俺はバックパックですね。

丸山　だよね。僕もずっとバックパック派だったんだけど、心が折れる出来事があって。毎年12月24日の深夜に沢木耕太郎さんが「ミッドナイトエクスプレス」※ってラジオをやってるの知ってる？　あそこで沢木さんが「バックパックをやめてコロコロしはじめた」って言ってたんですよ。「おまえ、やめんのかよ！」って思うじゃん。おまえが背負ってるのはリュックじゃなくてすべてのバックパッカーの憧れだから！　それを背負ってるんだからってめっちゃ憤ってしまったんだよね。

※沢木耕太郎…旅人のバイブル『深夜特急』の著者。彼に憧れ、彼の足跡をたどった人は多い。彼が毎年クリスマスに放送しているラジオ番組「ミッドナイト・エクスプレス」の後釜を虎視眈々と狙っている。（丸）

虫象　沢木さんはそんなつもりはないでしょうけど（笑）。

丸山　それと時を同じくして故・向井さん（後述）が「行きつく先は併用タイプだ」というようなことを発信していて。僕もそうだよなと思って買ったんですよね、併用タイプのカバン。

虫象　え？　そうなんですか！　裏切られたって叫んでたのはどこにいったんですか（笑）。

丸山　使ったらラクだったんだよね。それも沢木さん言ってたし。やっぱりカリスマの言うことに従いますよ。

虫象　弱！　丸ゴンさんに憧れている若い旅人だっているんですから、もっと踏ん張ってくださいよ。

丸山　無理だよ、もうおっさんだし。

嵐　でもさ～、併用タイプだとコロコロの泥が腰についたりしないか。

JOJO　あるあるですね。肩掛けの部分が弱かったりとか。

丸山　実はまだ1回しか背負ってない。大雨が降ったときに背負って、それ以外はだいたい引っ張ってますね。あれに慣れるとラク。

JOJO　バックパックがイヤなのは貴重品の管理が難しくて、コロコロのほうが鍵もかけやすいんですよね。

丸山　バックパックは荷物とかも取り出しづらい。

嵐　取り出しにくいもんなあ！　なんか出そうと思ったら1からひっくり返さないといけない。

虫象　下のほうの荷物出すのがウンザリですからね。

JOJO　海外ブラックロード、バックパック派がいないじゃないですか（笑）。

丸山　バックパッカーとしてのプライドみたいなものだけが、コロコロを推せない理由だったからさ。沢木さんが言うなら

ネパール・ポカラの貧民街にて。1か月の旅行であれば30リットル程度のリュックで十分。（虫）

コロコロにしちゃえっていうことでいいんじゃないかと。でも、まだ嵐さんと虫象はオールドタイプのまま。

虫象　新とか旧とかガンダムじゃないですから！　俺は途上国に行く機会が多いから、舗装されてない道が多いっていうことと、両手がフリーになるのはラクでいいですよ。

ＪＯＪＯ　石畳も無理なんですよ、コロコロ。あれ最悪ですね。

嵐　石畳をリュックで歩いているときに、コロコロで困ってるやつを見て「ざまあみやがれ！」って思うもんね。でも、そのときだけ（笑）。

丸山　空港だと圧倒的な敗北感を味わいますよね。

嵐　そう（笑）。でも、空港はカートがあるじゃない。あれに載せるのよ。カートが有料にところは頑張って空港内を移動するけど、大変。

虫象　カートがあるとすぐ使いますね。

丸山　やっぱり転がしたいんじゃないですか（笑）。

ノートＰＣはメイドも盗まない

丸山　最近は取材がメインなので２週間とか短めの旅が多くなってるんです。そうすると旅の目的に合わせて、カバンを使い分けることもあります。例えば今回は移動が多いから動きやすいようにモンベルのバックパックだなとか、電車移動が多いときとかは荷台に置きやすいようにキャリーを使う、ニューヨークとか見栄えを気にしたくなるような場所だとサブバックには大きめのスリーウェイを使ったりするといった感じ。旅の達人を自称する皆さんって長旅が多いじゃないですか。そういう使い分けってどうしていますか？

虫象　俺はひと昔前に使っていた75リットルのバックパックをやめたんですよ。

丸山　人が入りそうなバカでかいの使ってたね。

虫象　それをやめて、今は35リットルのノースフェイスのコンパクトなモデルを使ってます。

丸山　ん？

虫象　丸山ゴンザレス先生のお下がりのやつです（笑）。

丸山　やっぱりか。

虫象　防水素材だし使い勝手がいいんですよ。

ＪＯＪＯ　貴重品はどうしてるんですか？

虫象　そもそも、大した貴重品を持ち歩くことはないんです。だからカバンの奥のほうに入れて隠すか、南京錠２、３個とワイヤーを使ってガードしますね。

丸山　カバンのセキュリティだと、ワイヤーのネットみたいなの巻く人いるよね？

ＪＯＪＯ　パックセーフですね。あれは重いのと、取り付けたり外したり扱いがめんどくさいんですよ。

虫象　宿に置いておくときはベッドにくくりつけたりしますね。

丸山　でも昔より携行する貴重品って減ってない？　支払い機能とか全部カードに集約されていってるし。

虫象　あるとしたらスマホとノートパソコンですね。

丸山　ノートパソコンって泥棒側にも人気ないよ。ホテルに放置してても不良メイドさんも盗まない（笑）。

虫象　まったく盗まないってこともないんでしょうが、ニーズは減ってるかもしれないですね。ただ、マックブックとかなら盗まれちゃうかもしれませんね。丸山先生はちなみに？

丸山　ウィンドウズだし、レノボですけど、それがなにか？

虫象　いえ。

嵐　とにかくスマホだな。

丸山　今いちばん狙われるのはスマホとかタブレット類ってことですね。それで話は戻るけど、向井さんが議題にしたかった「コロコロVSバックパック論争」は、新旧とか世代間の対立じゃなくて、旅の目的とか、腰が痛いとかそういう理由でアイテムも細分化していいんじゃないかという問題提起だった感じがする。自分で転がしてみてわかったのは、コロコロを使うにしても違ってくるところがあるってことですね。俺の場合、四輪のコロコロじゃなくてヘビーに引っ張れる持ち手の頑丈な二輪タイプが合ってるって思った。多少乱暴に扱って石畳とかもガッと引っ張れるから自分のやり方に合ってるし。

虫象　そういうものかもしれないですね。向井さんもそこまで意図してなかったかもですが。

丸山　そういえばさ、ＪＯＪＯさんとブルガリアではじめて会ったとき、コロコロの車輪ごと吹っ飛んでましたよね？

ＪＯＪＯ　バスターミナルから宿まで1時間くらい歩くことになったんですけど、コロコロしてたらぶっ壊れました（笑）。

丸山　歩いて浮かせようとしたのに、余計に高くついた（笑）。

虫象　やっぱコロコロって弱いんだ（笑）。

丸山　あんな状態の悪い路面で引っ張ってたら何だって壊れるから！

ジェネレーションギャップ

まともなやつも旅に出る時代

逆にインスタ映え

丸山　ジェネレーションギャップを感じるのってどういうとき？

虫象　インスタ映えが目的の旅行者と出会ったときですかね。

丸山　つまり、風俗で例えるなら、普通1時間で終わるのに、童貞が行くと朝までプレイしちゃうみたいな話だろ？

虫象　わからないし、多分ぜんぜん違いますね。

丸山　大学生とかが海外で風俗いくと超ロングタイムで遊ぶのを想定して行くじゃんか。こっちはサクっと帰りたいのに。そこにジェネレーションギャップは感じる（笑）。

虫象　それが、本当にあるあるかはわからないです。

丸山　インスタ映えの話だっけ（笑）。

虫象　そうですけど、ここまでの例え話はいったいなんだったんですか？

丸山　まあ、いいじゃないか。俺はインスタ映え旅でもいいと思うよ。今だと「逆にインスタ映え」みたいなことが多くて、みんな写真を撮る場所が同じになってきちゃったよね。スラム街とか屋台のメシとか、ひとまわりしてそれもインスタ映えしちゃって。綺麗でキラキラしたものだけがインスタ映えじゃなくて、インパクトのあるものに流れていってる。いいね乞食じゃないけど。あ、乞食って言っちゃいけないんだっけ？

嵐　めっちゃ嫌いじゃねえか。まあ、俺もだけどさ。

虫象　実際、撮ってるところ見るとマヌケですよ。ウユニ塩湖とか、ハタで見てるときっついですよ。ドライバーとかがみんなで強引に撮らせようとしてるところもあるんですけど、見ていて寒いっていうか。※遠近法とかつまんだりとか。

※**遠近法とかつまんだりとか…**遠近法を使ったジョーク画像。エッフェル塔をつまんだり、スフィンクスとキスするように撮影するのが定番。ウユニ塩湖では背景になにもないため、ジョーク画像を撮影しやすい。（虫）

嵐　みんなそれがやりたいんだよな。でもその写真を恥ずかしげもなくSNSに投稿している旅人とは友だちになれそうもない。

虫象　そんなこと言ってると友だちいなくなって老後が孤独ですよ。

嵐　切ないこと言うなよ。いまからインスタでもやろうかな。

虫象　そこは流されないでください。

ドローンとセックス・ウィキペディア

丸山　嵐さんはカメラを使わなくなって久しいですよね？

嵐　いや、俺、撮ってるよ。ミラーレス一眼。小さくていいよ。

虫象　弟子にカメラ押しつけてるじゃないですか（笑）。俺はスマホメインで一眼を持ってくときもあるけど。

JOJO　よっぽどこだわらなければスマホで十分ですよね。

丸山　俺の場合、イベントとかYouTube用の動画を撮影することが増えてきたので、それ用に完全防水のコンデジを買おうかなとは思ってる。せっかくスマホだけで足りてたのに余計なガジェット増えちゃうね。

JOJO　最近だとドローンもって旅してる人も見ますね。

丸山　水中ドローンほしいんだよなあ。でもアレ、1回ロストしたら絶対に戻ってこないだろうけど（笑）。空用だったらGPSで奇跡的に戻ってくることはあるかもしれないじゃない。でも水中は無理でしょ。

嵐　GPSで「あそこにあるぞ！」ってなっても海底だった

この約10年で爆発的に人気が高まったボリビアのウユニ塩湖。（虫）

りして（笑）。

丸山　海はロマンありますけどね。沈没船とか。ダイビングでも行けない場所とか。

嵐　マグロに食われちゃったりね。

丸山　その割に15万円とかするんですよね。釣竿にくくりつけて使おうかな（笑）。

虫象　ドローンもYouTube目的で使う人が多いですよね。

丸山　YouTube目的の旅。それはまさにジェネレーションギャップだね。

虫象　ノマドワーカーもなんだか増えていますね、皆上手くやっているのか疑問ですけど。

丸山　お前って仕事と旅を融合しているタイプの人に否定的なところあるよね。

虫象　ん〜、なくはないですね。仕事とかじゃなくて旅の間ぐらいは、旅に集中したほうがいいって思うところありますから。

丸山　それも旅人の変化ってことなんだろうな。昔と今では、旅に対する気持ちの置き所が違うというか。昔は、旅行作家になりたいですとか、デザイナーになりたいですとか、「何々になりたいです」っていう人と旅先で出会うことが多かったけど、今はすでにやっている人と出会うことが多くなったかも。「日本で映像作家をやっていて、いまは休みをとって旅に出てるんです」というような。何者かになった人が旅に出てる。

嵐　昔は情報が少ないし、クズっぽいけどやたらと個性的な人が多かったし、まともなやつは旅に出にくい傾向にあったね。

丸山　情報が多いからそれを上手に活用できる人ほど旅上手になってるかも。往々にして、そういう人って仕事でも優秀ですからね。いきなり海外の空港で迷ったりとか絶対にないでしょ。

JOJO　スマホを上手に活用するだけで、効率よく旅できるようになりましたよね。

丸山　JOJOさんに「セックス・ウィキペディア」を教えてもらってからは、効率的に街を回れるようになりましたね（笑）。

嵐　聞き捨てならねえな。なんだよ、それ？

丸山　いろんな国の風俗情報がまとまった英語サイトで、日本語で検索しても出てこない情報が載ってるんですよ。たとえばギリシアだと、日本語では個人のブログとかが引っかかって「おすすめできるようないい売春宿はありません」とか書いてあるんだけど、セックス・ウィキペディアだと山ほど

遠近法を活用したジョーク画像の一例。ウユニ塩湖ではドライバーやガイドに半強制的に撮影させられることもある。（虫）

出てくるんですよ（笑）。

JOJO　日本語と英語の情報の差ってめちゃくちゃあるんですよね。それに日本人が行くところは偏ってますから。

丸山　深く調べもしないし、情報収集も現地でやらない。知らないものは存在しないものにしてしまうんですよね。ジェネレーションギャップとは違うけど、情報収集力には差を感じることはありますね。

虫象　変わらないところもありますよね。たとえば大学生は今でも旅に出てますよね。

嵐　野宿※とウズベキスタンを旅したときに、大学生が7、8人くらいでたまってて、話をしてるのに耳を傾けたら、連絡先交換で「インスタ教えて」ってみんな言っていて。昔は住所とか電話番号、メールアドレスだったのが、今はインスタ。野宿とふたりで「みんなインスタの話してますね」って疎外感を感じて。

※**野宿**…嵐さんと一緒に中央アジアの旅をした無職の青年。嵐さんの愛弟子で、作家としての持てるすべての技術を継承しようと思っていたりいなかったり。実は虫象の生き方に憧れている。最近YouTube「のじゅく村」をスタート。（丸）

虫象　インスタぐらいはじめればいいじゃないですか。

嵐　俺はインスタントラーメンしか食べない。

虫象　え〜っと、アドレスですが、昔はノートに住所書いてもらって、手紙を出したりしてましたからね。

丸山　ホットメールのアドレスの時代もあったし、ミクシーのアカウントを教えることもあったよね。そのあとはフェイスブックですよね。外国人からはフェイスブックのアカウントを尋ねられるイメージですね。ちなみに俺は日本人の若い人からインスタのアカウント聞かれたら簡単に教えるんですが、フォロワー数を見てビックリされることとありますね。

虫象　ちょいちょい自慢挟んでこないでいいですから（笑）。

伝説の旅人にしてブラックロードの最高顧問
JBL向井さんを偲ぶ

JBL（ジャパン・バックパッカーズ・リンク）の向井さん

丸山　向井通浩さんってJBL代表にして旅行ジャーナリストを名乗っていたんですよね。向井さんとの出会いっていつだったか覚えていますか？

嵐　俺の本を買って、俺の存在を知ったらしい。それでポッドキャストを聴いたら、自分に合うなと思ったんだってさ。ツイッターで「聴いてます」ってコメントしていたのを見つけて、向井さんに連絡を取ったんだよね。御徒町の松坂屋で待ち合わせして、※トミー・リー・ジョーンズ社長と丸ゴンと4人で収録後に食事した。俺はあの日のことを忘れないね。

※**トミー・リー・ジョーンズ社長**…ブラックロード・ファミリーの影の支配者で会社経営者。トミー・リー・ジョーンズに似ているので、そう呼ばれている。（嵐）

丸山　んで、いつのことですか？

嵐　え……それからはかなり深い付き合いで、一緒にキャンプに行ったりしたな。彼はバックパッカー界の重鎮でブラックロードの最高顧問もしてくれていた。

丸山　覚えてないじゃないですか（笑）。それより向井さんは最高顧問じゃなかったですよね。たしか亡くなってから、「殉職だから二階級特進で最高顧問にしてやる」って言ってませんでしたっけ？

嵐　言ってねえよ！　やめろよ、そういうこと言うの（笑）。

丸山　嵐さんは生前の向井さんのことは評価してなかったからな～。

嵐　嘘つけ！

丸山　ここだけは嘘つけませんよ。

嵐　それが嘘くさいんだよ！（笑）

虫象　殉職って（笑）。向井さんは旅先で亡くなったわけじゃなくて、家でゴロゴロしてて死んじゃったわけですから。心筋梗塞ですよね。

丸山　ゴロゴロ言うな！　しかも旅先で死んだら客死だから。とはいえ、食生活が乱れていたのは本当だったみたい。おまけに心臓を患ったりしてましたね。

嵐　向井さんが一回倒れてから復活したときの放送とかもあるんですよ。「足、ついてるの？」ってつっこんだり。向井さんも「死にかけました」みたいに笑って言っててな。話すのも苦しそうで。

丸山　向井さんが忘年会をすっぽかしたりして、「死んだんじゃねえか」ってみんなで言ってたこともありましたよね。

嵐　あったな。忘年会はじまってるのに全然連絡がとれなくて、「これシャレになんねえぞ」って騒いでたら、だいぶ時間が経ってから単純に日にちを間違えていただけだったとわかったんだよな。俺もう頭にきて「何やってんだよ！」って怒ってさ。

虫象　そのあとに会ったのって亡くなる1か月くらい前に一緒にキャンプ行ったときですか？

丸山　そのときに嵐さんが何か盛ったと思うんですよ。

嵐　やめろよ！　ただ、キャンプのときは、もう顔色とかヤバかったね。

丸山　その後に一緒に飲んだんですよ。だけど向井さんはお酒をまったく飲まないし、顔が土気色してて、「向井さん大丈夫ですか？　死ぬんじゃないですか？」って言ってたら、その2、3日後に亡くなってしまい……。せめてもっと気の利いたこと言えてたらなって後悔することあります。

溝があった旅人たちをつなぐ

嵐　一緒に旅したことはなかったんだよね。

丸山　出会ったころにはもうあんまり海外に出なくなっていて、国内での活動をメインにしてましたね。

虫象　ゲストハウスのコンサル※みたいなことをやってたんですよね。

※**ゲストハウスのコンサル**…全国各地のゲストハウスの開業、運営、集客、イベント企画等に参画、日本のゲストハウス文化発展に尽力していた。（虫）

丸山　ＪＢＬ認定になるといっぱしの旅館だ、みたいなのが浸透しはじめたころでしたよね。ツイッターのフォロワー10万とかいって、すごかったんですよ。そうやってうまくいきはじめた矢先に亡くなったのは、向井さんのお母さんも悔しがっていました。長きにわたって旅を続けていて、三十代半ばまで海外にいたんですよね。日本に根を張ってやっていくつもりだったのに。人望も厚かったんで、亡くなったときはちょっとした騒ぎになりましたけど。

虫象　ツイッターとかで生死の確認とか呼びかけてる人いましたね。

丸山　向井さんは旅に対してすごい真摯で、バックパッカー

ジャパン・バックパッカーズ・リンク代表の向井通浩さん。週刊「バックパッカー新聞」発行人。俺より身体が大きかった。（丸）

と認めるには無帰国で何か月旅を続けていないといけないとか、いろんな定義を作ったりしていて。「このオッサンめんどくせえなあ」って嵐さんが言ってました（笑）。

嵐　それはお前が言ってたんだろ！

丸山　みんな冷たいから、向井さんが亡くなったときも何にもしなかったんですけど、俺はお母さんに連絡を取って、お墓まいりに行くべきだって主張したんですよ。そしたら、嵐さんと虫象がモソモソとついてきて、ほんとに罰当たりなふたりだなと思いました。

嵐　変な盛り方すんなよ！　誤解されるだろ。まあ、お通夜とかはしんみりとやったみたいだよ。

丸山　しんみりは普通ですから（笑）。身内だけでひっそりとやったってことでしょ。

嵐　同じようなもんだろ。

丸山　向井さん家に押しかけて、お母さんが出してくれたお菓子を文句つけながら食べてましたよね？

嵐　たくさん出してくれるから食い切れないんだよ（笑）。

丸山　飲み会に向井さんの写真をもってきて、そのまま忘れて帰るとか。お店の人に「お客さん、お忘れですよ」って言われて、嵐さんが「いいです、捨てといてください」って言ったとか（笑）。

嵐　それ丸ゴンじゃねえか！　でも、向井さんとは仲がよかったからいいんだよ。こうやって馬鹿話して話題にしたほうが本人だって喜ぶよ。

丸山　いいこと言いますね。この発言、ノーカットで使いますよ。

嵐　当然だろ！（笑）

虫象　つい最近ですが、向井さんからフェイスブックで「南極で東京オリンピックを見よう」ってイベントの招待がきたんですよ。

嵐　何それ、知らない！　俺、フェイスブックやってないからな。

丸山　あれマジでやめてほしいですよね。そんな昔からセットしてんじゃねえよ、って。こんなこと言いたくないけど、ちょっと泣いちゃいました。南極いったら向井さん、待ってるんじゃないかなって。

虫象　亡くなる前にイベントページ作って、タイマーで招待できるようにセットしてたってことですよね。3年前とかに。ツイッターは2017年6月18日で止まってるから、それより前ですよね。

ブラックロード・ファミリー恒例のキャンプ。左からヒクソン、アーサー、嵐、向井、生方（敬称略）。（虫）

丸山　あの人がいたから、イベントとかも他のグループにも声をかけて横断的にやるようになったんですよ。

嵐　そうだね。ブラックロード・ファミリーのフケさん、三矢くん、岸田さんとは、向井さんのおかげで繋がって、若いバックパッカーを紹介してくれたり。

丸山　ジェネレーションギャップとか活動のスタンスの違いとかで溝があった人たちを向井さんがつないでくれたんですよね。

虫象　ゲストハウスや民泊の最新情報なんかも教えてくれましたね。

嵐　俺たちの恩人であり、大切な仲間だ。これからもずっとな。

丸山　永遠の最高顧問ですね。

「海外ブラックロード」ポッドキャスト傑作選④　第56回

世界の風俗の底辺を攻める

和田虫象／嵐よういち／丸山ゴンザレス

（2010年9月30日放送）

当時はポッドキャストが何かも知らず、嵐さんの『海外ブラックロード』も読んでいなかった。1回きりのつもりで出演をしてから、いつのまにか頻繁に付き合うようになり「若頭補佐」なる謎肩書を与えられ現在に至る。（虫象）／まともに虫象と会話したのがこの時はじめてだった。現在では家族ぐるみの付き合いだが、まさかこんなに仲良くなるとは。（嵐）／虫象の、まだ嵐さんとそれほど交流がない初期の様子を収めた貴重な放送回。「この頃の虫象はタフだった」と嵐さんは懐かしそうに語る。（丸山）

フィリピンからエジプト、陸路で

丸山　和田虫象くん初登場の回では、国内の『俺の旅　518日ニッポン縦断強制放浪』※の話も聴きましたが、海外の旅もしてるんですよね。半年にわたってフィリピンからスタートしてエジプトまで行ったと。久々に海外ブラックロードらしい話をお届けしたいなと。

※**『俺の旅　518日ニッポン縦断強制放浪』**…住み込みバイトや野宿をしながら、編集部からの指令で日本国内を放浪させられた518日間を綴った旅行記。（虫）

嵐　ダメだよ、オナニーの話ばっかりしてたら！

丸山　ほぼ陸路の旅ということで、ルートを説明してもらいたいんですが。

虫象　フィリピン、マカオ、香港、中国、ラオス、タイ、マレーシアから飛行機でインドのコルカタに飛んで、バングラデシュ、インドに戻ってネパール、パキスタン、イラン、トルコ、シリア、レバノン、ヨルダン、イスラエル、エジプトみたいな感じです。

丸山　なんだよ、それ（笑）。

嵐　それ全部陸路で？

虫象　そうですね。フィリピン・マカオ間はもちろん空路、ヨルダン・エジプト間は海路です。ただミャンマー※だけは陸路通行できないんで飛行機が必要なんですよね。

※**ミャンマーだけは陸路通行できないんで**…放送時点ではミャンマーは隣国のタイやインドから外国人旅行者が陸路で国境を越えることを禁止していた。例外的にタイに隣接した国境の街までは観光することは可能だったが、他の街への移動は制限されていた。その後、2019年頃に陸路通行可能となっている。（虫）

丸山　あー、それはしょうがないですね。猿岩石※のときでもおなじみですよね。まだ情勢が変わってないんで飛行機じゃないと越えられないんですよね。それにしても、なかなか壮絶な旅ですね。

※**猿岩石のとき**…「進め！電波少年」で猿岩石がユーラシア大陸をヒッチハイクで香港からロンドンまで横断したが、後にミャンマーなどで飛行機

移動していたことが発覚し批判があがった。(虫)

嵐　これは仕事とか取材じゃなくて?

虫象　完全なプライベートですね。

嵐　じゃあ楽しかったでしょ?

虫象　でも疲れましたね。

丸山　なんでこんな旅に出ようと思ったの?

虫象　俺のなかで旅に何を求めてるかというと、ふだん日本で日々淡々と家でゴロゴロしてると飽きちゃうから、いつもと違う刺激を求めて海外に行くんですよね。

嵐　あー、それはわかる。

虫象　でも、海外で生活してたら、移動したり英語でしゃべったりが日常になっちゃうから、そうなると今度は日本の山手線に乗りたいなとか吉野家食いたいなとかなりますよね?

丸山　あー、なるなる。

虫象　俺、海外と日本、行ったり来たりが好きなんですよね。

丸山　今回はどんな「きっついお仕事」[※]やったんですか?

内戦前の2010年、シリアでヒッチハイク。(虫)

※「**きっついお仕事**」…月刊誌「裏モノJAPAN」にて連載していた体験ルポを一冊にまとめた著作。鉄人社刊。(虫)

虫象　いやいやいや(笑)。残念ながら何もできなかったんですよ。

丸山　半年も働かないって初なんじゃないですか?

虫象　いや、元々それくらい働かないのはけっこう普通です(笑)。

丸山　なんでフィリピンからだったの?インドスタートでもよかったんでは?

虫象　たまたまチケットが安かったんですよ。エジプトには行きたかったんですけど。ある程度長めの旅行に出ようと思ってたんで。俺、地元が高円寺なんですけど、飲み屋でフィリピンで英語学校やってるってお兄さん[※]と知り合ったんですよ。「よかったら来なよー」なんて言われてたんで。俺は英語能力なんてカスですから、ちょっと英語のいろはくらい学んでおこうかなと思って。それで、まずはヒッチハイクで大阪まで行って、関空からセブパシフィックっていう、片道だけでも取れるローコストキャリアがあって、それに乗って行きました。フィリピンでは2週間だけ学校に行って、そのあとはスラムをちょっと回って。

※**英語学校やってるってお兄さん**…フィリピンの英語学校ストーリーシェアの代表を務める松本さ

ん（通称ミオさん）。この縁がきっかけとなりブラックロード・ファミリー入りする。現在まで複数のメンバーが英語勉強におじゃましている。『フィリピン英語留学 潜入DVDブック』など、様々なコンテンツへとつながってもいる。すべては虫象の偶然の出会いからなのだ。（丸）

丸山　じゃあその2週間の勉強の語学力で世界を回ったと？

虫象　そうですね。ぜんぜん生かされてなかったですけど（笑）。でも、朝から晩まで1日12時間くらいは英語漬けの生活なんで、英語への苦手意識はなくなりました。日本語禁止だし。

丸山　お兄さんはけっこう厳しかった？

虫象　働いているのはフィリピン人女性なんで。

丸山　え？　口説いたりした？

虫象　軽くそういう行為に及ぼうとしながらも、語学力アップのためでもあったんですけど、もちろんぜんぜんダメでした。

丸山　フィリピン留学は興味あっていろいろ調べてたんですけど。男女和気あいあいと合宿とかするじゃん。あれ、なんかなっちゃうんじゃないの？

虫象　なんかなってましたよ、実際。

丸山　え？　マジで？

虫象　はい。わりと韓国資本の学校が多いんですけど、韓国人男性が日本人女性に言い寄るケースが結構あるようで。あと、いちばん多かったのはフィリピンのゴーゴーバーの女と恋愛のような感じになっている日本人ですね。

嵐　想像はつくよ。

虫象　寮の近くの宿みたいなところに、しょっちゅう呼びつけて楽しんでるんですよね。

丸山　やっぱり予想通りなんとかなっちゃうところなんですねえ（笑）。サイト見るとすごいじゃないですか。「ミーティングルームあります」とか。体験記を読んでると、これ絶対乱交あるなと思って（笑）。

虫象　そこまでは飛躍しすぎです（笑）。

丸山　俺の妄想？（笑）

虫象　乱交はお目にかからなかったですね（笑）。

安さを重視した結果

丸山　フィリピンとかそのあたりの国はガス抜きありそうだけど、そのあと半年かけて、この国数を回るとなると、けっして長い旅ではないよね？

最終目的地としていたエジプトのピラミッドとスフィンクス。（虫）

嵐　半年じゃ足りないと思うんだけど。かなり急がないと。
虫象　俺はけっこう急ぐんですよ。
嵐　この国は気に入ったから1週間ここにいようとか、ないわけ？
虫象　ないんですよね。
丸山　日本でもそれくらいテキパキすればいいじゃん（笑）。
嵐　そうしたら518日（著作『俺の旅518日ニッポン縦断強制放浪』の旅行の話）もかからなかったんだよ（笑）。
虫象　あれは半ば強制的に旅させられてたんで。次の県に移動すると編集者から「おい、早いぞ」って電話があるんですから。
丸山　本来はテキパキとできるタイプの人なんだ。「世界旅行者」※嵐よういちを前に言うのもなんですけど。

※世界旅行者…当時、「世界旅行者」を名乗る旅ブロガーがおり、一部で有名だった。（丸）

嵐　世界旅行者ってのやめてくれよ！
丸山　スタートがフィリピンってなかなかないですよね？
嵐　なかなかシブいねえ。
丸山　しかもこれ、やや戻ってますからね。フィリピンの後マカオって？
虫象　それも安かったんですよねえ。
丸山　その後、マカオから香港はわかるけど、なんで中国を通るの？
虫象　いや、安さを重視するとこうなった※んですよ。陸路っていうのも、もちろん陸を転々といく良さもあるけど、とにかく安いってことなんですよね。なにしろ貧乏性でケチなんで。

※安さを重視するとこうなった…2009年時点ではマニラからインドシナ半島へのLCC路線が充実しておらず、マニラからマカオに行くLCC&陸路移動が安かった。およそ3、4年後には、東南アジア圏の長距離移動は陸路よりLCCのほうが安い時代となる。（虫）

丸山　予算はけっこうあったの？
虫象　ギリではないですけど、ここで使っちゃったら、日本に戻ったときにゴロゴロできないんで。
嵐　そういうの考えちゃうんだ？
丸山　でもそれは現代の旅人の正しい姿ですよ。だって帰ってきたからってなんとかなる時代じゃないじゃないですか。まあ虫象はなんとかなるね（笑）。
虫象　ですね（笑）。

「俺の射精は5000円だぞ！」

丸山　今回の旅でトラブルらしいトラブルはあったの？
虫象　トラブルねえ。インドで風俗店に行ったんですけど。
嵐　おー！　コルカタ？
虫象　デリーですね。GBロードっていう。そこで客引きについて行ったら、1畳くらいの小部屋に連れて行かれて。何人も出てきて、強引に押さえつけられて、「ネパール女を買え！　買わないと帰れないぞ」と。
丸山　でも買う気マンマンなんでしょ？
虫象　マンマンなんですけど、ただチラっと女の子が見えたんですけど、全員ハズレなんですよ。どう見ても40代の、そのなかでも下の中くらいが勢ぞろいしてたんで。

「とにかく女をちゃんと見せろ」と。それで軽く揉み合いになって。

丸山　貴重な一発だからね。

虫象　そうなんですよー！　俺のなかではそれなりに奮発して。

丸山　え？　おいくらくらいだったの？

虫象　えっと600円くらいです。

嵐　えっ、200ルピー？（笑）

虫象　そうです（笑）。で、押さえつけられて、顔とかひっぱたかれて、メガネとかもひん曲がっちゃって。

嵐　それは悪質だなあ。

虫象　だから、俺は金がない、と。1円ももってないし、女の顔を見にきただけなんだって言って。

丸山　フィリピン仕込みの英語でね。

虫象　で、「俺は空手マスターなんだ」と。

丸山　実際、空手2段ってプロフィールには書いてますよね。

虫象　ウソですけどね（笑）。そういうことをいろいろ言ったらようやく解放してくれたって話です。

丸山　でも、そこで押さえつけられたりしたら買えないよね？　しかも「※俺の射精は5000円だぞ」と。

※**「俺の射精は5000円だぞ」**…当時、汁男優（アダルトビデオにて精液を発射し女優にかける仕事）を本業としていた。出演時の最低報酬が一発5000円だった。（虫）

虫象　そうそうそう。

丸山　日本で射精すれば5000円もらえるのに、なんでインドで600円払って、そんな下の中の女に射精しなきゃいけないんだと（笑）。

虫象　それで結局そこは出て、ちがう店をいくつか回って、下の上の女を抱くことになるんですけど（笑）。

丸山　インドで風俗店行って抱いて帰ってきたやつは、僕のまわりでは少ないですね。

虫象　俺もインド女性あんまタイプじゃないんですけど、経験として行っておかないと思って。

丸山　よりによってインドじゃなくてよかったんでは？

虫象　タイとかは何度か行ってるから。

丸山　マカオとかフィリピンとかさ？

嵐　高いからじゃない？

虫象　そう、高いんですよ。それなんですよね。中東はそんな調べてないんですけど、高いんじゃないですか？

丸山　中東だと安くても50ドルくらいかなあ。高くて100ドルくらい。

虫象　世界の風俗の底辺を攻めていきたいと思ってるんですよね。

嵐　おっ、それいいテーマだね。

虫象　中国の河口ってところも600円だとか700円だとか、それくらいなんですけど。あとは丸山先生に教えていただいたタイの※冷気茶室ってところとか。そういった1000円以下の風俗を巡りたいってのがあるんですよね。

※**冷気茶室**…バンコク・チャイナタウンを中心にかつて存在した性風俗。クーラーの効いた個室でお茶やドリンクを飲み女を買うというスタイル。2016年頃には最後の店舗が閉店した。（虫）

嵐　1000円以下がポイントなんだ。

丸山　どこか出版社食いつくんじゃない？　世界の主要どころは回ってるでしょ？
虫象　そうですね。けっこう行きましたね。店の写真も撮ってるし。だいたい女の子の写真も撮ってますよ。まあでも、だいたい荒んでます。ツバを女性器につけて「さあ挿れろ」と。そういうノリですからね。
嵐　わー、きたねえ。
丸山　バンコクの1000円以下風俗は行ったことある？
虫象　冷気茶室は1000円以下でしたけど。
丸山　それ以外だと、「オンナ、オンナ」って声かけてくるトゥクトゥクに文句つけまくってると連れて行かれるところがあって、ほんとにすごいところに行くから。ビビりますよ。
嵐　どういうのが出てくるの？
丸山　電気のない、カマドでゴハンを炊いてるようなエリアに連れていかれて。
嵐　えっ、バンコクにそんなとこあんの？
丸山　チャオプラヤ川越えたあたりの民家の入り口でババアがメシを炊いてたんですけど、「女はどこ？」って聞いたら、そのババアが手を洗いながら支度をしはじめるんですよ（笑）。
嵐　えー、オマエー？って（笑）。
丸山　オマエかよ！ってなって（笑）。あれは1000円以下でしたね。さすがにビビって帰りましたけど。だから、バンコクは高いけど、そのなかでも追求してくと1000円以下ってのはあるんですよね。東京でもすごい安いのあるじゃないですか。外国人が入っていくのは勇気がいるけど、さすが虫象。入っていくね（笑）。
嵐　そのテーマはいいねえ、ホント。
虫象　そうなんですよ。でも、世界回ってきたらなんかしらの病気はもらってきそうですけど。
丸山　割とがっちりガード（コンドーム）するタイプ？
虫象　そこはモチロン。
嵐　それは当然でしょう。

沢木耕太郎先生も泣くよ

丸山　メシの話もしましょう。『俺の旅』では残飯をあさったりしてたけど、今回は？
虫象　やっぱり底辺、底辺にいっちゃいますね。東南アジアはだいたい美味しかったですけど、バングラはダメでしたね。
丸山　バングラはまだ国自体がね、部分的に経済が上向きになってはきてるけど、庶民レベルではまだまだですからね。え、オナニーはどうしてたの？
虫象　俺は海外旅行には必ずエロ本は持っていきますね。だいたい写真のですね。
丸山　僕はポルノ小説派なんですよね。国境またいでも、どこでもチェックされないんですよ。
嵐　イラスラム圏は大丈夫だった？
虫象　イラスムはカバンの奥に潜めて、見つからないようにして。
丸山　ずっと同じ雑誌？
虫象　今回はパソコンも持っていってたん

で。今までは旅先で会った人と文庫本の交換とかをしてたんですけど、今回の旅では動画をコピーし合うっていう[※]。ファイル共有じゃないですけど。

※動画をコピーし合う…2009年に初体験。その後、ストリーミング再生が主流の時代が訪れるが、国によっては通信回線が遅かったり、アダルト系サイトへのアクセスが遮断されているため、現在でもアダルト動画ファイルをPCやスマホのわかりにくいフォルダにお守りのように入れてある。(虫)

丸山 あー、そういう交換？　時代は変わるなあー。

虫象 そう。だから何も失ってなくて、さらに増えていくっていう。

丸山 それは沢木耕太郎先生も泣くよ。

虫象 泣くと思います。ガックリすると思うんですけど。「そういうのは旅じゃない」って(笑)。でも、旅行する前よりエロはかなり増えましたね。

丸山 でも、それだと、交換用の動画と、自分の性癖用のやつと、分けなきゃいけないじゃん。俺の場合だと、熟女モノとか母乳モノとか(笑)。

虫象 俺、そこまで歪んでませんから(笑)。

丸山 なんだよ、妊婦モノをバカにすんなよ！

虫象 俺とは遠い世界の方だなと(笑)。

丸山 今度、フィストファックのやつ、あげますね。でも、虫象ってすごい場所には行くけど、性癖的にはまっすぐだよね？

虫象 特別歪んではいないですね。それでも、年寄りもいけるし、幅広くいけるはいけるんですけど。

丸山 海外だと、へんなことを強要するヘンタイ日本人とかもいるじゃないですか。海外で女の子と話すとよく聞くんだよね。日本人の男にへんなことされたとかって。還暦すぎたおじいちゃんが来て朝まで求められたとか。人の性は枯れないね(笑)。嵐さんは、旅にどんなオカズを？

嵐 俺はいつも持ってかないよ。小神野くんがパソコンに2本くらい動画を入れてたんだけど、クソつまんないやつでさ。

丸山 旅をしはじめたときは、オカズを持っていくって発想がなかったから、何にもなくて。しょうがないから、神話。

嵐 え？

丸山 神話のなかで子作りをするみたいなエピソードがあって、それでやりましたね。

虫象 それ勃つものも勃たないんじゃないですか？(笑)

丸山 だってなんにもないんだもん。シュメールかなんかの神話で。考古学を勉強してたときだったんだけど、「こういうのも読んどくとよいよ」って、旅の途中で渡されたんだよね。『深夜特急』のインド編もあったんだけど、それではさすがにヌケなくて(笑)。なぜか俺のオナニーの話になってますけど。虫象くんが今後行きたいエリアは？

虫象 南米かアフリカ行きたいですねえ。

丸山 ほらきた。南米専門家の嵐さん。南米も1000円以下風俗ありますよね。

嵐 絶対あるよ。アフリカもたくさんあるんじゃない？

丸山　ぜひ世界の1000円以下風俗を巡っていただけたらなと。ストックもたくさんあるとのことなので、これをお聞きの出版社の方はぜひご連絡を。

※虫象にとって格安風俗を巡ることはライフワークとなっていく。いかに力を入れて巡ったのか、PART4のJOJO氏との対談をご覧いただきたい。（丸）

この頃、虫象と沖縄を旅した。なんやかんやあって、勢いで離島にわたって波や自然とたわむれてきた。（丸）

「海外ブラックロード」ポッドキャスト傑作選⑤　第82〜87回

旅人たちに物申す

さくら剛／嵐よういち／丸山ゴンザレス

（2011年1月放送）

旅行記『インドなんて二度と行くかボケ!』がベストセラーになったさくら剛を迎え、好き勝手に話しています。最初は気が合わないと思っていたが、今では個人的に遊びに行く関係に。振り返っても今と考え方は変わってないですね。（嵐）／そんなことを言ってる嵐さんですが、さくらさんは心を開くことはないため、本当は表面的な付き合いに留まっていると思う。（丸山）

アフリカはロクなもんじゃない

丸山　ゲストとして旅行作家のさくら剛さん※が来てくれています。

※**さくら剛**…ポッドキャスト「さくら通信」は人気番組で「海外ブラックロード」とは姉妹関係。（嵐）

さくら　はい、さくら剛です。よろしくお願いします。

丸山　今回は嵐さんがさくらさんの本を宣伝したくて、さくらさんをわざわざ呼びつけて、「宣伝してやるから放送出ろ」とか強引なこと言いだしたじゃないですか。だから責任もってちゃんと宣伝してください。お願いします。

嵐　『アフリカなんて二度と思い出したくないわっ！　アホ!!……でも、やっぱり好き（泣）。』

丸山　さくらさん、どんな本なんですか？

さくら　アフリカの旅行記なんですけど、アフリカっていうとあんま興味ないとか、面白そうじゃないって人がもしかしたらいるかもしれないですね。

嵐　結構いるかもしれないね。

さくら　そういう人たちに言っておきたいんですけど、アフリカに実際行ってみると、もうほんとつまらない。

嵐・丸山　（爆笑）

さくら　もうロクなもんじゃないですよ、泥棒だらけですからね。旅がはじまって1週間で全財産を盗まれたんですよ。もうほんといい加減にしてほしいですね。

丸山　行くべきじゃなくても、この本は読むべき本なんですよね？

さくら　前回『アフリカなんて二度と行くか！ボケ!!……でも、愛してる（涙）。』が出て、今回『アフリカなんて二度と思い出したくないわっ！　アホ!!』が出ました。このタイトルはなんなんでしょうね。

丸山　さくらさんが命名？

さくら　いや違いますね。幻冬舎の編集の方がつけてくれて、僕ももう覚えられないですね。

嵐　タイトル長いね。

さくら　長いっすね。本屋さんに行って、どこにあるか店員さんに聞くのが恥ずかしいって意見がたくさんあるんですよ(苦笑)。

嵐　ところで、エチオピアはどうでした？

丸山　洗面器をトイレ代わりに使っていたんでしょ？

さくら　エチオピアの安宿の部屋は洗面器が必ず備え付けなんですよ。「これ何に使うんだ？」って聞いたら、それはトイレだって言われて。

嵐　マジで？

丸山　すごい羞恥プレイですね。

さくら　唖然として、洗面器を落としましたね。

嵐　ちょっと待って、共同のトイレとかシャワーはないの？

さくら　共同のトイレはありますけど、部屋にもあるっていう。共同トイレがもう人間が使えるような代物じゃないんですよほんとに。

丸山　洗面器、洗ってないでしょ？

さくら　簡単に流したりはするんじゃないですか？　それだとしても触りたくないですけどね。

エチオピアの安宿にはトイレ代わりの洗面器が常備されている。(さくら)

丸山　殺意を抱く感じですよね。

嵐　洗面器。昔の収容所じゃないかこれ。

丸山　エチオピアのごはん、インジェラってどんなんですか？

さくら　クレープみたいなやつで、現地では主食なんですけど、湿っていて、すごく酸っぱいんですよ。腐ったクレープみたいな。

ジンバブエで100万円盗まれる

丸山　アフリカで盗られたっていうのは全財産？

さくら　そうですね。※トラベラーズチェック(TC)を持っていて、それが90万円分くらいと、現金10万円分くらい、アフリカ大陸に入国して1週間、ジンバブエでいきなり全財産盗まれたんですよ。どれだけショックかわかりますか？

※**トラベラーズチェック(TC)**…海外旅行者向けの小切手。盗難・紛失があっても手続きをすれば再発行できるため、かつては旅行資金を現金ではなくTCで持っておく旅行者が多かった。現在日本国内で正規に新規発行している事業者はなく、過去のものとなりつつある。

嵐　わかるよ。想像しただけで怖い。いちばん起きてほしくないことだね。

丸山　嵐さん、お金盗まれたことないんですか？

嵐　ないね。

丸山　マジで？

さくら　強盗にはたくさん遭っているんですよね？

丸山　ケニアのモンバサで石[※]を持った強盗に遭ったって。

※石…この事件で使われた凶器について、嵐さんはかたくなに「石斧」であったと主張するが、状況から推察するとただの「石」である可能性が高い。石斧は自然石ではなく、人為的な加工をともなったものであるからだ。現地の強盗が事前に加工をほどこしていたとは考えにくい。（丸）／正確に伝えると、俺は強盗の姿を見ていない。同行していた仲間ふたりが目撃者。俺が襲われたので助けようとしたら強盗のひとりが〝石斧のようなモノ〟を構えてふたりを威嚇してきたようだ。だから「大きな石」が正解だと思うが、我々はエンターテイナーである。だから石斧でいい。（嵐）

嵐　小さなリュックごとやられたんだけど。中身は本とタオルだけだったから。

さくら　海外だと辛いですよね。だって、日本だと近所で1万円入った財布落としても十分ショックじゃないですか。それがジンバブエで全財産ですよ。頭おかしくなりますよ。

丸山　TCは取り戻せたわけですよね。

さくら　TCが9000ドルくらいあったんですけど、ジンバブエって再発行ができないんですよ。ジンバブエで失くしたのをタンザニアで再発行になったんですね。ジンバブエの次にザンビア行って、マラウイ、タンザニアって3か国先で、再発行の受け取りになったんですよ。

嵐　そこまで行くのにお金かかるじゃない。どうしたの？

さくら　同じ宿の日本人に借りて。

嵐　たまたまいたってこと？

さくら　そうですね。

嵐　それは、逆にいうとラッキーじゃん。普通はいないでしょアフリカの宿で。

さくら　盗難に遭って、宿の人が警察に行けって言うから行ったんですね。一応警察も宿まで来て、荷物ひっくり返して探すんですよ。あるわけないのに。何するかと思ったら、おまえちょっと預言者のばあさんが森の奥に住んでいるから、そのばあさんとこに行って、犯人と金の在処を聞いてこいと言うんですよ。それで会いに行きましたよ。

丸山　え、どんな感じなんですか？　やっぱ頭蓋骨とかあるの？　変な動物とか上から引っかかっていたりするの？

さくら　泥でできた家で、屋根が藁ぶきの。そこに80歳とか90歳くらいのよぼよぼのおばあさんがいて、隣におじいさんがいて、その人が英語で通訳してくれるんですよ。おばあさんに。

丸山　おじいさん英語話せるの？

さくら　そうなんですよ。おじいさんが、なんか現地の楽器みたいのを弾くと、急におばあさんが呻きだすんですよね。苦しそうに。しばらく呻いていて、パッと我に帰ったら、おばあさん声が変わるんです。すごく甲高くなって、スピリッツさんっていう精霊みたいなものがおばあさんに憑依したらしいんですけど、そこで僕お金盗まれたんですけどみたいな相談をするわけです。

丸山　精霊さんはなんて？

さくら　誰が盗んで、お金はどこにあるかって話をしたんですけど、「犯人の家族が今病気で、薬を買うためにお金を盗んだんだ」って精霊さんが仰るんです。そして「お金がどこにあるかっていうことを考えるよりも、おまえはこれから一生懸命働くことを考えなさい」だって。

嵐　ばかやろう。

さくら　そのようなありがたいお説教を精霊さんに聞きに、交通費をかけて行ったんですよ。

丸山　え？　じゃあ警察は何もしてくれないの？

さくら　調書は取りましたよ。あと宿の中を探しましたね。僕の荷物ひっくりかえして。ドライヤーとか見つけて、これはなんだとか聞かれて。

丸山　押収されたりしたんですか？

精霊を呼び出してくれるジンバブエのおばあさんとおじいさん。（さくら）

さくら　それはないですけど、住所とか電話番号とか書いて渡してくれて、これはお金が見つかったら連絡してくれるってことかなと思ったんですけど、文通しようぜとか言われました。

丸山　盗まれた状況は？

さくら　部屋にチェックインしてすぐにリュックにお金を入れて、ナンバー合わせる鍵をかけていたんです。朝ごはん食べに行く時にベッドの下にチェーンロックで括り付けて、さらに部屋の鍵をかけて出たんですね。

嵐　まあ完璧だね。

さくら　それで朝ご飯を20分くらいかけて、ふたつ隣の部屋にある食堂で食べて帰ってきたら、鍵はかかっているんですよ。ベッドにもリュックは括り付けてあるし、鞄自体にも鍵がかかっているんですよ。でも開けたら、中身だけなくなっているんですよね。

丸山　つまり犯人はホテルの人間ってことだよね。

嵐　どう考えてもね。

丸山　預言者のおばあちゃんの言うことは当たっていたってことだね。

嵐　預言が当たるというより、状況聞けばわかるだろ。

さくら　インドでも預言されたことありますよ。おまえの過去のことを占ってやろうとか言われて、おまえがどういう人間か当ててやろうって。おまえは時々残尿感を感じることがある。確かに当たっているんですけどね。

丸山　それは老化現象で誰でもいずれは感じることでしょ？

さくら　それでおまえ30で結婚するって言われて、お、それ嬉しいって思って、結婚相手とはどこで出会うんですかって聞いてみたんですけど、そしたら日本の路上で出会うとか言われて。

嵐　ナンパじゃない（笑）。

さくら　それね、インドの感覚なんですよ。路上で出会うのはインドではあるけど、日本で生活していて、どうやって路上で出会うのか。それにその時既に30歳でとっくに年齢も過ぎていたんですよ。

旅先の日本人に物申す

丸山　旅先で出会う日本人旅行者のマナーについて一言あるとか。

さくら　旅先の日本人宿で感じることがいろいろあるんですけど、頭にくることとか。ただね、僕は人様のことについてあれこれ言える立場ではございませんのでね。

丸山　そうですね。我々あんまり社会的になにか言える立場ではないっていうのはあるかもしれませんね、それでもやっぱり言いたいということがあるじゃないですか。日本人宿？　僕はみなさんほど多く泊まったことないんですけど。

さくら　日本人宿っていうのはすごい当たりはずれがあると思うんですよ。気持ちよく過ごせるってとこもあれば、こう言っちゃなんですけど人間のクズの集まりみたいなところもあるんじゃないかと。

丸山　ダメ人間のさくらさんから見てもダメ人間ってことですか？

さくら　長期滞在者がどういう態度かによるんですよ。僕は挨拶とかよくするんですよ。僕なんて社会人のお手本のような人間ですからね。日本人宿って、その宿に長くいると偉いみたいな風潮がありませんか？

嵐　あるね。

整理整頓という言葉を知らない旅行者が泊まっている日本人宿。（さくら）

さくら　僕は宿に長期で滞在することはないので、いつも新入りの立場なんですよ。それで挨拶をするんですけど。

丸山　永遠の新人ってことですね。

嵐　古株の人に挨拶して。

さくら　そうですね。古株、新株かかわらず、会ったら必ず挨拶はするんですよ。僻地で日本人珍しいし。それが相手は先輩面して、まあ会釈だけで返すとか、ひどくなると挨拶しないって人たちも多くてね。そういう人たちは宿にいる他の旅行者にも迷惑をかけているところがあって、エジプトに日本人宿があって、その宿では長期滞在者が「生活向上委員会」とか作ってたんです。

嵐　サファリとかスルタンとかあの辺の。

さくら　ええそうですね。

丸山　さくらさんは挨拶するわけでしょ?

さくら　しますね。

丸山　挨拶した人に対して挨拶を返してこない人がいるわけですか?

さくら　返さないですね。

丸山　なんかその挨拶問題は、すべてを象徴していると思うけど、その長期滞在バックパッカーのヒエラルキーみたいな、そこがね全体を包括してちょっと憤るというか、腹立たしい点も多い。もちろんプラスに働くことも多いですよ。僕はなんにも知らない状態で行って、たまたま最初の旅で長期滞在者と仲良くなって、いろんなことを教えてもらって、そこから僕の旅がはじまったので全否定はしないですけどね。良し悪しかなと思っていますけど。もちろんその後、長期滞在者ばかり溜まっている日本人宿行って、おふたりと同じように憤ることもありました。

さくら　長期滞在者の人がどういう人格を持っている人かによって、その宿の居心地の良さが決まるんですね。そこに長くいたいかどうかっていうのも。そのホテル、エジプトのホテル生活向上委員会っていう長期滞在者で作ったグループがあって、その人たちは宿の居心地をよくしようっていう。

嵐　汚い宿なんだけど、それだからみんなで頑張ってよくしようと。

さくら　はい。そのシャワーを使う順番を考え、備品を購入したりみたいな感じなんですけど。

丸山　宿の備品ってもしかして管理費とか徴収されたりする感じ?

さくら　夕食をシェアをしてみんなで作って材料費が余ったらそれを備品に充てるとか。目的がその宿の居心地をよくしようっていう感じなんですけど、その生活向上委員会のメンバーの人たちは夜な夜な徹夜麻雀をやっていて。結局、麻雀の音がうるさくて他の旅行者が寝られないんですよね。

丸山　はー。つまり、生活を向上させるためにはおまえらが早く宿出てけって話なわけですかね。

さくら　そうそう。向上してないんです、ぜんぜん。

丸山　僕がはじめて海外の旅に出た20歳の時に、29、30歳くらいの人が、すんごいリーダー格として鎮座していたんですよ、ドミトリーのいちばん奥のベッドに。今思うとやばいんだけど、30歳前後で大学生相手に説教たれながら、人の道を説くわけですよ。俺、大学生に説教とかできないもん。

嵐　俺もしたことないよ。

さくら　結局、長期で宿に滞在しているってことは、ダメ人間なわけなんですよ。

丸山　まあね。

さくら　バックパッカーをやっているってことは働いていない人が多いから、五十歩百歩なんですけど、同じ宿に何か月もいるって時点で威張るっていうのは。だらだらと同じ宿にいるだけで、偉そうな態度をとったりするんですよね。説教とかしている場合かよって。何日かの連休取って宿に泊まって短期旅行の人たちのほうがちゃんと日本経済にも貢献しているし、どっちかっていったらそっちのほうが偉いはずですよ。それをダメ人間の長期滞在者がね。

丸山　ああ、短期旅行者とかツアー旅行者をバカする傾向にあるでしょ。

さくら　そうですね。

丸山　あれだけは許せないね。ようやく取れた休みを有効に使って旅行してきて、すごく楽しそうに旅行している人をバカになんてできないし、する気もない。

嵐　このまえエジプトで泊まったホテルがそうだけど、短期旅行者のほうが結構気が合うんだ。1週間だけやっと休み取ってきましたとか言って、やっぱり社会人なんで常識もちゃんとしていて、話も合うわけなのよ。

さくら　そういうことですね。

パタヤの復讐劇

丸山　イラっとした時どうしていますか？無視します？

さくら　僕は、2回挨拶ですね。無視されたらもう1回挨拶します。いやらしく。ここぞとばかりに。2回挨拶するとさすがに返しますね。チッて感じで。

丸山　嵐さんは？

嵐　もう相手にしないで本に書く。

丸山　僕はね、さくらさんに近い感じで軽く復讐したりします。昔ですけど、バンコク行った時に、パタヤまでフラーッと行ったことがあって、その時道を尋ねてきた日本人がいて、そいつら僕に対してね、なんかいちいちカチンカチンと来るんですよ。

嵐　相手は若いの？

丸山　若い3人組。あのなんていうかな、今風の若者な感じで、服を着崩しちゃって、まあそういうの僕は割とコンプレックスじゃないけど、嫌だな、怖そうだなって思うわけです。

嵐　どういう風にカチンとくるの？

丸山　挨拶もそうだけど、「なにしてるのー？　バックパッカー系？」みたいな感じで言われて、「へー、旅してんじゃーん」みたいな。いちいちうるせーんだよみたいな、カチンカチンと来るんですよ。「ちっと俺らー、今日ラストデーなんですけどー」「飲み行きませんかー？」みたいな。なんかどうやら女がいるところに行きたいらしいの。でもわかんないらしいんだよ、素直に聞けばいいのにさ。パタヤにも当然来たことないから、システムから何から全然わかんないの。

嵐　粋がっているけどわかんないんだな。

丸山　そうそう。3人は幼馴染の集団らしいんだけど。まあほんと言うことなすこと俺の琴線に触れるというか、イライラっとさせられるわけ。で一応連れてくじゃないですか。

嵐　優しいじゃない。俺だったら連れて行かないもん。

丸山　その時、僕にはすでに復讐の絵図がね。

さくら　計画をたてたんですか？

丸山　別に復讐をしたいわけじゃなかったんだけどね、ちょっと連れてったわけですよね。ゴーゴーバーはご存じですよね？　あそこって綺麗な女性もいますけど、綺麗※な男性もいらっしゃるじゃないですか。

※**綺麗な男性もいらっしゃる…**この状態を「玉石混交」という人もいるが、「木を隠すなら森の中」でも合っている。また、今ではご褒美感のあるレディボーイも当時は罰ゲーム的な意味合いでとらえている人が多かった。差別意識はなく、あくまで当時の印象からの発言であると明示しておく。（丸）

嵐　レディーボーイね。

丸山　わかんないじゃないですか。

嵐　まあ慣れないとわかんないね。

丸山　僕のデビュー作をお読みの方はおわかりだと思いますが、まああるわけですよ、僕もそういう経験が。※それ以来どうやって見分けるかってことに心血注いだ時期があって、おかげであんまりババを引かないっていうか、かなりの確率でレディーボーイをあてられるようになったんです。奴らはわからないわけです、レディーボーイかどうか。舞い上がっちゃって。

※**そういう経験…**デビュー作『アジア罰当たり旅行』（２００５年）を参照のこと。ちなみに挿入を伴うような本番行為ではない。（丸）

嵐　綺麗だなーってね。

さくら　わかんないですよね。僕もわかんなかったですもん。

丸山　そうですよね。「これいいんすか？　行っちゃっていいんすか？」とか言ってくるから、細かいことは忘れたけど、そいつら「実は俺ら英語全然できなくて」とか言うから、じゃあ通訳してやるよって言って。

嵐　優しくね。

丸山　「誰がいいの？」って言ったら「あの子」とか言うから、隣の子にしなよとか「あーいいっすねー」みたいな。それで店員呼んでペイバーしてあげて、1組、2組、3組と全員にあてがってあげましたよ。

嵐　お仕事を終えたと。

丸山　はい。まあ選択権は残されているから、やるやらないは彼らの自由だから。

嵐　そうだね。

丸山　いやー非常に美味しいお酒をその日は飲んで帰りましたよ（笑）。

さくら　立派ですね。それは。

丸山　あんまりへんなことすると、ろくでもない仕返しをすることもあるんで、ぜひ気をつけていただきたいなと思うわけですよ。いいのかな、こんな話して。

貧乏旅行が嫌

さくら　いきなりタメ口のやつはほんとなんだと思いますね。年下の、10個くらい年下のやつにタメ口聞かれたりするんですよ。

丸山　そういう日本人宿に長期滞在しているやつさ、総じて「あ、俺？　無職」とか「いやなんもしてねーよ」ってタイプの人か、「写真家志望で」とか「物書きなろうと思って」とかクリエイター志望か、大体2極に分かれるかなって。

さくら　ありますね。写真家志望の人はたくさん見かけますね。長期旅行者の人って長期旅行者同士でこう仲良くなっちゃっているから。

嵐　そうかもしれない。情報を分かち合えるし。

さくら　新しい人と話す必要がないみたいで、こっちが話しかけても知らんぷりするくせに、向こうのグループ仲間みたいなのがくると、ものすごい盛り上がってしゃべりだすんですよね。馬鹿笑いしだして。それがすごい頭に来るんですよね。身内だけでは大騒ぎするんですよ。新しい人とは話をしようとはしないっていう。

丸山　でもそんな人がさ、宿でさくらさんの本とか持っていたらどうするの?

さくら　お客さんだとわかったら、こっちも態度が変わりますけどね、それは。僕は挨拶をむしろ長期滞在者からするべきだと思うんですよ。短期旅行者の人なくして長期旅行者は存在しえないですからね。その辺をわかっていかないと、それなのに金使う旅行者をバカにして説教する奴とかいますから。

丸山　あ、僕、貧乏旅行が嫌なんですよ。

嵐　俺もそうだよ。

丸山　なんだろ不当に払うのは嫌だけどケチるのも嫌なのよ。

さくら　そうですね。ほんとにいかに金を使わないかに命を懸ける旅行者がいますからね。

嵐　昔からいた。

丸山　あのね、虫象みたく日常的な生活がそういう生活になっていると、もはや口のはさみようもないけど。

嵐　虫象はいいんだよ。もうあれは、神。

丸山　嵐さんもあれでしょ?　結構ケチケチはしないでしょ。

嵐　ケチケチしない。金使わなきゃ面白くないタイプだから。

丸山　やっぱりね海外でお金使わないと面白くないですよ。

旅本について

丸山　嵐さん、本で影響受けたことあるんですか?

嵐　ルポルタージュはあるよ。本多勝一の『ニューギニア高地人』とか。

さくら　旅本っていうのは特にない?

嵐　旅本はない。イギリスに住んでいるときにはじめてヨーロッパでバックパッカーしたんだけど、「地球の歩き方」の存在も知らなかったくらいだよ。

さくら　このポッドキャストの事前の打ち合わせで、嵐さんから「テーマがあります」って連絡がきて、影響を受けた旅本について話してくださいって。※まさか人に振って自分が影響を受けた旅本がないとは。

※まさか人に振って自分が影響を受けた旅本がないとは…嵐よういちは自由人である。そのため、この手のことはよくある話である。(丸

丸山　さくらさん、まだ付き合い方が浅いですよ。嵐さんが何が言いたいかっていうと、「俺の本で影響を受けた」って言えよ

って話ですよ。

さくら　そこですか？　自分が影響を与えている側だということですね。

嵐　違うよ。

丸山　「シリーズのどれを推してくるかな？」って言ってたじゃないすか。『海外ブラックマップ』かなとか（笑）。じゃあ王道の『深夜特急』とか『青年は荒野をめざす』とか『河童が覗いた』シリーズとかああいうのは？

嵐　あ、妹尾河童のヨーロッパ、インドは若いとき読んでいたよ。高校生くらいの時に。だいぶ前からあるよね？

丸山　そうですね。

嵐　でも影響は受けないよ。

丸山　上手いのか下手なのかよくわかんないぼやっとした写真にさ、へんな文章が載っている旅本って。

嵐　よくわかんないよね。

丸山　さくらさんに言われたけど、僕らが書いている本は黒い表紙※のカテゴリーに入れられてるらしいじゃないですか。

※黒い表紙のカテゴリー…彩図社が刊行していた旅行記のなかで、危険をテーマにしてカバーを黒くしていたものをさしている。『海外ブラックロード』シリーズはもちろん、『アジア罰当たり旅行』もここに含まれている。（丸）

さくら　イメージは黒ですよ完全に。

丸山　ぼやっとした旅行記を書いている人に、昔ちょっと馬鹿にされたことがあって。すごい上から見られるんですよ。「文学の香りがしない」って言いたいんだろうけど。でも、下手な素人がパターンに沿ってありがちな文学崩れ作品なんかを書くのはいただけない。むしろ、さくらさんみたく、心の叫びみたいなギャグ満載みたいなの、そういうのが面白いんですよ。

「自慢話ですか？　買って損しました」

丸山　鬼レビューみたいなのつけられるけど、嵐さん全面スルーするじゃないですか？

嵐　うん。見てもしょうがないじゃん。

丸山　さくらさんなんか直接メールとか送られてこないですか？　ブログ介して。

さくら　メールでぼろくそ言ってくるのはないですね。レビューかブログ。嵐さんは直接？

嵐　あるよ。メチャクチャあるよ。殺したいみたいな。

さくら　悪口メールとかですか？　何に対してくるわけですか？

嵐　本買って損したとか。

丸山　象徴的だったのは、「なんですかこれ、あなたの自慢話ですか？　買って損しました」って書いてあって。

嵐　まあいいんじゃないの？

丸山　旅の話なんてもともと自慢話以外の何物でもないですよ。

さくら　自慢話じゃない旅行記ってないと思いますよ。

丸山　レビューってどう？　俺はあんま読まないけど、あれなんなんですか？

さくら　僕は褒められているのはすごいうれしくて、集めたりしてるんですよ。

嵐　え？　そうなんだ。

さくら　でも、ぼろくそ書くやつ、あれ、自分のプライベートの貴重な時間を何十分もかけて、こういう文章を書くっていうのがすごく信じられないし、もったいないなと思うんですよ。人の、しかも知り合いでもない見ず知らずのやつの悪口を書くことで、プライベートの時間を何十分でも割けるっていうのがすごい。

嵐　俺なんか、ワードで20枚くらい出版社に送ってきた奴いるよ。これは違うとかいって。

さくら　それ大作ですね。そこまで自分のために時間使ってくれるっていうのは。

丸山　相手の足を引っ張ったとこで自分は上にがれないと思うし、その人の本とか作品に対価を払わない状態でコメントするのはよくないと思っていて、言っていいのは自分の感想だけで、他の人に「買うな」とかそういうことは言えないでしょ？　で、例えば1200円の本だとしたら、1200円分くらいしか言えないんじゃないかと思うんですよ。印税計算すると100円、200円分くらいしか文句つけられないんじゃないかと思うんですよ。

嵐　なるほど。

丸山　だからまあ、読者としてはせいぜい定価分までですよ、文句つけていいのは。それを超える文句はちょっとお門違いかなという風に思ったりもするけど、まあ買ってくれている人はまだいいですけど。

嵐　立ち読みとかね。

さくら　買ってないけど、立ち読みしただけで何だこれはっていう。

丸山　外れてしまったのは申し訳ないですが、まあしょうがない、事故だと思って諦めてもらうしかないですよね。

嵐　そうだ交通事故だ。

丸山　そういう人たちも満足してもらえるように、今後書いてみたい本とかありますか？

さくら　書いてみたいものですか。僕はですね、紀行文だとしたら、パリの休日みたいな。そういう優雅な本を書きたいと思うんですよね。

丸山　なんで嵐さんみたいなこと言うんですか。この人最近「俺をリゾートに行かせろ」とか、そんなことばっかり言っているんですから。

さくら　それ、書き手の切なる願いですよね。リゾートに行った本が書きたいですよね。

丸山　さくらさんは辛い思いをすればするほど面白くなるって言っているわけじゃないですか。

さくら　アフリカで全財産盗まれたとか、入院したとか、船が沈みそうになったとか、そういう旅の過酷さみたいなものって、もしかしたら誰かが伝えないといけないものだと思うんですよ。だとしても僕は伝えたくないんですよ。僕以外の誰かが伝えてくれればそれでいいんです。

「海外ブラックロード」ポッドキャスト傑作選⑥　第268回

ブータンの話

石田ゆうすけ／嵐よういち／丸山ゴンザレス

（2013年11月放送）

石田ゆうすけ君は同じ年の旅行作家。代表作『行かずに死ねるか』はベストセラーに。チャリダーのカリスマ。さくら剛の推薦でゲストとして迎えた。真面目なタイプであまり合わないと思っていたが、現在では遊びに行く関係。収録時は非常に楽しかったのを覚えている。（嵐）／嵐さんって本当に石田さんのことが好きですよね。大ファンなんですか？（丸山）

勝手に旅できない国

嵐　ブータンに行っていたんですよね？

石田　先々週に帰ってきました。

丸山　ブータンって入国規制みたいなのあるんですよね？

石田　公定料金制度っていって、1日200ドル毎日かかるんですよね。滞在している間は。

嵐　10日予定立てようとしたら2000ドルを、どこに払わないといけないの？

石田　その時の旅行会社次第かな。俺はティンプーっていう首都の街に移動してから、そこの町の旅行代理店に行って払いました。

嵐　勝手にできないの？　旅は。

石田　できない。ガイドとドライバーを確実に付けなければならないから。でもかといって不自由ではなくて結構好きなところ行けるんですよ。

嵐　てことは、石田君は自転車こいで、ドライバーとガイドが後ろから車乗ってついてくる感じ？

石田　そうそう、ちょっと抜いて、先で待ってもらっていたりとか、そんな感じ。

嵐　ガイドたちもはじめてなんじゃない？　そのパターンは。

石田　聞いたら、過去に1回、ドイツ人たちの自転車チームがやったって。1日200ドルとかやっぱり高い感じもするけど、さっきも言ったけど、伴走車付きで走れるわけですよ。だから荷物も全部持ってもらえて、安全も確保されていて、もし何かあっても車に乗って帰れるし、坂だらけの国なんで、ほんとに登るの嫌だったら、車で登って、ダウンヒルだけ楽しんでっていう。だからほんと伴走車付きのサイクリングを1日200ドルで楽しめるって考えたら、しかも食事とか付くから。今回の旅は目的があって、ブータンはマツタケが採れるんですが、マツタケフェスティバルがあるって聞いて、じゃあそこまで走っていこうって。パロって空港の街から、ウラっていうマツタケ祭りが行われる村まで350キロあるんですよ。そこまではとにかく自力で行こうって決めたので。やっぱチャリダーの端くれなんで。

丸山　端くれってか、ど真ん中じゃないですか。

石田　いや、端くれですよ。体力ないし(笑)。やっぱそこの到達した時の達成感ってやっぱ好きなんですよ。

嵐　ちょっとインチキしたら到達感も。

石田　もう全然なくなるから。しかもほんとに変態的なルートで350キロの間に3500メートルの坂が4つあるんですよ。

嵐　まじっすか。えー！

石田　結構きついっすよこれ。女子がすごい坂を登ってきているんですよ。マウンテンバイクで。たまたまかなと思ったら次々やってくるんですよね。これ理由があって、国王が自転車大好きなんですよ。

嵐　勧めているわけね。エコにもなるし。

石田　そうそう。ほんとブータンはエコ大国だしね。あそこの国王ってホントに人気があって、作家の高野秀行さんが上手いこと書いているなと思ったんだけど、国王はジャニーズの全タレントと高倉健とイチローと村上春樹を合わせたような存在だって。でも確かにその通りなんですよ。大スターで、国王が何かやったらみんなそっち向くっていうか。だから今どこも自転車ツアーが増えていると思いますよ。

ブータンを自転車で横断。ヒマラヤ山中にある国ゆえ絶景の宝庫。(石田)

夜這い成功率100%の男

石田　もうひとつ面白かったのが、夜這い文化があるんですよ。僕の最初に付いたガイドが超男前で、すごく堅物だったんですね。仏教の話をしだしたら止まらんような奴で、僕も好きで聞いていたけど、もういいからって感じで。で、「出身どこなの？」って聞いたら東部だって言うんですよ。その東部が夜這いの文化が残っているって聞いていたんで、「じゃあ夜這いとかしていた？」って聞いたら、もう急に人が変わったようになって、がはははって笑って、しょっちゅうやってたって。

嵐　あ、そこで微笑んだんだ。

石田　もう急に人が変わったんですよ。さっきまで「蟻踏みつぶしたらマントラ唱える」とか言っていたのに。

嵐　彼のツボはそこだったんだね。

石田　ツボ、そう(笑)。もうしょっちゅう家に登っていたって。面白いなと思ったのは、※ブータンの夜這いのことをインタビューした本があって、その本のインタビューした相手はね、まあ言ったら、あんまカッコよくない男で、その彼の言葉では「しょっちゅう女は断る」と。で、あんまり断るんで、「女はおもしろくない」って書いてるんですよ。で、それ読んでいたから聞いたんだよね、その男前のガイドに。「そんなこと読んだけど、どうだった？」って聞いたら、「俺、成功率100％だった」って。

※ブータンの夜這いのことをインタビューした本…『ブータン、これでいいのだ』御手洗瑞子著。（石田）

嵐　それくらい男前なわけね。向こうでもアイドル系の顔だ。

石田　もあるし、夜這いって夜の奇襲なイメージあるじゃん？

嵐　あー、おれもそう思う。

石田　でも女も瞬時に判断しているんだなって。

嵐　あー。待っているの？

石田　待っているわけじゃないんだけど、2パターンあるらしくて、事前に示し合わせて「今晩行くから」っていうパターンと、ほんとにそういうのなしで行くパターンもあるわけで、示し合わせていたらいいじゃない。でも、いきなり行っても、ぱっとこう暗闇で見て、「あ、この人なら」って女も選んでるってのはへーッと思って。

丸山　やっぱ世界中でイケメンは得ですね。

石田　そうなんですよね。

嵐　もちろん都会でやったら。

石田　それはないらしい、やっぱ。

嵐　犯罪だよね。

石田　まあ犯罪に近いかな。女性も快楽主義的なところがあって、離婚とかも多いらしくて、結構あっさりしているらしいんですよ。

丸山　性に対しておおらかなのですね。

石田　だって夜這いをやっている人は100％って言うから。そこの彼の村ってほんとに全員が顔見知りみたいな小さな村で、「何人とヤッたの？」って聞いたら「50人以上ヤッた」って言うんだよ。

伝統的な意匠に包まれたブータンの民家。壁の絵には魔よけの意味が。（石田）

嵐　全員じゃねーかよ。

石田　間違いなく全員とヤッたよなっていう。

石田　それで、「避妊どうするの？」って聞いたら、「コンドームつけるに決まっているじゃないかよ」って。

嵐　あははは。

石田　なんかね、その言い方が「何言ってんの？　お前バカにしてんの？　つけるに決まってるじゃないか」って。こんな民族衣装着た奴が。

丸山　その答えは期待してないですよ。道徳観念というのとは違うんでしょうね。信仰心と性に関することは。

石田　別なんでしょうね。だから殺生に関してはすごい、蚊も殺さないし。

丸山　真面目な顔して、「精子の中にはいっぱい生きものがいるんだけど」って言えば。

石田　殺生だよねそれ。

嵐　じゃ治安がよくて、暴力的なこともないんじゃないの？

石田　あ、でも、結構、酒飲むから。

嵐　殴り合いとか。

石田　あーある。

嵐　人を傷つけるのも嫌みたいだけど、酒の勢いで。

石田　あるって聞く。

丸山　でもそのほうが健全な感じしますよね。

「やりたくなったら窓叩けばいいいじゃん」

嵐　夜、真っ暗でしょ？　首都。

石田　いや、そんなこともない。街灯はあるよ。

嵐　おねえちゃんのいる店とかはもちろんなし？

石田　あるある。バーとかはある。クラブとかもあって。もうバカウケだった、これは。入ったらステージがあって、女がひとりで踊っているんですよ。民族衣装着て。で、男が席に座って見ているんですよ。

嵐　酒かなんか飲んで。

石田　そうそう。

丸山　そういうショーなのかなと思っちゃいますよね。

石田　俺が座ったら女が横に座るんですよ。

丸山　お？

石田　スナックみたいじゃないですか。そしたらノートを出してきて、リクエストとかいって、で、見たらダンサーネーム、スポンサーネーム、金額があって。

嵐　なにそれ？

石田　踊り子が何人かいるわけですよ。で、リクエストして好きなダンサーを客は踊らせるんですよ。それで見ているだけなんです。

嵐　ほんとに見ているだけ？

石田　おさわりとかそんなのはなく、自分の好きな子が踊っているのを見るっていう。

嵐　石田君は誰かを指名したの？

石田　横に来た女の子があまりにも言うから、「じゃあイングリッシュのソングを歌えるか？」って聞いたら歌えるって言うから、ポリスの「Every Breath You Take」って書いて、思い出の曲だからって見せたら、「それ知ってる」って言うんですよ。

丸山　歌うんじゃなくて踊るんですか？　歌うんだったら何となくわかる気もするんですけど。
石田　ステージで踊るから、みんなで見るわけですよ。
嵐　お金払っているのは石田君でしょ？
石田　だから簡単に言えば、人間ジュークボックスのダンス版ですわ。
嵐　まさしくそうだよね。
石田　ダンサーごとに個性はあるけど、別に歌によってフリがあるわけじゃないんですよ。だからね、これの価値がわかんないと思って。どこに価値を見出してその費用を払っているのか。
丸山　ブータンセレブのよくわかんない遊びってことじゃなくて、庶民の遊びなんですか？
石田　庶民の遊び。ブータン人見てるのが楽しかったな、その踊りよりも。
丸山　ブータン人はどんな顔して見ているんですか？
石田　みんな結構真剣に見ている。ヒューヒューって囃し立てることもなく、横に来た踊り子さんや友だちとしゃべってたりするけど、みんな静かに飲みながら見ている感じ。

死者をとむらうのぼり「ダルシン」。ブータンのあちこちで見られる。（石田）

丸山　なんていうんですかね、公な娯楽に関してはおとなしいですね。
石田　そうだね。普通に皆、夜這いをやるらしいので、逆に性風俗はないらしい。何人かに聞いたけど、どこにもないって。
丸山　それが性犯罪なのかどうかって。夜這いに行って揉めたくらいな話になるわけじゃないですか。殴ったら犯罪だけど、口げんかくらいだったらね。前なんかの特集でみたことがあるけど、たしか家にみんな鍵をかけてないんですよね？
石田　鍵はかけてないでしょうね。まあ窓とか開いていて。
丸山　その夜這いスタイルにはちょっと憧れないものがあります。
石田　まあ淫猥さはないですよね。なんか妙に健全です。
丸山　ガイドしてくれたイケメンはたぶん、「え？　なんのこと？　ヤりたくなったら窓叩けばいいじゃん」って。夜這いって玄関から入ってくんですか？
石田　いやほんとに登るんですって。
丸山　ほんとに？
石田　しょっちゅう登っていたって。で、窓をコンコンして窓から侵入していたって。

丸山 それはルールなんだ。

石田 そう。「しょっちゅう登っていた、わっはっは」っていうフレーズとそいつの言い方がね、かっこいいと思って。

丸山 何歳からそういうことやるんですかね？

石田 最初はだいたい15歳くらい。いろんなやつに聞いたけど。14、15がふつう。

嵐 やってこそ一人前みたいな？ 最初の童貞喪失も。

石田 そうそう。そこはもう親戚従弟だらけなんですよ。で、みんなで行くって感じで。

丸山 ほんとに従弟かどうかわかんないですけどね。

石田 あははは。

丸山 腹違いの可能性も多そうですよね。でも、そういうところの学校では、「いやあの家いけるって」って。

石田 情報共有しあってね。

丸山 絶対そう。とりあえずお前最初だったらあの家行っとけみたいな。絶対あると思う。そういうノウハウ共有していると思いますよ。

石田 しているでしょうね。

丸山 そういう、猥談はちょっと参加したいな。

石田 あははは。

丸山 コンコンはしなくていいけど。すげー健全に不健全な話をしているじゃないですか。女の子側も情報共有とかあるんですかね。

石田 どうだろうね。でも多分開かれている感じする。俺も一回祭りでおばはんに絡まれて無理やりダンス踊らされて、ジキジキ[※]してきて。

※**ジキジキ**…セックスまたは性的な行為のこと。主にインド周辺国で使われている。

嵐 うそ！

石田 なんかどんどん草むらに連れて行かれる感じで。逃げたけどもちろん。酔っぱらっているおばはんやで。祭りのエネルギーすごいから。みんなで飲んでわーってなっているから。

嵐 すごいね、それ。

丸山 でも、その草むらでヘタしたら他の人たちもヤッてる可能性ありますよ。

石田 可能性あるね。

祭りで無理矢理ダンス&ジキジキ攻撃をしてきた酔っ払いおばさん。（石田）

ガイドブックには載らない旅の知恵

旅慣れたモンスターたちは、旅先でどんなテクニックを駆使しているのか。移動、言葉の問題、ホテル選びから、危険地帯の歩き方まで、普通の感覚では到底使えそうもない裏ワザも交えて紹介する。

PART 3

飛行機・空港

空港は無料宿泊所

丸山　「旅の知恵」なんですが、せっかくなので入門書やガイドブックに書かれてないような話をしたいですね。

虫象　俺はまず夕方以降に現地の空港に着いたら空港で寝ます。夜に着いて宿に入ると滞在時間が6時間とか8時間とかそれくらいしかとれない。とてもじゃないけど一泊分の料金を払うなんてもったいないじゃないですか。

嵐　それはわかるな。俺ももったいないから迷うことある。

虫象　だから空港に泊まるんです。治安の悪い国だと、夜に移動するのは危険だけど、空港から出なければ安全ですからね。このやりかたって少数派じゃないと思います。実際、「空港の寝やすさ」をまとめた英語サイト（「Sleeping in Airports」）とかもあるんですよ。俺のなかでおすすめはボストンの空港ですね。ボストンは宿代も高かったんで、空港で2泊しました。観光して、また空港に戻って寝ましたから（笑）。

嵐　空港によっては職員の人から「出てけ！」って言われるところもあるでしょ？

虫象　ありますけど、少ないと思います。ロビーだったとしても座って寝てるぶんにはそんなに言われることはないですね。

丸山　座る以外にはどうやって寝るの？　荷物は？

虫象　できればまっすぐに寝たいから、床にゴロンとなって下に寝袋を敷く場合もありますね。私生活でも野宿をよくしているんで経験的に慣れているというのもあるんですけど、バックパックを奪われないように自分の身体に縛りつけたりしますね。

丸山　空港でもそこまでするの？

虫象　ひったくりとか多いところもありますから。

丸山　シンガポールのチャンギ国際空港は綺麗だったから、ここなら寝られるなって思ったけど。そもそも、この前段階のテクニックとして、へんな時間に到着しない飛行機を選ぶってのがあるよね。

虫象　そうなんですけど、LCCだと朝6時発とか深夜着とか、へんな時間の便が安いじゃないですか。安さを取ると、そういう時間になっちゃうことも多いんですよね。出発でも朝6時成田とかだと、終電で行って空港で寝ることも多いですね。

丸山　羽田の朝5時発とかだとどうやっても始発間に合わないから、それやるよね。夜の1時前とかに羽田に着いて、フライトまでの3、4時間のために近くのホテルを取るとかはアホらしいので。

嵐　丸ゴンでも、そんな便に乗ることあるの？

丸山　香港エクスプレスの明け方のフライトのときはやりましたね。

嵐　そういえば、そんな時間の便あったな。

丸山　海外の空港だとターミナルがたくさん分かれてることが多いから、ターミナル巡りをして時間を潰すのはよくやるかも。そこで朝まで過ごすとか。

嵐　そうとう暇じゃねえとやらねえよ(笑)。

丸山　いやいや、空港から街までバスで3時間かかる場合とかだと、空港から出るって選択肢がない場合もあるじゃないですか。ターミナルによって開いてる売店がちょっと違ったりして。ここのターミナルはダンキンドーナツしかないけど、ほかに行くとスタバがあったとか。

虫象　かなり地味な楽しみですけど(笑)。

丸山　そうしないと朝までもたないんだって。空港って結局、時間潰しとの戦いだから。

嵐　そうだね。

丸山　あとは空のペットボトルとか捨てないでおいたりしますね。空港ってタダで飲める水が多いから、そこに水を補充して。

虫象　空港の中ってなんでも高いんですよね。

丸山　おにぎり、サンドイッチ系はほかで買って持っていくかも。手荷物検査も通過できるし。日本でウィダーインゼリー持って入ろうとしたら、ダメですって入れなかったことあったけど。

嵐　イミグレとかではどうしてる？

丸山　イミグレのテクニックとしては、「自分を信じる」ってことですね。たとえば、理屈上は通ってもいいゲートでも誰も並んでないゲートがあった場合に、変に弱気になって「これダメなのかな」と思って長い列に並ぶんじゃなくて、そのゲートにまずは行ってみるんですよ。日本人は特にだけど、集団心理に流されて行列ができているところに並ぶ傾向があると思うんですよ。そこを堪えてガッと単独で先頭で行ってみると意外と対応してくれたりしますから。ダメな場合はダメって言われるし、そうしたら並べばいいわけなんで。だから「自分を信じる」。

嵐　そうだね。

丸山　あと、ウンコは荷物のピックアップの場所より前に済ませる。

嵐　俺はピックアップするポイントですることにしてる。飛行機降りたすぐの場所は混んでるし、空港の外に出ちゃったら、落ち着いてできないから。入国審査も早く済ませたいしね。

LCCの荷物制限をかいくぐる

虫象　LCCの荷物の計量を突破するテクニックですけど、いま7キロ制限って会社が多いですよね。でもあの制限っていうのは計量のときだけ7キロ以下にできればいいってことでもあるんです。これは基本技ですけど、服のなかとかポケットとかに重い荷物、パソコンとかを全部入れておきます。そうすれば7キロを下回ることができるし、機内持ち込みできるできないで、数千円ちがってくるので。

丸山　そもそも、身につけられる範囲の持ち込みは運行の妨げになるわけじゃなくて、爆買いとかで大量に持ち込もうとする人が増えたからできた制限なんだよね。ということなので、その前提で虫象のテクニックを聞きましょう（笑）。

虫象　あきらかに大量のダンボール箱とかを機内持ち込みするとトラブルになるけど、僕らはそんなに荷物があるわけじゃないですからね。

丸山　昔は10キロ以上のバックパックとか平気で持ち込んでましたよね。

嵐　そんな時代もあったね。

丸山　だから本当はそれくらいの重量を持ち込んでも大丈夫っちゃ大丈夫なんですよね。

虫象　いまは大量の荷物を入れられる専用の服まで売られてますから。

丸山　カメラマンとか釣りのベストみたいなやつね。そこにガジェット類、バッテリー類を入れると。

虫象　パソコンは背中に入れて、その上に厚めのアウターを着込んで。ズボンは3枚くらい重ねて、カーゴパンツのポケットにもいろいろ詰め込んで。

丸山　カーゴパンツはいいね。それでもダメなら、計量中に

クアラルンプール国際空港。チェックインカウンター付近にて自分で荷物の重量とサイズ確認ができる。（虫）

虫象愛用のペペローション。没収直前に記念撮影。何用なのかは本人の希望で明らかにされていない。（丸）

小指を使って荷物をちょっと浮かせるとかね。

虫象　いやらしい技ですね。

丸山　これはかなり使うよ（笑）。それだけで2、3キロ違うもん。

嵐　その指どけろ、って言われないの？

丸山　カバンが倒れてくるように置いて、それを支えてる感じでやるんですよ（笑）。

虫象　空港には事前に計量できるハカリが置いてあることが多いですよね。サイズもわかるやつ。

丸山　俺なんか家で測れるやつ、買っちゃったよ。パソコンにｉＰａｄにキンドルとかガジェットだけで3キロくらいいっちゃうからね。

嵐　俺、ＬＣＣ乗らないから、全然わからないな。シャンプーとか液体はどうしてるの？

虫象　嵐さんが持っていくような５００ミリのボディーソープとかはダメですよ。

丸山　全部ミニボトルに移し替えて、ひとつのポシェットにまとめたのがカバンに入ってますね。常備薬とかも。

虫象　基本は１００ミリリットルですけど、１５０ミリくらいならスルーされる場合も多いですよね。

丸山　虫象が取られたのはペペローションくらいだよな。一緒にタイに行くときにイミグレでもめにもめたよね。新品だからどうしても廃棄したくないって係員にかけあって機長預かりにするとか言い出してさ。

虫象　あれは運悪く目につく位置にあってダメでしたね（笑）。あと、これは知られてないかもですけど、７キロ制限って言っても７・９キロまでは大丈夫な会社がけっこうありますね。

丸山　格安航空会社のＪは厳しかったけどね。バックパックのサイズが1センチオーバーしてるからダメですって言われて、さすがに食い下がって「1センチなんて誰も気にしないし迷惑かかんないだろ」って言ったんだけど、規則ですからと杓子定規でどうにもならない。結局、無理矢理フレームを曲げて持ち込みましたよ。そうしないと往復で2万かかるって言われたからカバン歪むけど仕方ない。

嵐　それはキツいね。

丸山　二度と乗るかって思ったね。あれからバニラエアを選ぶようにしたもん。

虫象　下品な裏ワザとしては、重量オーバーしそうな荷物を空港のゴミ箱に一度捨てて、計量を済ませてからもう一度回収する。

嵐　そんなことできないだろ！

虫象　いや、できます。俺やったことありますもん。あとは、航空会社のカウンターの近くのゴミ箱に、重量制限で引っかかった荷物が捨てられてるんですよ。俺は、そのゴミ箱から「地球の歩き方」を拾ったこともあるんで。

丸山　じゃあ空港カウンター近くのゴミ箱は宝の山ってことでいい？（笑）

虫象　マジでそうなんですよ。「地球の歩き方」とかは、帰りにいらなくなって捨ててるパターンもありますしね。

丸山　旅にでるときに薄手のパーカーは絶対もっていきますね。暑い国だとTシャツだけの人多いですけど、手荷物検査のときにラクなんですよ。全部パーカーのポケットに突っ込んでおけば、それを脱いでカゴに入れるだけで済むから。

嵐　俺は空港に行くときはベルトなしだね。ベルトほどめんどくさいもんないから。

丸山　探知機に引っかからないアルミ素材のバックルとかもありますけどね。金属部分の素材を見て旅に行く用を選んだりしてますね。最近つけてるニューエラのベルトだとまったく鳴らないです。

嵐　丸ゴンは何を預けて、何を持ち込むの？

丸山　何度かやらかしてるんですけど、ロストバゲージとか、飛行機に置いていかれるとか。あとは、飛行機が飛ばなくて長時間機内にいなきゃいけないとか、そういうことがけっこうあるんで。そういう時のために「取材に必要なもの」を持ち込みます。最悪、預けた荷物がなくなっても取材はできるように。だから、機内持ち込みがパンパンなんですけど、仕方ないんですよね。カバン自体も補助みたいなのじゃなく取材に使えるやつを持ち込んでます。

嵐　そりゃ必然的に多くなるね。

丸山　※テロ未遂に巻き込まれて空港の小部屋に10時間缶詰になったこともあって、そのトラウマで飲み物とお菓子なんかは最低限もっていくようにしてますね。

※テロ未遂に巻き込まれて…「飛行機に爆弾を仕掛けた」というメモが機内から発見され、その後、出発地のイスタンブールに引き返し取り調べを受けたため、帰国は2日遅れとなった。(丸)

嵐　嫌な経験してるよな。

丸山　数行ってれば、そういうこともありますよ。あと、ちょっと面倒ですが空港に到着したときに、売店とかどんなお土産が売ってるかチェックするってのもやりますね。帰りに買えるってわかってたら滞在先で買わなくて済むじゃないですか。食堂フロアにバーガーキングあるのがわかってたら帰りに寄ろうとか思って、あらかじめ飯の調整もできるし。

虫象　バーガーキングなんですね(笑)。

嵐　丸ゴンだぞ。当然じゃねえか。こいつはタイに着いたその足でハンバーガーを注文するぐらいジャンクフード好きなんだぞ(笑)。とはいえ、そのやり方は、かなり慣れと余裕があるよな。はじめての国とかだと、そんな余裕ないかもな。

丸山　たしかに。慣れてる東南アジアの空港とか、そんなに大きくない空港でやることが多いかもしれないですね。

離陸後の席移動

虫象　飛行機の中での話ですけど、最初は指定された席に座るじゃないですか。でも、後ろのほうがガラガラだったりすることもあって、外国人とかはガンガン移動して、1列使って寝たりするんですよね。日本人は真面目だから、あんまり移動しないんですけど。

丸山　あれは強めに言うと、だいたい移動させてくれるよね。

虫象　だいたいOKですね。

嵐　俺は、誰も入ってこない状況になったら、何も言わず移動しちゃうね。ドアがロックしてカチャンて音がするじゃない。その瞬間に通路側が空いてたら移ったり。人が少ない席に移動したら、隣の人も喜ぶからね。それで、スチュワーデスに言われたことはないな。南米だとそういう人が多くて、みんな移動を狙ってたりするんだよ。

丸山　日系の航空会社だと言われることが多いかも。座席表見ながら巡回してくることあるし。

虫象　離陸してベルト着用のサインが消えたタイミングだとOKみたいな流れありますよね。

嵐　エミレーツ航空ってサービスがいいじゃない? 離陸したあとにスチュワーデスが来て、「お客さま、あちらが空いてるのでどうぞ」って移動させてくれたことあったよ。

丸山　それは会社がやってるサービスじゃなくて、そのスチュワーデスの気が利いてたってことですよね?(笑)

嵐　エミレーツだと合点いくでしょ?

丸山　まあ、それはありますけど、テクニックというよりよい思い出ですね（笑）。

タクシー・移動

節約派かラクに行きたい派か

嵐　空港からホテルまでの移動は、若いころからタクシーだね。「安全と時間を金で買う」っていうスタンスなんで。

丸山　なんでちょっと偉そうなんですか（笑）。僕はエアポートリンク的な鉄道をまずチェックしますね。安全でいうとそれがいちばんだと思ってます。その次が市街までの直行便のシャトルバスで、その次がタクシー。でも、それもちょっと前までの話で、いまはウーバーが1位で、鉄道、シャトルバス、タクシーの順番かな。

虫象　節約派として言わせてもらうと、空港発のタクシーとかバスは割高なんですよね。空港から5分、10分歩くと、ローカルバスとかが走ってたりするんで、それを使ったりしますね。空港職員がふだん通勤で使っているバスとか絶対にあってそれは激安ですから。

丸山　節約派かラクに行きたい派に分かれるよね。

嵐　俺はダイレクトに行きたいからな。

丸山　市内の移動はどうしてます？

虫象　いまはグーグルマップのナビ検索で、「〇〇番の市バスに乗れ」みたいなところまで詳しく出てきますよね。

丸山　グーグルのナビ、特にアメリカは正確だね。ニューヨークでもバスの乗り換えまで含めた情報が出るから本当にラク。東アジアは台湾、香港あたりだとかなり正確だけど、東南アジアとかはまだ微妙だよね。不測の事態が多すぎるから（笑）。

虫象　韓国はグーグルマップがイマイチ使えないんですよね

インドネシアのバイクタクシー配車サービスGO-JEKの運転手。（虫）

（安全保障の観点から韓国政府が外国企業に地図データを提供しないため）。地図解像度が低かったり、ナビを利用してもルートは出るけどリアルタイムに現在地を表示しなかったり。でも、現地のネイバーマップ※っていうアプリだと、かなり正確に出てきますね。

2013年、ミャンマーを虫象と一緒に旅する。シートが狭いので自ら荷台（屋根）に乗ることを表明した。ホコリまみれで乗り心地は最悪とのこと。（丸）

※ネイバーマップ…韓国のインターネット検索最大手ネイバーが運営する地図アプリ。（虫）

丸山　いずれにせよ、スマホとグーグルマップがあればだいだい大丈夫だよね。さっきも言ったけど僕はグラブとかウーバーを空港からだけじゃなく街なかの移動でも積極的に使っていくんで必需品なんですよ。

嵐　虫象、タクシー使ったことあるの？

虫象　ありますよ。あとグラブ、ウーバーも無料クーポンが使えるんで乗ったことあります。グレーな方法かもしれないけど、現地でSIMを入れると現地での電話番号がもらえるじゃないですか。で、ウーバーを第三者に紹介するともらえる無料クーポンってのがあって、それを自分の持ってるスマホに送るとタダでウーバーが利用できたりするんで。

丸山　ふたつ電話番号もってるんだから、それはグレーじゃなくてアリでしょ。俺も同じくSIM買うんだけど、めんどくさいからクーポンは使わない。節約派の虫象とタイムイズマネーの僕が一緒に旅するときはほんとに最悪ですよ。ミャンマーを旅したときとか、ほんとにひどかったんだから。急いで行きたいのに、ゆっくりでもいいからお金をかけずに移動したい虫象と一緒で、まあ旅のスタイルが合わない（笑）。

虫象　あれは大変でした。

丸山　お前が言うな！（笑）

嵐　虫象系の旅人と旅の途中で知り合うと疲れるよね。タクシーで行きたい、いや歩きましょう、みたいなので揉めて、最終的には「いいよ、俺が出すよ」ってなるよね。

丸山　そうなんですよ。嵐さんと旅していて、意見が食い違っても、その溝は話し合いで埋まるんですよ。「まあまあ距離があるけどワリカンにしたら安くあがるからタクシー乗りましょう」みたいなことがあって、嵐さんの場合は応じてくれるんだけど、虫象は「いや、俺は乗らないです」ってなって、先に進めない(笑)。

嵐　そういうタイプのやつに会うと疲れるよなあ。

虫象　いや、俺だって乗るケースもありますよ(笑)。

丸山　メシ行くときも「おごってもらう気マンマン」ってやつ、いますよね。こっちの顔色をうかがいながらついてくる(笑)。

虫象　特に長旅してるとお金の問題はデカいですからね。

嵐　一食の出費がこの先の旅に影響してくるからね。

レンタカーを使いこなせ

虫象　移動に関してですけど、市バスって楽しいですね。途上国とかだと数十円の世界だし。

丸山　市バス冒険は、若いころはよくやったな。行き先を決めずに、どこまで行けるかみたいな旅。ちょっとちがうけど、タイの水上バスで、どこまで続いてるんだろうって上流のほうまで乗ってみたり。

嵐　丸ゴンもそういうことするんだな。

丸山　なんだと思ってるんですか！(笑)

嵐　いつも取材で動き回ってるイメージ。

丸山　否定はできないですけど、のんびり過ごすことだってあるんですよ。

虫象　バスは適当に乗っても、また同じ番号に乗ればちゃんと戻ってこられるので。

丸山　最近だと、ウーバーとかがやってるレンタサイクルもあるよね。

虫象　中国でも普及してますよね。キックボードのレンタルもありますよね。

丸山　あれ電動で、スクーターみたいな感じだよね。

嵐　ニュージーランドのオークランドであれ使ってる人、たくさんいたな。乗り捨てできて。

丸山　みんな「あれ」で正式名称が出てこないのがブラックロードらしいですね(笑)。

虫象　シェアサイクルですね。いま調べました。

丸山　レンタカーは使う？

虫象　たまに使いますね。でも怖いのが、借りる時点でめっちゃキズが入ってるにもかかわらず、数日借りて戻ってきたら、ここにキズがついたってイチャモンつけられて、10万以上請求されたり。

嵐　そりゃひどいな。

丸山　安いところで借りちゃったんじゃないの？

虫象　窓口の担当者しだいなところありますね。そういうトラブルを防ぐのに重要なのは、最初にどこにキズがあるか動画を撮っておくのがよいです。

丸山　最初にそれをやっておくと、「こいつはダマせないな」と思われるのかもしれないね。

虫象　動画を撮っているところを従業員にあえて見せつける、って行為が大事です。

丸山　そこさえクリアできればレンタカーは旅のスタイルが大きく変わって面白いよね。交通機関のルートから解放されるから夜中も明け方も関係なく動けるようになる。バスや電車の本数が限られてたりする郊外のスポットでもガンガン行けるようになるから楽しい。

虫象　人数いればレンタカーのほうがトータルで安上がりになることもありますし。

丸山　駐車場のある安いモーテルみたいなホテルに泊まったりできるのもいいよね。

虫象　アメリカだと映画に出てくるようなロードサイドのモーテル、ちょっと楽しいですよね。

丸山　でも、アフリカでレンタカーはやめたほうがいい（笑）。

虫象　インドとかベトナムもキツい気がしますねえ。

嵐　どこまでならいける？

丸山　アメリカ、ヨーロッパ、あと東アジアはいけるかな。中国、香港、台湾、韓国あたりは大丈夫。タイはバンコクならいけそうだけど、みんなスピード出しすぎるからキツいかも。カンボジアとかは取り締まりが少なくて、ノールールな感じだから、いける気がする。とにかくアメリカ、ヨーロッパはレンタカーをオススメしますね。ただし、ニューヨークを除く。駐車するときの車間距離が近すぎてぶつけて出し入れするんですよ。車両の前後に拳一個分の隙間があれば出し入れできるなんて縦列駐車のレベルが高すぎて、車を停められる気がしない（笑）。

ホテル・トイレ・洗濯・シャワー

レビューサイトをどう見る？

丸山　みなさん大好きなホテルや水回りのお話です。

嵐　ホテルは場所がすべてだね。空港からのアクセス。繁華街に近いかどうか。

丸山　俺も立地が9割だと思ってます。ちなみにホテルの送迎サービスみたいなの使います?

嵐　国による。ほぼ使わないけど、アラブの国とかは無料がほとんどだから使うね。

丸山　空港周辺のホテルの場合は使いますね。

嵐　南アフリカとかね。

丸山　南アフリカは信用できない。ちゃんと「この時間に着きますから迎えヨロシク」って予約したのに、ぜんぜん来なかったですからね。

嵐　それってヨハネスのブラウンシュガーですっぽかされた個人的な恨みだろ(笑)。まあ、俺も来なかったことあるから、同意だけどな(笑)。(「PART1　俺たちの街」参照)

丸山　予約すら入ってないって言われたときには、ぶっ〇してやろうかと思った。

虫象　ダメですよ。今はコンプラ重視の世の中なんですから。黒い丸ゴンさん出てますよ。

嵐　地図とかストリートビューで、繁華街とかメシ屋とか観光地に近いかとかを調べるね。

丸山　ホテルのレビューの見方ってどうしていますか?

嵐　アラブ人とか中国人とかイスラエル人とかの悪口は信用しない。もう感覚がちがうから(笑)。韓国人とか日本人のレビューはアテになると思うんだけど、ちょっと偏見入ってるかな?

丸山　ただ、清潔度に関しては個人差がありすぎて、日本人でもアテにならないって思うこともある。

虫象　ほんとそう!

丸山　俺も同意ですね。例えば浴槽に髪の毛が落ちてたとかで低評価にしてあるのとかみて、そりゃ髪の毛くらい落ちてるだろって。俺の基準では問題ないから、いくらレビューで悪口書かれていても気にしない。

嵐　清潔度は本当にそうだね。ゴキブリが出たとか大騒ぎしてるやつとかもいて、この値段のホテルなら出ても仕方ないだろって。文句あるなら高級ホテルに泊まればいいんだよ。

丸山　いいホテルでちょっとミスがあるとめちゃくちゃに叩く人いる傾向があるようにも思えるけど、きっとそういう人は減点方式で採点しているんだろうと思う。俺が気にするのは、WiFiの感度かな。それだけはチェックするようにしてる。評価のコメント欄で「繋がりにくかった」って書いてあったらそのホテルは外すかな。繋がりにくいのは主観ではなく事実だから、そういう情報として受け止める。ちなみに、WiFiがちゃんとつながるホテルはだいたいいいホテルです。インフラ設備がちゃんとしてるってことになるから。

嵐　実際に行ってみたらめちゃくちゃサービスいいじゃんみ

たいなこともあるからね。そのとき、たまたまスタッフの機嫌が悪かったりとか運の善し悪しってのはあることだから。

丸山　お客さんのほうが英語できなくて、話が通じなかっただけってこともありますからね。

虫象　なかにはライバルホテルが悪口書いてるパターンもあるらしいですよ。

嵐　レビューはアテにならないって言いたいところだけど、ブッキングドットコムで評価9・2とか高いとこあるじゃない。ホテルの入り口にも大きく自慢げに「ブッキングドットコムで高評価です」って書いてあるようなところはだいたいいいホテルだね。それをウリにしていて、スタッフも誇りをもって働いていることが多いから。客もそういう高級感を味わいに来てる。だけど、そういうところは早い段階で部屋が埋まったりするるね。

丸山　僕の場合はいいホテルに泊まりたいんじゃなくて、絶対に外したくないんですよ。そうすると、国際的なチェーン店。※イビスとかベストウエスタンとか、中級ビジネスホテル。ちょっと高い場合もあるんですけど、迷ったらベストウエスタン泊まりますね。

※**イビスとかベストウエスタン**…外資のチェーン。いずれも日本に進出している。どこの国でもほぼ同じようなレイアウトで、朝ごはんがビュッフェスタイルなので愛用している。（丸）

嵐　そういう選び方はあるね。

丸山　でも香港のベストウエスタンはひどかった。朝メシがまずいんですよ。

嵐　あれなんなんだろうね（笑）。中国ってメシはどこもうまいのに、ホテルの朝メシはまずいよね。

丸山　台湾でもまずいんですよ。

虫象　人件費節約してるんじゃないですか。

嵐　素人が適当に作ってるからかもしれないぞ！

虫象　それか、工場で大量に作られたレトルトみたいなのを買ってきてるからか。

嵐　あーなるほどね。

丸山　はいはい、皆さん憶測でものを言わない。

虫象　サービスが気になるなら民泊はどうですか？

嵐　物価が高い国とかは使うよね。

丸山　民泊がいいなと思うのはアメリカくらいだと思いますね。アメリカはホテルが高いので、ちょっとでも安く長期間泊まりたいって人には向いてるかなと思う。あと最近はサービスアパートもいいなと。エアビーから予約できて、セキュリティもしっかりしてるし。

嵐　ブッキングドットコムでも取れるよね？

丸山　取れますね。どこを選べばいいのかについては、現地在住の友だちのネットワークで、いいサービスアパート※を教えてもらったりしてますね。

※**サービスアパート**…家具やキッチンなどもあり、掃除サービスなど、ホテルに近いサービスがある。エアビーや専用サイトなどで日割りで借りることもできる。（丸）

虫象　在住者のコミュニティサイトとかもあって、そこに情報が出ていたりもしますよね。ツイッターで「貸します」って出している人もいたりするし。

丸山　掲示板とかツイッター、ちょっとリスクはあるけど、現地の在住者の暮らしとか生活圏に一瞬でも触れられるのは楽しいですね。何回も行ってるような国だとホテルのメシとか外食もしなくなって、スーパーで買ってきたり、ウーバーイーツとかフードパンダ※とかグラブフードとかを頼んだりすることもあるから。

※**フードパンダとかグラブフード**…ウーバーイーツのような宅配サービス。アジアで普及している。（丸）

虫象　普通のゲストハウスなんだけど、エアビーとしても登録しているケースとか、持ちマンションの空いてる部屋を貸し出しているパターンとかもあるんですよね。貧乏旅寄りの話でいくと、カウチサーフィン※とか無料で泊めてくれるサービスとかもありますよ。長期で旅行する人とか暇な人はトライしてみてもよいと思いますね。

※**カウチサーフィン**…宿泊先を探している旅人と無料で泊めてもいいと思っている現地在住者を結びつけるウェブサービス。（虫）

ホテルのチェックポイントは？

丸山　じゃあ、ホテル選びについてはここまでにして、ここからはホテルの中身、部屋のどこをチェックするのかについてです。どこらへんを見ていきますか？

虫象　俺の場合はゲストハウスが多いんで、ラウンジですね。くつろげるスペースが快適かどうかは重要。

丸山　ドミトリーの場合は、どんな年齢層のどんなタイプの人たちがいるのかかな？

虫象　ドミの場合は予約せずに「部屋見せてくれ」って直接行く場合も多いし、見てから泊まるか決めることもありますね。そのときに宿泊者をチェックしたりするかな。宿の人に聞くと教えてくれることもあるし。

丸山　でも泊まってみるまでわからないこともあるよね。エアコンをガンガンに効かせて涼しくして寝たいタイプなんです。この前泊まったカンボジアのドミで、同じフロアのやつがエアコン切って寝たいタイプだったみたいで、朝起きたらエアコンが止められてて。毎日そのバトル。

嵐　あー、わかる。

虫象　俺も止めますね。エアコン止めたい派で、つけてもせいぜい1時間タイマー。

嵐　丸ゴン、ドミ嫌いじゃない。なんでドミなんて泊まったの？

丸山　そのときは友人が経営しているホテルだったんで、最新のドミはどんなもんかなって思って泊めてもらったんです。

嵐　取材かよ。

丸山　あとドミのチェックポイントでいうとセキュリティかな。ロッカーとかついているところもありますよね。

虫象　2段ベッドか1段ベッドかもチェックしますね。2段なら俺は下で寝たいんですよね。

丸山　上と下でメリット・デメリットってある？

虫象　下だと椅子代わりに腰掛けて使えるのがいいんですよね。あとベッドの下のスペースも使えるし。

丸山　あーそうだった。ベッドの下を上の段のやつが使ってると腹立つよね。「おまえのスペースじゃねえよ！」って。ただ上のスペースは服とかタオルとかぶら下げられるのがいいなと思うんだけど。下の段だと服とかぶら下げて隠すというかバリケード作ってるやつとかいるよね。

虫象　いまはカーテンがあるところが多いんで、そこまでのことは少ないかも。

丸山　普通のホテルでも、部屋に入ったらまずベッドの下とかロッカーの中とかを確認するかな。意外と泥棒が隠れてる率が高いから。

嵐　それはねえよ（笑）。

丸山　虫象がベトナムの売春宿で盗まれてるじゃないですか。万が一があるから見といたほうがいいですよ。あとは窓の鍵がかかるかかからないかとか。

嵐　それはチェックするまでもないだろ。

丸山　意外と見落としてやらない人多いですよ。セキュリティボックスと冷蔵庫の中身も見ておかないと、あとで入ってた入ってないって話になるから。

嵐　俺はトイレが綺麗か、あとは洗濯物が干せる場所を無意識に探すね。どこにS字フックをかけようかとか。

丸山　S字フックは必需品ですよね。それでいえば延長コードとかタコ足タップは持っていきますね。コンセントの位置を確認するついでに自分の手持ちの延長コードが足りるかなとかもチェックしたりします。

嵐　あと洗濯しやすい洗面所かどうか。洗うスペースが小さいところあるんだよな。

丸山　俺も見ますね。洗面所の横にものがおける台があると最高ですよね。あと、トイレットペーパーの予備が1個ついてるかどうか、めちゃくちゃ大事。

嵐　あー、俺すげー見る！

虫象　別にいいですよ、そんなの（笑）。

嵐　俺のなかで重要なんだよ。掃除してるおばちゃん見つけたら「エクスキューズミー」って言って、もらうもんね。

虫象　旅のテクニックでそんなこと書かれてても「うーん別に」って思いますよ（笑）。

嵐　あと最近はホテルでタバコはほぼ吸えないから、隠れて吸えるスペースあるかな、ってのは確認するね。

丸山　ベランダ出られるかとかですね。

嵐　窓が半分だけ開く部屋なら、そこから顔だして吸えるなとか。

虫象　レベルが低い話になっちゃうけど、俺はベッドにナンキン虫（ベッド・バグ）が出るかどうか見ます。

嵐　お前が泊まってる宿のレベルが低すぎるんだよ！　たしかに俺も若いときは気にしてたけどさ。スプレーかけたりして対策もとってたよ。

虫象　ナンキン虫はチェックインする前にベッドを1回めくってみて、いたらそこに泊まらないとか、「あの部屋はいやだ」と言うとかできますよ。

嵐　かえてくれないだろ、部屋。

虫象　チェックイン前ならかえてくれることも多いですよ。安宿だとコーヒー無料とかもチェックしますね。朝食ついてるかどうかはでかいです。

周辺をチェックする

丸山　コンビニ、売店、クリーニング屋の位置とか。東南アジアだとランドリー。このあたりの周辺施設も初日のチェックはルーティーンかな。

虫象　シャワーが電気かガスかで差が出ますよね。ボイラーでガンガン熱いのが出るかどうか。ヌルいのがチョロチョロしか出ないのとかイヤじゃないですか。寒い国の寒い季節と

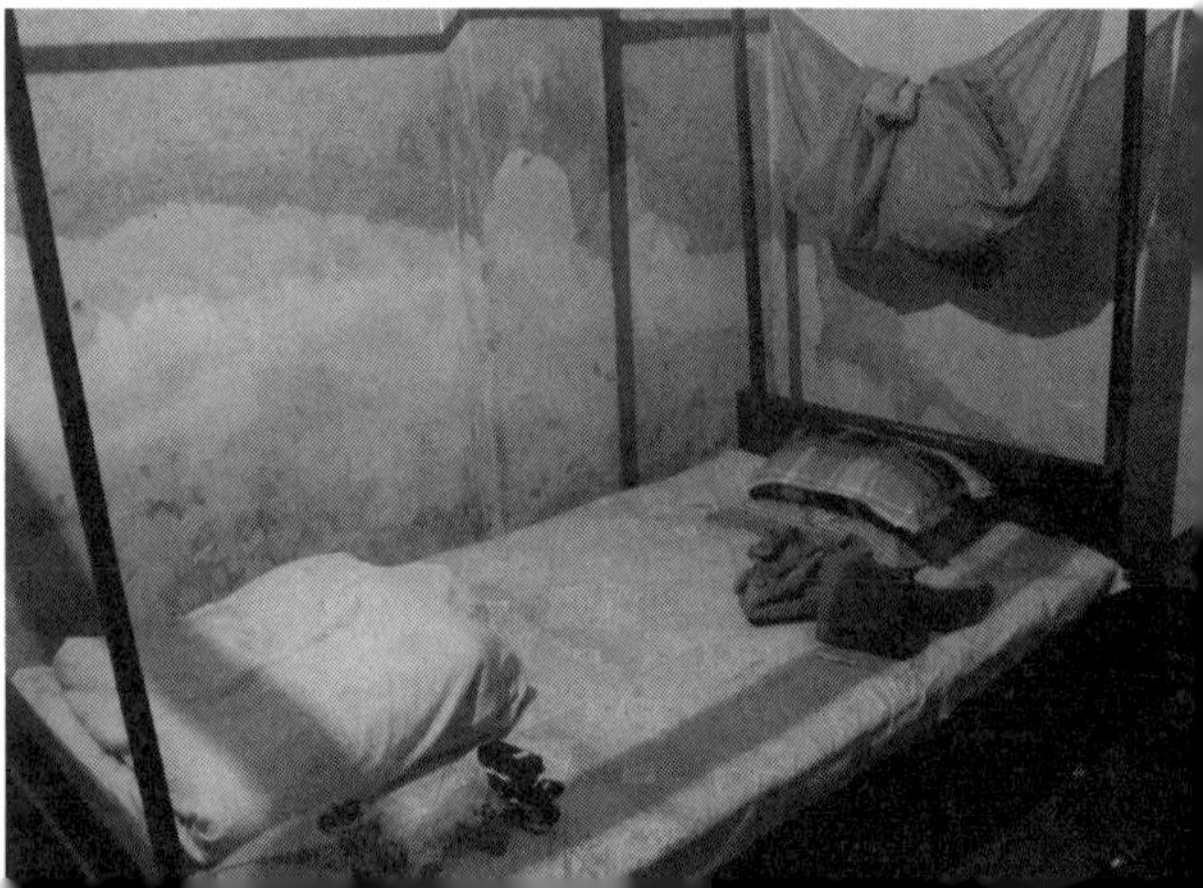

バングラデシュの一般的な安宿のベッド。蚊帳はあるが穴が開いていることも少なくない。（虫）

かだと特に。シャワーでホテルの評価はだいぶ差がつきますね。

嵐　なかなか温かくならないシャワーあるよね。裸になってから気づくと最悪だよ。素っ裸で3分くらい待ってようやく温水になるのとかあるじゃん。

丸山　ホテルのランドリーサービス使うことあります？　あれむちゃくちゃ高くないですか？

嵐　使ったことあるけど、高いね。

虫象　ホテルのは高いけど、途上国とかだとローカルのランドリーがあって1キロいくらとか安いのありますよね。

嵐　安いけど、靴下とか紛失するんだよ。何回も酷い目にあった。インドでは洗濯物に油性のマジックで襟に番号を書かれたりとか。勘弁して欲しい（笑）。

丸山　業者を使った洗濯は帰国直前でいいと思うんですよ。家帰ったらちゃんとタンスに入れないといけないから。旅のテクニックとして、白系の服は持っていかないってのはありますよね。

虫象　あー、色がうつるから。

丸山　旅の写真を見返すと白い服ほとんど着てないんですよね（笑）。着てても白系は捨てて帰るやつ。

嵐　ちゃんとした白いTシャツでも最後のほうが微妙にグレーぽくなっちゃうんだよな（笑）。洗い方が甘いから。

虫象　洗剤つけて石とかにぶっ叩いて洗うやつとかいますよね。

嵐　いるいる（笑）。

丸山　みんな洗剤使ってるんですか？　僕はボディーソープ使っちゃってますけど。

虫象　服を着たまま風呂に入って、ボディーソープつけて服も一緒に洗うし、パンツを身体を洗うタオル代わりに使って、最終的に両方綺麗になってるパターンもあります。

嵐　貧乏テクだな。虫象は俺の部屋に来て、いきなり靴下洗い出したりしてたよね。

虫象　靴下は2日に1回交換するって決めてるんですよ。それ以外は臭くなるまで、汚れるまで洗いません。

丸山　なんで靴下は2日に1回なの？

虫象　靴下はすぐ臭くなるじゃないですか。あとそのままにしておくと靴まで汚染されていくんで。いっぱい歩くから。

嵐　足はしょうがないよな。

虫象　パンツとかシャツは1週間替えなくても問題ないし、臭くなったら替えればいいんですよ。

嵐　お前のその感覚だけは嫌い（笑）。

丸山　トイレはどうしてる？

虫象　手で肛門を洗うかどうかですか？

丸山　海外のトイレは紙が流せない場合が多いからね。手で洗うのが嫌な場合は、日本で売ってる水に流せるティッシュを持っていく。コロナ騒動でトイレットペーパーが不足した際にも活躍したと思うけど、コンビニで売ってる「水に溶けます」って書いてあるのを買っていくかな。

虫象　アジア圏だと、トイレの横にゴミ箱が置いてあって、そこに捨てますよね。

丸山　日本人旅行者は間違って流しちゃうんだよね。それで詰まらせて。あと、最後にウンコは流す前にちゃんとチェックしたほうがいいですよ。へんなもん混ざってないかな、とか。

嵐　日本にいるときもそうだけど、健康のバロメーターだからね。便器が白いのはウンコをチェックするためなんだよ。

虫象　虫がいるかとかも見たほうがいいですよ。

嵐　お前は虫ばっかり気にしてんな！

ギリシャのアテネで泊まったホテルでは便器より小さいシャワースペースに思わず爆笑した。（丸）

言葉

画像翻訳は神アプリ

丸山　旅と言葉の問題ですが、観光旅行ぐらいならスマホのグーグル翻訳があれば十分じゃないですか。ダウンロードしておけばオフラインでも使えるし。

虫象　あとは画像翻訳も役に立ちますね。

丸山　レストランでメニュー見るときにも重宝するよね。

虫象　英語が通じない国、アルファベットが使われてない国だと神アプリですよ。ただ、このアプリを使わないとしたら、バングラデシュの田舎とかだとベルガル語表記しかなくて、現地の文字のカタチとかを覚えないとダメだったり、算用数字も使われてない国とかだと、値段もわからないから覚えるしかないですよね。

アラビア語圏では文字はもちろん値段も現地表記なので覚えるしかない。（虫）

丸山　タイでも施設入り口の看板とかに、外国人向けに算用数字で値段が書いてあるんだけど、同じところにタイ文字でタイ人用の値段が書いてあるんだって。日本でいうと漢数字で書いているようなもんだから、それを知ったときはコスいことやってんなあって思った（笑）。

虫象　丸ゴンさんは現地語とか覚えていくんですか？

丸山　挨拶くらいは覚えていったほうがいいよね。前は「これいくら？」とか「これ何？」ってのはメモしていって、頑張って使ってたんだけど、現地語で返されちゃうとわからないから。

虫象　値段とかなら紙に書いてもらえばわかりますよね。俺が必ず覚えるようにしてるのは、「こんにちは」「ありがとう」の挨拶と「いくら？」と数字。あとは、「どこ？」と「便所」。これだけでやってますね。便所がどこにあるか聞くことってけっこう多くて、それが聞けたらなんとかなりますから。

嵐　中国と旧ソ連圏は言葉が通用しないから地獄だったね。今度そういう国に行くときは、翻訳アプリを使ってみようと思ってるよ。そのくらいストレス溜まったのよ。メニューもわからないし、話しかけられても応えられないし。で、こっちはもう覚える気がないんだよ。これ以上は言語が頭に入らないのよ。

虫象　入らないって（笑）。

嵐　年齢的なもので（笑）。英語、スペイン語、ポルトガル語を頑張ったんだからいいじゃない。

虫象　それは諦めでしょ（笑）。

英語は万能じゃない

丸山　虫象とミャンマーの国境の街で1泊したじゃない。そのときミャンマー語のメニューしかない食堂に入って、ほかに客もいないから「アレと同じのを食べたい」ってのもできなくて。メニューの見当もつかないから、指差しで間違ったら地獄だなと思ったよね。

虫象　そういう場合、俺はメニューのいちばん上に書いてあるのが定番かなと思って頼みますね。

丸山　サラダだったらどうすんだよ！

嵐　ロシアでそれやってスープだった（笑）。旧ソ連の国に行ったときになんにも通じなくて、でもハンバーガー、ハンブルゲとか言ってたら、それだけは通じて、しばらくハンバーガーだけ食ってたね。ロシア語会話の本見せても、現地の人わかんないんだよ。

虫象　俺は厨房まで行って指差すケースありますよ。

嵐　ラテン系の国や東南アジアとかアフリカの食堂ならいいけどさ、中国とか旧ソ連とか、そういう空気じゃないじゃない（笑）。とにかくロシア界隈で俺は無力だったよ。

丸山　ここで僕らが言いたいのは「英語は万能じゃない」ってことですね。ブラックロード・ファミリーは英語そこそこできる人ばっかりなんで、わりと言葉に困ることなさそうなんですが、それでもまったく通じない国が意外とあるんですよね。ブルガリアとかも通じなかったですね。

嵐　通じそうだけどね。

虫象　観光業とか中心部とかは通じるけど、それ以外はダメなんでしょうね。

丸山　虫象はセブ島に語学留学してたから英語ペラペラだよね。あ、これ書いておきたいんですけど、ミオさんっていうブラックロード・ファミリーが経営している「ストーリー・シェア」って語学学校がセブにあるんですけど。俺も通ってて、少人数制でいいんですよ。

フィリピン語学留学中に銃器の扱いを練習。腕前はなかなかのものです。（丸）

虫象　俺はもう英会話を全部忘れましたけどね（笑）。
嵐　それじゃ宣伝になってねえじゃん！

メシ・酒・タバコ

現地の日本食も面白い

丸山　ここからはメシです。俺の意見ですが、海外で食べるメシはお腹いっぱいになればいいんじゃないですか（笑）。
嵐　俺も現地の名物にこだわるわけじゃないからね。
丸山　虫象は意外と現地の名物いくよね。
虫象　食べます。全食、現地メシでいきたいくらいで。安いからってのもありますけど、せっかく行ってるんだから。これも貧乏性なのかもしれないですけど。
丸山　取材で行くことが増えて、同行者と一緒に中華とか日本食、チェーン店だといわゆるワールド・フェイマスなメシに行くことが増えたね。
虫象　チェーン店といえば……嵐さん大好きタイのMK スキ[※]ですよね。

※MKスキ…タイスキ、しゃぶしゃぶのチェーン店。日本にも進出しており、弁当の「ほっともっと」を展開するプレナスが運営している。

嵐　タイはMKスキだけあればいいよ。
丸山　なんやかんや言って食にわがままですよね。マックとか行かないし。
嵐　俺はチャイナタウン探しちゃうからな（笑）。安い現地メシは金がない頃には行ったけどちっとも美味しくなかったな。
虫象　日本食はどうなんですか？　ラーメンとか世界中で人気ですよね。
丸山　ラーメンのレベルが世界的に上がっていて現地の人に流行ってる店であっても、それはそれで現地の特色があって面白いところもあるよ。掲げてる看板がそこの土地の食べ物じゃなくても偏見をもたずに食べたいなと思ってる。以前にロスでラーメン屋行って、チャーシューご飯を頼んだら、どんぶりに山盛り来たんですよ（笑）。日本だとラーメンの添え物で小ライスみたいな感じだけど、めちゃくちゃデカくて。絶望しながら「あ、ここはアメリカだった」って気づいたんだよね（笑）。
嵐　でも完食したんだろ？
丸山　はじめてライスを残しました。米だけじゃないんですよ。チャーシュー分厚いとか、唐揚げがラーメンの上に乗ってくるとか。ラーメン屋もこんなふうに意外と攻めてくるんですよ。

嵐　量の問題はほかの国でもあるよな。

丸山　ルーマニアでカツ丼を頼んだら、丼にはいらないくらいデカくて折りたたまれたカツが乗っててビビりましたね(笑)。

虫象　日本食だと、変なアレンジがされているのも含めて見るのは面白いですよね。

丸山　そうなんだよ。そこに面白さを見出してからはローカルフードじゃなきゃ、っていう選び方はしなくなってきたかな。

嵐　丸ゴンはなんでも食うから。

丸山　そうなんですけどね。衛生的な問題は気にしますよ。食器とかコップの飲み口をTシャツの裾で拭くとかします。スプーンを拭いたときについたサビの量を見て、これ口つけたらヤバいなっての何度もあったから(笑)。

虫象　露骨に油が腐ってる店とかありますよね。

丸山　ボロボロの店にかぎって美味しいみたいな日本には隠れた名店があるけど、海外の名店は隠れない(笑)。人気があるとチェーン店になって立派な店舗になっていくので。

虫象　ボロくても人気の店は目立っていて、人が集まってきて回転早いんで食材も傷まない感じしますからね。

ゲテモノ系はネタになる

丸山　食事については定番のものもいいんですけど、ちょっとグロテスクなものほど試してみたほうがいいかなって思います。あとあとネタになることも多いしね。

虫象　特殊な肉、ネズミとかアルマジロとかワニとかは、その場所じゃないと食えなかったりするからチャレンジしたほうがいいですよ。

嵐　アマゾンでナマケモノ食ったな。焼いてレモン汁かけたやつ。

丸山　嵐さん、ナマケモノは本で相当ネタにしてますもんね。

虫象　よくネタにされるやつだと、アメリカの1ドルピザはよく食いましたね。

嵐　俺も食ったけど、いまは食いたくないよ。悲しくなるんだよ、惨めな時代を思い出して。

丸山　マディソン・スクゥエア・ガーデンの近くにあるピザ屋はマジで美味かったですけどね。プロレスラー御用達みたいな。1ドルよりちょっと高かったですけど。

嵐　そう言われると食いたくなるな。

丸山　トラウマはどこに行ったんですか(笑)。まあ移民のコミュニティーがそれぞれ出してるベンダー（屋台）、それがアメリカの食文化だと思うんですよ。中南米は？

嵐　南米は牛肉だと思うけどな。ブラジル、アルゼンチン、ウルグアイ。

虫象　スーパーで売ってる肉が美味いんですよ。だから、買ってきて焼く。

嵐　ワインも安くていいよね。酒のツマミだと、俺はタイの肉屋で買う唐辛子ハム[※]は好きだだね。

※**唐辛子ハム**…いつもバンコクのスクンビット・ソイ3にあるフードコートで買っている。つい食べ過ぎて胃腸の具合が悪くなってしまう。（嵐）

バンコクのクロントイ市場で、魚の切り身と一緒に売られていたカエル。分類的には魚類と同じ扱いのようだ。（丸）

丸山　あれ、コンビニでも売ってるんですよ。

嵐　え、マジで？

丸山　あるんですよ（笑）。タイに住んでる髙田さんが「嵐さんはなんでセブンで買わないでしょうね」って言ってましたよ。

嵐　知らなかった。

丸山　味は肉屋で買うやつのほうがいいと思うんですけど、けっこうどこにでもあるんですよ（笑）。タイだと屋台で食えるスープに、インスタント麺をぶち込んでもらうのが好きですね。いろんなスープに麺を足してもらうってのはやりますね。替え玉の文化はないけど。

虫象　やっぱり丸ゴンさんって食にうるさいタイプですよね。体型見たらわかるけど。そんな丸ゴンさんが必ず食べてるものってありますか？

丸山　香港に行ったら必ずカレーを食べる。ココナツミルクベースに野菜多めで、豚の揚げたやつが乗っているカツカレー。夜中までやってるファミレス的な店でも食えるんですけどね。あと、北インドでメシに困ったらチャイ飲みながらサモサを食う。

嵐　なんかサモサ食いたくなってきたな。オヤツとして、小腹が空いている時にちょうどいいんだよね。

虫象　俺はチャパティとチャイですね。※

※**チャパティ**…インド周辺国で食べられているクレープ状の薄焼きパン。全粒粉で作られる。「インド人はナンが主食」という誤解を抱いている人も少なくないが、インドでナンは高級品であり、庶民の間ではチャパティのほうがはるかに一般的。1枚3円程度で買える。（虫）

嵐　安上がりすぎるだろ！

丸山　飲み物だとコーラが定番かな。基本的に安全だからという理由で炭酸を頼むんで。炭酸は密封してないと売れないから開封済みってことはありえないし。

嵐　オレンジジュースとか怪しいよね。

丸山　果汁系のやつは信用できない！

虫象　明らかに下に沈殿してる古そうなやつとかありますよね。

丸山　あるある。でも、国によっては、しっかり絞った果汁が下に沈んでるだけのいいジュースの場合もあるから。しまった、飲んどきゃよかったって(笑)。でもまあ、ヤバい場所だとコーラ。コーラだと万が一悪くなってても味で気づくから。

嵐　海外行くとコーラ増えるよね。日本じゃ飲まないけど。

丸山　信用できないって意味だと空港で食べるのは損。タイに詳しいライターの室橋さんと高田さんに聞いたのは、タイ人は常連相手にしか真面目に商売をしないから、一見客が来る空港とかのメシは信用できないから食わないほうがいいって。

嵐　空港とか駅のレストランは味も落ちるよね。値段の割にサービスもよくないし。そこしかないからしょうがなく行くこともあるけど。

丸山　虫象と長距離バスのターミナルでカレー食ったときに大当たりして、バスのトイレで一晩中ウンコしてたことあった。

嵐　バスにトイレついててよかったじゃん。

アルゼンチンの宿で自分で焼いたステーキとビール。(虫)

丸山　途中で停車したときに、死にそうになりながら外に出てタバコ吸ってたら、バスが走り出しましたからね（笑）。ふざけんなよ、って飛び乗りましたけど。

嵐　そんなことあったんだ（笑）。

丸山　あと、タバコは国によっては通貨になりますね。

嵐　発展途上国だとそういうこともあるね。インドとかスリランカとかではチップ代わりにあげてたな。

丸山　アメリカとかでもホームレスとかに取材で話聞いたときにあげたりしましたね。

虫象　俺はタクシー運転手に酒を渡して乗ったことありますね。

丸山　シンガポールに陸路で入るときはタバコ持って行っちゃダメですよね。

嵐　違法だからね。ニュージーランドも100本まで。

丸山　シンガポールで1カートンと1箱持ち込んで、捕まって調書とられたことがあったな。その後ろで大量に持ち込んだやつがいて騒ぎになってて、係官が面倒になったらしく「行け」って言われて、なし崩し的に通してもらったことありましたね（笑）。

嵐　ラッキーだね。3箱くらいまでは封を開けておけばいけるんだよね。

丸山　基本的に個人使用で持ってるのはOKですね。

嵐　俺も10年くらい前に捕まって、タバコ没収か5000円罰金かって言われて、没収されたね。

まずい酒

虫象　飲んどくべき世界の酒はありますか？

丸山　南アフリカの※シェビーンじゃないかな。

※**シェビーン**…密造酒にルーツを持つ南アフリカ伝統の酒。にごり酒で飲み口は完全にゲロ。空腹バックパッカーには「腹がふくれる」と言って人気がなくはない。（丸）

虫象　美味いんですか？

バングラデシュで謎の飲み物を前に。このあと腹を下すことはなかった。（丸）

丸山　まずいよ。ドブロクみたいでドロドロです。
嵐　飲んどくべき酒って言っただろ！
丸山　だったらメキシコのメヒカリとか、ドイツのビールとかきれいめなやつにすればいいですよ。俺がすすめるのなんて普通の人は飲まないじゃないですか(笑)。
嵐　前にみんなで飲んで目ヤニが出た酒あったよね。
丸山　密造酒というかメチルアルコールみたいなやつね。タイのカフェーで。
虫象　密造酒は世界中ありますよね。
丸山　こないだフィリピンでココナツの酒飲んだんだけど、すげえまずくて、つい数か月前に報道で知ったんだけど同種の酒で死者が出たらしいです。
虫象　なにかヤバい成分が混入したか、発酵の過程で悪くなったんでしょ。いくらなんでも、まずいから死んだわけじゃないでしょうから(笑)。
丸山　死ぬほどまずいって言っても、死なないからね。

スマホアプリ・SNS

グーグルマップとマップス・ミー

虫象　嵐さんのIT革命はいつでしたっけ？
嵐　俺がスマホをもったのは2019年。
丸山　それ以前の時代はアナログだったということで、ここは古い話をしても仕方ないんで、2019年以降の話をしましょう。アプリとかの話がいいのかな。
虫象　通貨コンバーターは世界中の通貨が日本円でいくらかわかるから便利ですね。ベトナムドンとかインドネシアルピアとかはケタが多いから、事前に計算しておかないと、両替のときに1ケタ騙されたりすることもあるんですよ。目の前でお札を数えながら渡される場合も、プロは巧妙に抜いてたりもするから、自分でしっかり確認しないとやられるんですよね。
嵐　しょっちゅうあるよね。
虫象　銀行員がやりますからね。
丸山　たしかに額面がいくらになるかは、事前にコンバーターで調べておいたほうがいいですね。

虫象　マップス・ミーってアプリは使います？　俺はかなり便利だと思っています。なんせ事前に地図をダウンロードしておけばオフラインで利用できるんですよ。グーグルマップもオフライン利用できるようになりましたが、地図データのファイルサイズがかなり大きいしマップス・ミーがおすすめです。電波が届いてない場所でも、GPSはどこでも受信するから、すごい山奥でも自分がどこにいるか、あと何分で目的地に着くかが確認できます。それを見ておけば、タクシーでへんなところに連れて行かれてないかとか、遠回りされてないかとかもわかるんで、かなり使えますね。

嵐　じゃあ昔はどうしてたの？

虫象　昔はそもそもタクシー乗ってなかったですね。

嵐　本当かよ(笑)。

丸山　嵐さんはパソコンをもって旅しはじめたのは？

嵐　２０１２年からだね。パソコン持っていちばんよかったのは、仕事のことは関係なく、暇つぶしになる。

虫象　ユーチューブとか？

嵐　中米とかの僻地に行くと、夜出歩けなかったりして怖いじゃない。そういう場合、部屋にこもるしかないから、３日くらい日本のテレビ観たり。

虫象　日本のテレビって、めっちゃ寂しいじゃないですか(笑)。

嵐　日本語が恋しくなることもあるんだよ。それでもパソコンも持っていく以前は本を読んだり酒飲んだりしてたんだけど。

丸山　嵐さんは、いままでグーグルマップも使わずによく旅できていましたよね。

嵐　グーグルマップは行く前に予習として見てるよ。それを頭に入れて街に出る。

虫象　そのあとは見ない？

嵐　まったく見ない。意外と覚えてるんだよね。あとは自分の勘に頼る。

丸山　いまはグーグルマップがないと旅できないって人のほうが多い気がするんですよ。

嵐　今はそうだろうね。俺はなにも見ないで街をほっつき歩くのが好きなんだよ。

虫象　カウチサーフィンは無料で泊まるための宿泊サイトですけど、掲示板というかコミュニティページが充実していて、どこでパーティをやってますとか、そういうのがたくさん載ってるんですよ。誰かの家に泊まりに行くのは敷居が高くても、ちょっとパーティに参加するとかは気軽にできるんで、イベント情報を知るために使ったりしますね。街ごとにあって、そこに登録してる人に直接連絡して会ったりしてもいいし。集まってる人は基本やさしい人が多いんですよね。カウチサーフィンの別の使い方。

モバイルWi-Fiか海外SIMか

嵐　みんなはスマホで調べてるんだろ。日本の携帯そのまま持っていくの?

丸山　日本でも海外で使えるSIMが買えるじゃないですか。あとは日本にいるときに現地のシティWi-Fiの情報を調べておくと、すぐにネットが使えて便利だったりします。だから、使うのは日本のスマホのままです。

虫象　現地でスマホ使うには、高いけど日本の通信会社SIMのままローミングするパターンの他には、現地のSIMを買うパターンと、日本で現地対応SIMを買うパターンと、モバイルWi-Fiをレンタルするパターン。モバイルWi-FiよりはSIMを買ったほうが安くて、さらには現地でSIMを買うよりも日本で買っていったほうが安い場合もけっこうありますね。タイの通信会社のSIMが日本でも売られていて安いんですよね。ヨーロッパとかでも使えたりします。

丸山　相場観としては日本購入海外SIMは1500円〜3000円の間。南米もそれでいけたかな。ロシアはいけて、東欧は微妙だったな。

虫象　何か国も使えるSIMもありますからね。

丸山　香港で買うのがいい説もあるよね。

虫象　香港もいいですよね。海外旅行をヘビーにする人は、2枚SIMが入って同時に2つの電波を受信できるスマホを使うのが便利だと思います。

嵐　俺のスマホにもSIM2枚入るんだよね?

虫象　入ります。昔使ってたスマホをもっていって、テザリングするってパターンもいいですね。

丸山　俺そっちパターン。ルーターがわりに使ってて、日本で2台持ちしていても「海外用だから」ってことで怪しまれ

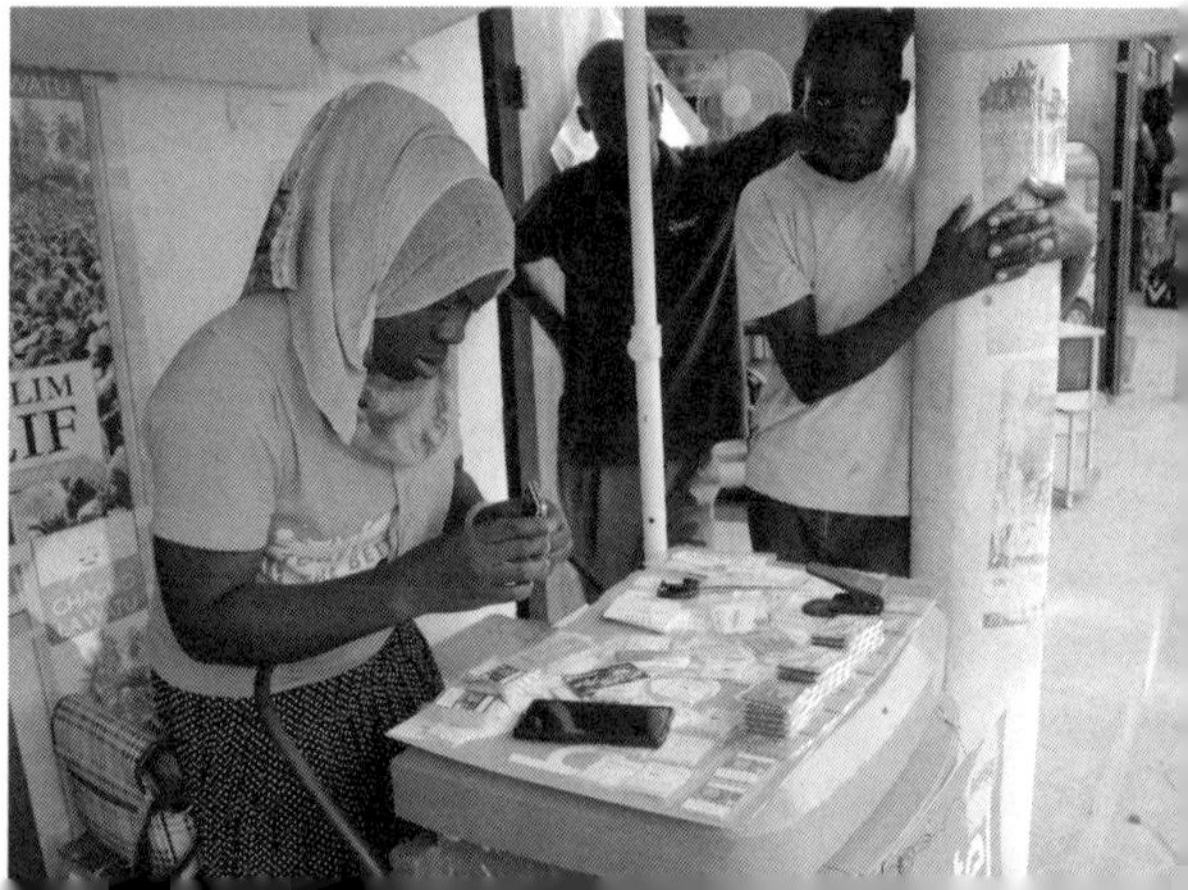

タンザニアの路上SIMカード販売。買ったらすぐに繋がる。(虫)

ない。格安SIMを入れてセカンド携帯にしとくって手もあるから、SIMフリーは必須ですね。

虫象　これからはSIMも、物理的なカードじゃなくてe-SIMっていうデジタルになっていく流れですよね。

嵐　そのほうがラクそうでいいな。

丸山　海外でスマホを使えると、出会いにもつながるんでしょ?

虫象　Tinder※を情報交換用に使ったりしますね。

※**Tinder**…英語圏を中心に広く利用されている出会い系アプリ。「Badoo（バドゥー）」という出会い系アプリのほうが人気の国も多い。（虫）

丸山　現地の食べログ的なアプリは便利ですね。YELP※っていうアプリとか。ホテルの近所に見つけた店とかを検索して、あ、こんなにレビューついてるとか調べますね。

※**YELP**…ローカルビジネスレビューサイト。いろんな店のレビューが見られる。世界版の食べログみたいなもの。（丸）

虫象　そもそもグーグルマップにも星とかレビューついていますからね。

丸山　WeChat※とWhatsAppは現地人と交流するのに使うしね。

※**WeChatとWhatsApp**…通信アプリ。LINEみたいなもの。中国ではWeChat、アメリカではWhatsAppが普及している。（丸）

嵐　東南アジアだとLINE使うね。LINEがあるから、日本に電話かけるのがほんとにラクになったよね。昔の国際電話の苦労を知ってるから。

セキュリティ
舐められない態度を取れ

丸山　セキュリティについて話していきたいと思います。まず、基本的なテクニック。スリとかボッタクリ対策としては「この国に来たのははじめて?」と聞かれたら「2回目」とか「3回目」と言うのがいいですすね。「はじめて」とか「明日、帰る」とか言うとカモ認定されてしまうので、嘘でも盛って言うほうがよいです。

嵐　それはほんとにそうだね。

丸山　「こっちに友だちが住んでる」、「ビジネスで来た」、「長く滞在する予定」とか言うと、こいつは騙しづらいなとなって舐められないですよね。あとは、話しかけてくるやつは信じない。

虫象　それはそうですね。

嵐　この前、ローマに行って思ったんだけど、アジア系の旅行者のセキュリティの甘さは異常だね。スリがめちゃくちゃ多いってわかっているはずなのに、カバンを肩にかけてパスポートとか財布とかを全部入れてるんだ。観光名所で写真撮影に夢中になっていて隙だらけで、俺でもスリできるくらいなんだよ。それで「イタリアはスリが多い」とか「騙された」とか言ってんだけど、そりゃやられるよ。

丸山　それで旅の軍資金を稼いでいたと？

嵐　やってねえよ！

丸山　そういうことにしておきます。僕は若い頃、財布はケツポケットに入れてたけど、海外を旅するようになって前ポケに変えました。今では日本でも前ポケに入れるようになりましたね。あと、海外用の財布と日本用の財布をわけていて、再発行がめんどくさい免許証とかは海外に持って行かないようにしてますね。クレジットカードも保険として1枚は置いていきます。

クレジットカードとスキミング

嵐　移動中の貴重品はどうしてる？　俺は腹に入れるタイプの貴重品袋を使っている。

丸山　僕は現金とパスポートを小さいポーチに入れて、それをカバンに入れてますね。カバンも二重底のしっかり目のものを使ってますね。ただ、ちゃんとしたホテルの場合はセキュリティボックスを使うようにしてます。安い宿に泊まらなくなったのは、貴重品を持ち運ぶのがイヤだっていうのも大きいですね。もちろん最低限、パスポートのコピーとかジャーナリストパスとかは携帯しますけど。

虫象　俺は電気ガス料金とかの引き落としで使っているようなメインのクレジットカードは日本に置いておいて、それ以外の最悪盗まれてもいいかなっていうクレジットカードを2枚もっていきますね。海外キャッシングも使うんですけど、

インド東北部シルチャーの安宿の鍵。途上国の鍵は簡易的なものが多くピッキングですぐ開けられてしまう。(虫)

上限額を下げたものを持っていってます。

丸山　虫象、キャッシングの審査、大丈夫なの？

虫象　意外と大丈夫なんですよ。今まで滞納とかしたことないので。申し込みのときに所得額を盛ったりしてますし(笑)。

丸山　僕はスキミングが怖いから、普段は使ってないプレスティア(元シティバンク)のデビットカードを使ってる。

虫象　デビットカードは選択肢としてアリですよね。どこでも使えて、スキミングされたとしても上限額をかなり抑えられるし。

丸山　キャッシングはせずに、プレスティアの口座から引き出してる。多少の手数料はしょうがないと割り切ってるけどね。日本の空港だとたいていプレスティアのATMがあるから、出発前にそこの口座に入金しておいて旅立つことが多いかな。ちなみにキャッシングは、マケドニアかどこかでしたときに、クレジットカード会社から連絡きて、それからやめたんですよね。

虫象　海外でカードを使ってたら、まあスキミングされますよね。俺も「ニューヨークのルイヴィトンで購入しましたか？」って連絡がきて。

嵐　ルイヴィトン！　虫象が絶対に行く所じゃないな。どこでスキミングされたかわかるの？

虫象　多分ですけど、思い当たるのはブラジルのホテルかバス会社。

嵐　バス会社は大丈夫だろ。俺は怪しいところは使わないようにしてる、宿でも。ウクライナはスキミングが激しいらしくて、ほぼほぼ現金で旅したね。

虫象　クレジットカードを店の奥とかにもっていかせないってのは重要ですね。

丸山　ちゃんとしたとこでも、目の前でわからないようにやったりするんだよ。タイのちゃんとしたホテルで、フロントでやられたからね。

虫象　どこでもやられる可能性はゼロじゃないから、ある程度ちゃんとした補償のあるカードがいいかもしれないですね。俺らはさらに治安の悪いところにも行くじゃないですか。たとえばスラム街とか風俗に行くときは、靴下のなかに現金20ドル分くらいは入れて、捨て財布とメイン財布に10ドルずつくらい小分けに入れていきますね。

丸山　財布代わりにジップロック持っていくこともある。札とコインまとめて。

嵐　そういう場所に行くんだから、やられるのは覚悟しておかないとね。

虫象　最悪奪われてもいいサブのスマホだけで行くときもあ

りますね。

丸山　ヤバいところは午前中に下見に行って、いけそうだなと思ったら午後に出直すとか。そのあたりのことを守っていれば、そうそうひどい目に遭うことはないかな。

虫象　風俗で殴られたり監禁されたりはありますけど「金もってない」ってことをアピールして、強盗とかだったら捨て財布を渡して許してもらうというか諦めるというか。

まともに揉めない

丸山　ボッタクリはどうしてる？

虫象　タクシーとかバイタクとかで最初に言ってた金額より高く請求されるみたいなこともよく起こりますけど、そういうのは無視して最初に言った金額を投げつけて立ち去りますね。

嵐　「これしか払わない」って強気で言って。後ろからかなり罵声を浴びせられたりするけどね。

虫象　ポイントは「まともに揉めない」ってことですね。

嵐　「最初に10ドルって言っただろ。はい10ドル。じゃあね」。これ以上は話さないし相手の言うことを聞かない。罵声はくるけど、こっちはもう払ってるわけだから。

虫象　まじめに対応すると時間の無駄ですよね。

差別されても気にしないのが一番。まともに対応するだけ時間の無駄。（虫）

嵐　揉めた場所が薄暗いところとか雰囲気のヤバそうな場所だったりした場合は、悔しいけど払うこともあるよ。イスラエルでタクシー乗ったら、エルサレムの旧市街の人通りのないヘンなところに連れて行かれて、自分の勘でこれはヤバいなと思ったから3000円だったかな、チキショウと思いながら払ったね。

丸山　ボッタクリじゃないけど、アブダビでタクシー乗ったら「ムスリムに改宗しないか?」って運転手に言われて、当然のように断ったら砂漠のど真ん中に置いていかれたことあったな。

嵐　ひでえな、それ（笑）。

虫象　逃げても逃げ切れないような場所だと、おとなしく従うしかないですよね。

人種差別・国民性

相手に自覚がない場合も

丸山　海外での人種差別についても話しときますか。差別はあるし、それに正面から向き合っても時間とハートの無駄なので、そういうもんだと思って受け流す以外にないと思う。差別があるってことを体感することも旅の経験的な面白さのひとつだと思うので。その国の教育に携わろうとかビジネスをしようというのであれば話は別ですけど。正面から向き合っても旅の間の短時間で解決するようなことはないから。相手に自覚がないことも多いし。

嵐　こんな場所で?っていうところで差別を受けることもあるよね。昔は血の気が多かったからいちいち反論してたけど、疲れるしキリない。

丸山　白人の大金持ちが僕らを差別するとかではなく、こちらを見下してるから相手にもしなかったり、逆に紳士的に扱われたりもする。日系人とか、中国人、韓国人は海外で会うとマイノリティ同士って連帯感があるから意外とやさしかったりするじゃないですか。

嵐　そうだね。俺は昔、アフリカ系、アラブ系のやつらが腹立ってしょうがなかったんだよ。彼らは白人に差別されることが多くて、その怒りをこちらに向けてくるのがアリアリとわかるのよ。

丸山　差別と習慣のちがいを混同しないほうがいいってのもありますね。中国の人たちが列に並ばずに横入りしてくるのは、こっちを見下してるんじゃなくて習慣がないだけだったたり。単なる国民性なので、そういう場合はこちらが抜き返せばいいだけで。そこは見極めが必要。

「バーカ、シネ、チンコ」

嵐　中国人に間違えられるのはしょっちゅうだけどね。

丸山　日本、中国、韓国以外の国で、この3つの国の人をそれ以外の国の人で区別できることなんて稀でしょ。俺たちだって間違えるし、ほかの国の人からしたら、みんな一緒に見えてるはずですよ。

嵐　時代によっても「日本人か?」って言われたり「韓国人だろ」って言われたり。いまは中国の旅行者が増えてきたから中国人に間違われることが多くなってるし。みんな中国人に見えるんだよ。「チャイナ、チャイナ」ってバカにしてくるとストレス溜まるし、「うるせー、日本人だよ!」って言い返したくなるけどね。

丸山　そもそも中国人だからバカにしているわけじゃなくて東洋人全体をバカにしているんだから「日本人だ」って主張しても、相手には届かないですよね。

嵐　届かないねえ、むなしくなるくらい。だから最近は日本語で「バーカ、シネ、チンコ」と返している(笑)。それくらい言わないと自分の気持ちが収まらないから。もちろん英語では言わないよ、揉めるから。だから「チンカスー」って言って鬱憤をはらしてる(笑)。

丸山　虫象の捨て台詞は「この貧乏人が」ってやつですよね。

虫象　それ丸山センセイじゃないですか(笑)。ここ数年、それが口癖みたいになってますよね。実際、儲けているんでしょうけど。

丸山　お前と比べたら大抵の日本人は稼いでいるだろ。むしろ、お前の稼ぎで家族が養えていることのほうがビビる。いくらなんでも生活力ありすぎだろ。貯金してさらに旅行までしているんだから。

虫象　そのへんは昔から長けていますからね。

嵐　差別っていうとアフリカもひどいんだよな。あいつら教育をまともに受けてない人が多いから、思ったことそのまま言うからね。

丸山　いやいや、さすがにひとくくりにするのは抵抗があるんですが。ただ、それを否定できない現実に直面したことがありますよ。ナイジェリアで肌の白い人を差別する「ヤーボ」[※]って言葉があって、ナイジェリアの人から見たら僕も白人みたいなものらしく、ガキどもに「ヤーボ、ヤーボ」言われましたね。気にしてもしょうがないですね。

※**ヤーボ**…白人を意味するナイジェリアの言葉。正確には「肌が白い」とい

う意味なので東洋人も含まれてしまうのだ。（丸）

嵐　子どもの場合100%悪気がなく言ってるパターンもあるよね。俺も小さいころ外国人がいると指差して「ガイジン、ガイジン」って何も知らず言ったこともあるしね。それを思いだすと恥ずかしいけど。

丸山　差別している大人にも羞恥心を持ってほしいですよね。

夜遊び・女・オナニー

勃起勃起勃起勃起

嵐　昔はサンパウロでは毎晩のように酒を飲みまくり、女遊びもしていたけど今は行かなくなったね。

丸山　今の話にしましょう（笑）。

虫象　嵐さん、勃起しなくなってから夜遊びとかしないですからね。今回は補欠枠になるんじゃないですか（笑）。

嵐　老人じゃねえよ！（笑）。でも、実際、今はサンパウロでもバンコクでも友だちと飲むのが楽しいね。海外だと安い居酒屋じゃなくて、ちょっとシャレた店で飲んだり。女遊びは飽きちゃったんだよな。

虫象　女遊びでいうとティンダーとかの出会い系が多くなってますよね。

丸山　クラウド売春※とか呼ばれてるね。

※**クラウド売春**…Tinderなど出会い系アプリを介した売春。年齢や身元を保証する最低限のこともないのでトラブルもある。油断禁物。（丸）

虫象　遊ぶ遊ばないは別にして売春エリアは雰囲気が面白いです。

丸山　そういう場所は危険そうに見えるけど、街を仕切ってる組織があるんで意外と治安いいんだよ。

嵐　警察かマフィアが仕切ってるから。

丸山　そうですね。安定してる反面、許可なしで取材で行くと撮影禁止なんで、そこが残念ですけど。

アルゼンチン・ブエノスアイレスにて。街のゴミ箱に貼られたコールガールのビラ。（虫）

虫象　立ちんぼとかに連れられてホテルに行くのは、今でも怖いですけどね。立ちんぼにスマホ奪われましたからね。

嵐　ベトナムのホンダガール※か！

※**ホンダガール**…昔、ホンダのスクーターに乗った女が声をかけてきて、交渉して、そのまま連れ込み宿に行くというパターンがあった。美人局、スリなどの被害に遭う人も多かった。(嵐)

虫象　昔はそう言ったんですよね。ガチムチのオカマちゃんでしたけど。あいつら、家に遊びに行ったらヤバそうな男が待ってるみたいな美人局することもあり得ますからね。

ドミでのオナニー

嵐　それよりオナニーはどうしてるの？　ドミトリーとか。

虫象　最近はカーテンがあるところも多いし、みんなが寝静まったあとに蒲団にもぐってやったりしますね。

丸山　テンガ使う？

虫象　使わないです(笑)。スマホに動画をダウンロードして入れておけば、Wi-Fiがない場所でもいけます。

丸山　アクセス制限されてるからエロサイトもなかなか見られないしね。僕は活字派なんでキンドルにエロ小説いれて持ち歩いてますね。あと、旅の知恵として覚えておいてほしいのは「海外のエロ本ってエロくない」。

バンコクのナナプラザ。ゴーゴーバーが多数入っている施設。世界中のスケベが集まる。(虫)

虫象　そうなんですよ。あれ衝撃ですよね。マジでエロくないんですよ(笑)。

丸山　表紙がエロくても中身が文字ばっかとか。「クソ！なんだよコレ」って。せめて水着ぐらい載せといてくれよ(笑)。

虫象　インドの麻薬密売業者に「エロ本、買わないか？」って言われて、わざわざ人を手配して持ってきてもらったのが、小さいエロ写真7枚で7ドル(笑)。「そんなの払えるか！」って揉めて、結局50円くらい払って許してもらいました。

嵐　オカズはいいんだけど、ドミでもオナニーするのか。

虫象　俺は誰もいない荒野みたいなところがあるとオナニー

するようにしているんで。

丸山　なんで？

虫象　やっぱマーキングは必要なんで。

嵐　バカなこと言ってるんじゃない！　でも、マジでドミトリーに泊まっている若いやつらは大変だと思うよ。若いときはオシッコみたいに出ちゃうじゃない(笑)。わかる？

丸山　わかんないです。

嵐　昔はトイレとかシャワールームとかでやってたもんな。

丸山　シャワールームは精子だらけってことですね。

嵐　それ言ったらおしまいだよ(笑)。旅人なら言っちゃダメ。

虫象　時々は奮発してシングルルームに泊まって、大音量でエロ動画流して思う存分にヌイたりしてます。

毅然とした態度で「ネクスト！」

丸山　さっきからオナニー体験で旅の知恵になってないよ！もっと役に立つこと引き出して。例えばいいナイトスポットを知りたいときは誰に聞けばいいかっていうと、タクシー運転手、ホテルマン、街とか宿で会った同世代のスケベそうな同類。この3パターンでだいたいたどり着けますね。

嵐　同類って……スケベそうな旅人でいいんだろ。

丸山　まあ、ＪＯＪＯさんのブログ見たらいいですよ。

嵐　カッコつけてる旅行者が「ホテルマンが薦めてくるのがウンザリ」とかよく言ってるけど、ホテルマンはいい情報もってることもあるよ。店まで案内するよとか、部屋まで女の子連れてこようかとか、めちゃくちゃ親切だったり(笑)。

丸山　嵐さんもなんだかんだで遊んでますよね。

嵐　オススメって言われて、店側と癒着してるパターンもあるんだよね。

丸山　別によくないですか？　むしろ安全だと思いますけど。

嵐　通常より多く取られるってのはあるかもしれないけど。そこを気にしなければいいか。

虫象　夜中にホテルマンが「女買え、女買え」って何度もノックしてきたのはウザかったですけどね。

丸山　犬に噛まれたときに、逆に腕を押し込むとウエッと吐くじゃないですか？　あれと同じで、客引きとかが強めに来たときに、こっちが強めに細かく注文つけたりすると、めんどくさくなって来なくなったりする。

嵐　あー、そんないい女いねえよってくらい、女の好みを事細かく言うみたいなね。

丸山　あいまいに答えると「こいつもっと押せばいけるかも」って相手も思うから、「明日遊ぶから今日はいらない」とかハッキリ答えると、引き下がりますよ。そんで、「こういうタイプで、いくらまでしか払わない」ってハッキリと注文つける。日本でラーメン食べるときに「麺硬め、油多めの、味濃いめ、バターは後乗せ」とか言うのと同じ感覚です。そこまで言っておいて注文と違うやつきたら怒っちゃうでしょ、ラーメンだったら。だから、注文と違うへんなやつ連れてきたら毅然とした態度で「ネクスト！」って言って、チェンジ要求するんですよ（笑）。時々見かけるんだけど全然お金もってないのに平気で注文つけまくる白人とかいるじゃん？　あの根拠のない自信、大事ですよ。

東欧の美女。レストランのスタッフに「眼鏡がステキですね」と言ったら写真撮影に応じてくれた。（丸）

嵐　タイでもメキシコでもブラジルでも、まず胸を張れ！　夜遊びの先輩に「おまえの歩き方はダメだ。堂々と偉そうにしとけ。それが夜遊びの第一歩」って言われたもんね。

虫象　下手に出てたら、つけこまれるのはなんでもそうですよね。

丸山　ブラジルの女がいちばん、って言う人多いですけど、トータルバランスでいうと東欧の女がいいと思うんですよね。見た目がヨーロッパでマインドがアジアだから。

虫象　コスパもいいと。

嵐　ユーゴスラビアとかコソボの女はよかったな。

丸山　タイとかブラジルとか、世界三大ナイトスポットみたいなところには入らないかもしれないけど、ロシアに近い国で東洋マインドがいちばんいいと思う。

虫象　インドには美人が多いってのはガセネタだって言っておきたいですね（笑）。

「海外ブラックロード」ポッドキャスト傑作選⑦　第301回

ミャンマー留学の話

岸田浩和／嵐よういち／丸山ゴンザレス

（2014年7月13日放送）

丸ゴンから「面白い人がいるからゲストに呼びましょう」と岸田さんを紹介された。話は面白く、現在でもリスナーに語り継がれている神回。当時のヤンゴン事情がわかる貴重な放送だ。（嵐）／関西では伝説のバックパッカーと呼ばれた岸田さん。彼とは盟友ともいうべき関係になり、一緒に海外を取材するようになった。そのたびに伝説を増やし続けている強烈な個性の持ち主である。（丸山）

私費留学で ヤンゴンの外国語大学に

丸山　はい、どうも嵐さん。

嵐　どうもどうも。

丸山　本日のゲスト「ラングーン岸田」さんです。

岸田　はいどーもこんにちは。

嵐　ラングーン岸田って（笑）。なんだよそれ？

丸山　ラングーン岸田ですよ。

嵐　普段、岸田さんって呼んでいるからラングーン岸田ってはじめての響きなんだけど。

丸山　ラングーンってね、ご存じの人はご存じだと思いますが、ミャンマーの旧首都名ですね。

岸田　今だとヤンゴンですね。

丸山　そんな名前からわかる通り、岸田浩和さんは非常にミャンマーに縁が深い方なので、面白い話がいっぱいあるんですよ。現在、映像作家をしておりまして、いろんな映像を撮っているんですが、去年（2013年）の僕のミャンマー旅で、いろいろアテンドしていただいてすごく助かったりもしたので、ちょっとその辺も踏まえて、ラングーン岸田さんを迎えていろんなお話をしようと。もともとはですね、向井さん※からすごい人がいるって紹介してもらい、そのあと飲んだり仕事をしたりと、そういうひょんなことから出会って仲良くなって、ついには去年、一緒に海外までみたいな感じだったんですよ。

※**向井さん**…ジャパン・バックパッカーズ・リンク（JBL）代表の向井通浩さん。「PART2 懐かしい話」参照。

岸田　旅行しましたからね、一緒に。

丸山　超楽しかったですよね。そんな岸田さん、なぜミャンマーに明るいのかっていうバックボーンがめちゃくちゃ面白いので、ちょっと聞いてみたいんですけど、嵐さんの周りにはいろんな留学経験者がいるじゃないですか。

嵐　まあまあいますね。

丸山　岸田さん、なんとミャンマーに留学してたんですよ。

嵐　（爆笑）

岸田　ちょうど1997年から99年、解放されてまだ2年目くらいで、とにかく面白かったんですよ。鎖国が開いたばかりの状態で、今の北朝鮮に近いような情報管制が敷かれている状況で、インターネット禁止、国際電話は1日5分までと、もう断絶されたような状態の国だったんで、今行かないとこの面白い体験できないと思って、必死で留学しようと思って…。

丸山　元々ミャンマーとか、東南アジアには行っていたんですか？　そのころ何をしていたんですか？

岸田　大学入って何していいかよくわかんなくて。そしたら先輩が「俺インドネシア行って睡眠薬飲まされて、足の裏切られて大変な目に遭った」って話を聞かせてくれて、なんかすごく面白そうだなと。

嵐・丸山　（爆笑）

岸田　そんなえらい目に遭ったのに、ものすごく楽しそうに話してて、飲み会になるとその話ばっかりしてたんで、足切られて睡眠薬盛られてもそんなに楽しいバックパッカーってなんなんだろって。

嵐　俺系の馬鹿だな。

岸田　それで最初よくわかんないんで、韓国でNGOの恵まれない人を助けるツアーがありますってので、片道船代が出るから参加したんですけど、すぐバックレて勝手に現地解散して、その足で香港に向かいました。

丸山　当時からそんな感じなんですか。

岸田　いやなんかここは俺いなくても現場回るなって思ったんで、すぐに荷物まとめて香港行って重慶大厦（チョンキンマンション）泊まって、でまあ、ココ端折りますけど、その後ベトナム、カンボジアとまわって…。

丸山　そのまま流れて行ったんですか？

岸田　はい。香港から中国の広州を経由してベトナムに向かったんですが、中国には二度と行きたくないって思いました。広州にはフェリーで入ったんですよ、香港から。で、港の両替屋で、香港ドルを中国元にしようとしたら、全然足りない額しか両替してくれなくて。これ足りないだろって言ったら受付のおばちゃんがキレて、小銭をザルの中から取り上げてバーンて投げつけられて。こっちは何にも悪いことしてないのに、窓口のシャッターごと閉めちゃって。俺の後ろにいたドイツ人が「お前のせいで両替できなくなっただろ」って言って、今度僕がまた非難されて。

嵐　えーなんで？　岸田さん悪いこと言ってないでしょ？

岸田　そうです。でもそのババア、キレてどっか行っちゃったんで。

嵐　どうしようもないなそれ。

岸田　それでもう中国は嫌だなーと思って。そういう経験をしつつ、カンボジアで金を全部落として。

嵐　落としたんですか？

岸田　移動中に財布が見当たらなくなったけど、鞄の中にあるだろうと楽観視していて。バンコクのカオサンロードについて、いざ探したら本当になかったんです。で、クレジットカードもなくなっていて。

丸山　（爆笑）

岸田　で、宿で途方に暮れてたら、食堂で向かいに座った旅行者がたまたま同じ大学のやつだったんで、そいつに金借りて帰ったっていう。

丸山　もういいネタばっかりですよね（笑）。つかみから。

岸田　で、帰国後に金貸してくれたやつと話していて、旅先の「情報ノート」ってめっちゃ面白いよねってなって。当時、旅人が次どこ行くとか、宿がどこがいいとか情報得るのって、宿にある情報ノートしかなかったんですよね。

嵐　そうだね。

岸田　インターネットがないんで、そこに行かないと見られないんで、ひたすら書き写して日本に帰ってきて。それを書き起こして学校で掲示板みたいに貼って「越境新聞」ってのを出したんですよ。そういうのをやって、どんどんバックパッカーの深みにハマっていったっていうね。

丸山　そういうことをしていて、ミャンマーに行けるらしいよっていう情報をゲットしたって感じなんですか？

岸田　そうなんですよね。その「越境新聞」を一緒に作っていた仲間のひとりは、「俺、イスラム教徒になる」って言ってマレーシア行ってコタバルで改宗しちゃって…。もうひとりは旅行のついでにインドネシアの大学の入学が決まったとか、よくわかんないこと言っているので、自分もなんかしないといけないなと思って。

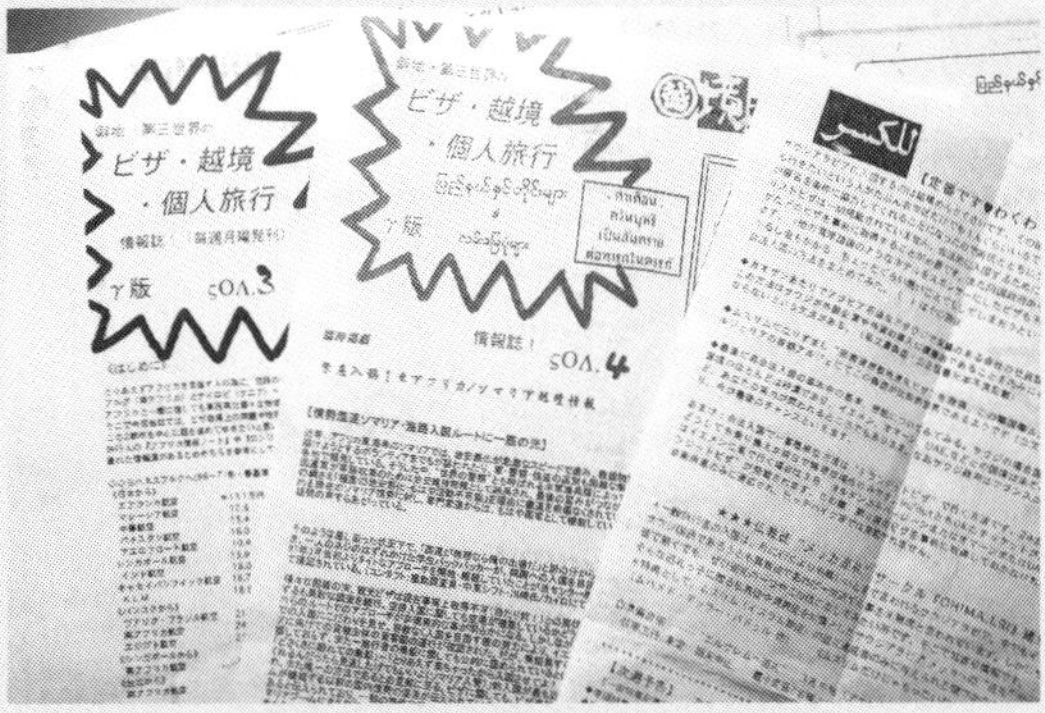

フリーペーパー「越境新聞」。独自情報にこだわり、内戦中のソマリア入国方法や、偽造パスポートの価格情報を紹介。毎号800部近くを京都中の大学でゲリラ配布し、物議を醸した。（岸田）

丸山　負けちゃうと思ったの？

岸田　で、持ち駒見たらラオスかミャンマーしかないなって思って。ミャンマーに行ったら、現地の大学が今年から私費留学生を受け入れることを耳にしました。それで最初ヤンゴンにある日本大使館に「留学に必要な推薦状を下さい」ってお願いに行ったんですよ。すると「岸田さん、東京の外務省で申請してもらわないと、ここでは受け付けていませんよ」って言われまして。仕方なく、東京に戻って霞ヶ関の外務省まで行きました。「ミャンマー留学の推薦状をもらえるって聞いたんで、お願いします」って言ったら、「文部省の推薦か、会社や大学の責任者からの推薦が要ります」と。で、

「学長の推薦とか持っていますか？」って聞かれて、すごすごと京都に帰るはめになりました。その足で、大学の厚生課に向かって「学長に会いたい。留学したいんです」とお願いしたら、「ところであんた誰ですか？」と、きょとんとされて。一般の生徒が、そう簡単に学長には会えないことがわかって、しょうがないんで学部長だったら会えるかなって。一文字違いだしいいだろと思って。

丸山 一文字多いけどね。

岸田 当時通っていた立命館大学では、探検部の連中が中国で遭難して、大騒ぎになっていました。同じ頃、早稲田の学生も、ブラジルで事故を起こして軍が出動し、外交問題にすらなっていました。学生の僻地旅行が問題視されていたタイミングで、かなりの逆風を感じました。

丸山 あの時期ですか？　早稲田の探検部が遭難したりだとか。

岸田 そのドンピシャな時期に、「私費留学で、ミャンマーに行きたいんで、推薦状だけください」って言ったら、案の定「絶対ダメだ」って言われました。最初は門前払いでしたが、半年くらい学部長のところ通って、ミャンマーのタバコをおみやげに渡したりしていたら、最後は推薦状が出てきました。きっと、面倒くさくなったんでしょうね。「何が起こっても、学校は責任を負いませんっていう念書にサインしたら、判を押してやる」って言われて。

丸山 学部長でよかったんですか？

岸田 ま、とりあえずなんか。

丸山 推薦状があればってこと。

岸田 うやむやな感じでそこは通しちゃったんです。

丸山 一文字多いから偉いだろみたいな(笑)。

岸田 返事が来たらオッケーです。で、学校はじまる8日前に来たんですよ。

嵐 おー。

岸田 当時ね、ヤンゴン大学って国内トップの大学があったんですけど、学生のデモの温床になるっていうので閉鎖されていたんですよ。ヤンゴンの外国語大学の外国人クラスだけとりあえず開いてたんですよ。当時は外国人受け入れの2期生で、私費留学の1期生だったので、外国人にミャンマー語を教えるカリキュラムが確立してなかったんですよ。

丸山 (爆笑)

岸田 カリキュラムが、ひどい話なのですが、とりあえず国内の小学校1年生くらいを教えている国語の先生が呼び集められて、小1が使う国語の教科書を使って外国人に教えるという試みがはじまった時期でした。幼稚園の絵本みたいな冊子にりんごが描いてあって、ひたすら「りんご、りんご、りんご」ってオウム返しで発声するような授業です。

丸山 全然覚えないでしょそれ。

岸田 そうなんですよ。半年くらいたってもまったくしゃべれなくて。しょうがないからちょっと言葉を喋れるやつに、ミャンマー語で「これはミャンマー語で何と言いますか？」っていうその一文を教えてもらって。あとは市場に行って、いろんなものを指差して、「これはミャンマー語で何て言いますか?」って聞きまくって単語頭に入れていきました。

丸山　すごく実践的な語学習得法ですよね。

岸田　そうなんですよ。結局、みんな金のあるなんとか物産とか政府派遣の人たちは家庭教師の先生をつけて勉強するんですけど。僕らはそういうのはできないんで。

丸山　私費留学の人って結構多かったんですか、その時。

岸田　僕※みたいな頭おかしいやつがあと3人いたんです。

※僕みたいな頭おかしいやつがあと3人…当時の岸田さんの仲間に会う機会があったのだが、いずれもクセの強いキャラクターばかりで、いかに面白い連中が揃っていたのかと思うと、かなり羨ましい!（丸）

嵐・丸山　（爆笑）

国際電話は1日5分だけ

嵐　俺、98年に行ったことあるけど、すごかったよ、その頃のミャンマー。空港に着くと「強制両替」ってのがあって300ドルか3万円。速攻強制両替させられるんだよね。で、それとFなんとかってやつ。

岸田　FEC※かな

※FEC…1993年から2013年までミャンマーで発行されていた紙幣。「外貨兌換券」とも言う。

嵐　その兌換券。外国人はFECかドルじゃないと買い物できない、なんかむっちゃくちゃでしたよ。当時20ドルで、すごくいいホテル泊まれて。

岸田　そうなんですよね。

丸山　俺は当時の岸田さんの暮らしがもう気になったわけですよ。ヤンゴンで合流して。どんなとこ住んでたんだろって。

嵐　気になる気になる。

丸山　運河沿いを岸田さんと一緒に歩いて行って「ここがヤンゴンの六本木ヒルズです」って、指差したボロい建物があって。そこが当時は最先端だったらしいんですけど。

岸田　当時はじめてヤンゴンでエレベーターが付いたんですよ。政府関係者しか入れないようなマンション。

丸山　岸田さんから聞いて衝撃受けたのが、そこにエレベーター※の昇るボタンを押すだけの職業の人がいたの。

※エレベーターの昇るボタンを押すだけの職業の人…2010年ごろまでは存在してたという噂がある。（丸）

岸田　エレベーターの使い方がわかんないんですよね。国内にほとんどなかったので。

嵐　そう。俺98年行った時にデパートがあって、そこで本当に無駄な人が多かったんですよ。なんか知らないけど店の前にいるだけの人とか。当時社会主義が徹底していたんで仕事を与えなきゃいけないから、デパートにも意味のない人がたくさん従業員でいるんだよ。あれはそうでしょ。その名残でしょ。

岸田　そうですね。飲食店に行っても客か店の奴かわかんない。

嵐　入り口にいて普通だったらまじめに働

くのに、働かないの。ただいるだけ。

岸田　当時やっぱり衝撃的だったのは、インターネット一切禁止で、電話がないっていうので外の情報が一切入って来ないんですよ。で、※2000年問題っていうのが当時あって。

※**2000年問題**…西暦2000年になるとコンピュータが誤作動する可能性があるとされ、社会不安を煽った。Y2K問題とも呼ばれた。

丸山　あーあー。ありました。

岸田　「Y2K」っていう単語だけが入ってきて、何が起きるか彼らわかってなかったんですよ。で、Y2Kってなんかすげーらしいぞって。でも内容一切分かってなくて。Y2Kってバス会社ができて、Y2Kストアっていうバンドができて、Y2Kってスーパーができて、でこんどY3Kって喫茶店もでてきたんですよ。Y2Kニューヨークっていうブランドが立ち上がって、結構な値段だけど、みんな持ってたりとかしてね。

丸山　情報統制って考えもんですね。超面白いですけどそれ(笑)。

岸田　電話が大変でした。日本に電話をかける方法がひとつだけあって、電話局に朝電話するんですよ。ただ、外国人用の国際電話の回線がわずか数十回線くらいしかないんですよ。当時も千人単位の外国人が住んでいるにもかかわらずです。

エレベーターのボタンを押すだけの職員たち。帰国前に全員が見送ってくれた。(岸田)

丸山　一瞬で埋まりますよね。

岸田　電話してもほとんどつながらないんです。人気ライブのチケット取るみたいな…。

嵐　わかるわかる。コンサートのチケット取る時大変だった。

岸田　朝10時ぐらいからかけはじめて、運がいいとく正午過ぎにパッと繋がったりするんです。オペレーターが出るので、自分の電話番号を言って「日本にかけたいです」って申告するんです。すると「分かった、待っとけ」って言われて、一度受話器を置くんです。ひたすら待ってると、夕方6時ぐらいにプルっとかかってくるんですよ。で、それではじめて、日本に電話をかける権利が発生するんですよ。留守電でもなんでもとりあえず5分間だけ回線が空いていて、それ終わるともう閉じるんですよ。

丸山　じゃあ、その間、かけ放題なんですね。

岸田　そうですね。でも相手がいなかったらそれで終わりですよ。

丸山　いつ電話するとも言えないわけじゃないですか。どうやって連絡してたんですか。

岸田　毎週火木金の夕方くらいに電話するとかなんか決めて、一回電話した奴に「今度この人に電話するから、その日そこにいろと伝えて」とかそういうやりとりをして。で、あるときあまりに面倒くさかったんで、なんとかならないかなと思って。当時、外国人は全員電話を盗聴と録音されてたんですよ。盗聴の方法がずさんで、その盗聴している奴がお菓子食ったり談笑してる音とかも入って、3者通話みたいによくなってたんですよ。

嵐　外国人を監視してるわけね、一応。

丸山　ずさんとかいうレベルじゃないですよ。やる気ないですよね。

岸田　そうなんですよ。で、「アウンサンスーチー」とか「デモクラシー」とかいう単語言った瞬間に回線をバチって切られるっていう。

嵐　へー。やっぱりそうだったんだ。

1999年頃、インターネットは開通していなかったが、Y2Kという言葉が溢れた。(岸田)

岸田　全部テープ録音して…。

嵐　下手なことを言うと捕まる可能性もあったわけね。

岸田　そうです。で、本当に政治的な話をしてる外国人のところに秘密警察が来て事情聴取を受けたりとかあって。あるとき、3者通話みたいになったので、電話しながらその聴いている奴に、「お前、録音してるの?」って聞いたら「録音しているよ」って返答があって、「5分しかかけられないの?」って聞いたら「そうだよ」って答えるんですよ。ためしに「一回、家に遊びに来いよ」って言って。

丸山　盗聴している人に直接話しかけたんですか?

岸田　そうです。

嵐　普通に来たの? ピンポンって?

岸田　次の日の夕方に来たんですよ。「電話局の俺だよ」みたいな感じで。せっかく来てくれたんで、「タバコ1カートン渡すから、もうちょっといつでも繋がるようにしてくれよ」ってダメもとで交渉したら、「じゃあこの番号にかけてくれ」とメモを渡されて。で、その番号にかけると一発でオペレーターに繋がって、そっからとりあえず10分でも15分でも、話せるんですよ。1回5分で切れるんですけど何回でもかけられるっていう。それが口コミで広がって、「ミスター岸田の家は、秘密の国際電話回線にかけられる」って。留学の後半とかひっきりなしに外国人が来てましたね。

嵐　遊びにくるように。

岸田　遊びに来て、「ちょっと電話貸してくれ」みたいな感じになって。

嵐　すごい重宝されて。

岸田　それで、僕自身のステータスが上がって…。ただの貧乏な学生だったのに、大韓航空の支店長とかが、「ちょっと、電話貸してくれ」って、焼酎持ってきたりして。

嵐　元々1カートンから発生したんだよね。でも安いよね毎月1カートンなら。

岸田　そうなんですよ。で、帰国するときに「俺、もう帰るんだよ」って言ったら、「ありがとう。だれか別の外国人を紹介してくれ」って頼まれてね。

嵐　向こうからしたら、そのタバコ売ってるんだね。多分。

岸田　そうですね。売っているんです。それで同じ大学の奴にそいつ紹介したんですけど。その時、東南アジアで快適に暮らすってのはこういうことだなと実感しました。

自宅にて。電話局の職員（左）を丸め込み、国際電話かけ放題の権利を得た。（岸田）

「日本で大学行ってるより安く済んだね」

丸山　いや、いい学びしてますね、それ。なかなかないでしょ。ちなみに私費留学だったわけじゃないですか。アルバイトとかはできたんですか？

岸田　僕はしなかったんですけど、ひとりアルバイトしたいっていって一番流行ってる31アイスクリームのパチモンみたいな、当時ヤンゴンのイケてる若者が行くアイスクリーム屋があって、そこでバイトしたいって奴がいて、日本人で。1週間バイトして結局150円くらいしかもらえなくて。

嵐　あの物価ならね。※

※あの物価ならね。…2018年に再訪した。街は大発展していたが物価は相変わらず安かった。（嵐）

岸田　安かったですね。大学の学費が結局1年間で600ドルしかかからなかったんですけど。

嵐　生活費はどのくらいでした？

岸田　激安でした。200平米ぐらいの広すぎてどうしていいか分かんないマンションの新しい部屋が150ドル（約1万5千円）だったんですよ。それ3人でシェアしてたんで5000円ですよね。学校に行くバスが5円とか10円くらいだったんで。

丸山　使わないですね、金。じゃあ、情報が入って来ないこと除けば快適だった？

岸田　そうですね。2年弱留学してて、学費と家賃と生活費に、日本までの行き帰りの航空チケットとか正月の帰国と、あと途中で1回オーストラリアに遊び行ったのも含め、全部込みで76万円しか使わなかったんですよ。で、親が「日本で大学行ってるより安く済んだね」って喜んでました。

嵐・丸山　（爆笑）

嵐　今はわかんないけど、当時チャットは両替すると。

岸田　こんなになるんですよ。

嵐　そうそう。こんななっちゃって。

丸山　こんなじゃわかんないから、ラジオだから。

嵐　300ドルつったら…レンガ一個くらい。タバコ買う時ももうすごい大量の札を出して買う感じ。あと、ヤンゴンは親日的な人が多くて、皆寄ってきて、なんか優しくて。ヤンゴンの有名なレストランがあって、帰り、タクシーもないから歩いて帰ったら誰も人がいないんですよ。そしたら軍隊がたくさんいて、「なんだお前ら」って。「日本人だ」って言ってパスポート見せたらニコニコ急に笑い出して。軍隊は怖いってイメージあったんだけど、相手は日本語で話しかけてきて「じゃ気をつけて帰れ。ちょっとエスコートしようか？」みたいな。軍隊が優しかったんだよ。

岸田　そうですね、そうです。

嵐　あのままのミャンマーのほうがよくないですか？

岸田　そうですね。ちょっと普通の東南アジアになっちゃいましたね。

丸山　今回の話も超ウケたんですけど、このあたりで。

嵐　はいはい。

丸山　どうもありがとうございました。

2018年にヤンゴン再訪。下町はやたらとゴミゴミしていた。最初に訪れた1998年よりもかなり活気があった。（嵐）

「海外ブラックロード」ポッドキャスト傑作選⑧　第445回

バンコクで待ち合わせ

丸山ゴンザレス／和田虫象

（2017年4月9日放送／バンコク収録）

虫象とはツーカーの仲ではないが、それでもお互いに海外での再会でテンションがあがっている。ちなみにこのときは宿代のほかメシ代なども私が大半を支払っている。（丸山）／丸山氏に飯をおごってもらうと、事あるごとに「あのときはカオマンガイおごってやったじゃねーか」とイジられるので辟易させられる。しかし、丸山氏は稼いでいるようだし、タダ飯は美味いので、やっぱりネタにされることを覚悟して今後もおごってもらうのだろう。先輩！　今後ともよろしくお願いいたします！（虫象）

虫象のケチケチ旅

丸山　どうも丸山ゴンザレスです。

虫象　和田虫象です。

丸山　僕はこの後カンボジアに行く予定なんですが、虫象君はアフリカから戻ってきたと。ちょうどバンコクでクロスしたんで、僕の友人のゲストハウスにちょっと泊めていただくということで、エカマイにおります。エカマイってあんまり日本の旅行者来ないですよね。タイの話をしてもいいんですが、せっかくなんで虫象君のこれまでの旅遍歴を振り返りつつ。虫象のケチケチ旅スタイルがはじまったのは？

虫象　最初のインドですね。

丸山　最初からケチケチしていた？

虫象　そもそも俺、日本でもケチだから。旅行中の費用が1か月半で3万円だったときですね。

丸山　どうやってすごしたんだっけ？

虫象　エリア的にはいちおう定番のデリーinデリーoutでしたけど、デリーからアグラ、バラナシとか通って、そのあとガヤとかブッダガヤ界隈通ってプリーに行って、南のほう、チェンマイとかコーチンとかゴアとか周って、ラジャスターンとかまで行って。

丸山　初海外にしてはずいぶんぐるぐる回ったね。

虫象　そうですね。駆け足ってか、沈没型の旅行は俺あんまりしないんですよね。インドの時は、今考えてもケチだったと思うんで。南インドって地味に宿も高いんですよね。だから、ちょっとリゾート地っぽいとこ行くと、郊外まで歩いて宿探したり、メシ屋とかも何キロも歩いて探したり、よく頑張ったなと思いますけど。そのときは食パンを食い続けていました。

丸山　修行じゃねーんだから、そこまでやんなくても。

虫象　そう、今考えると頑張りすぎてたなと思いますけど、あの時にケチケチスタイルが確立した気がします。

丸山　帰ってきて、その後フィリピンからエジプト目指すみたいなことやっていたね。

虫象　ありましたね。それがいちばん長いです、海外旅行でいうと。

丸山　何か月くらいだったの？

虫象　半年ですね。タイからインドのフライト以外は全部陸路だったんで、それでエジプトまで行く、まあ割と『※深夜特急』パクリみたいなルートですけど。

※**『深夜特急』パクリみたいなルート**…沢木耕太郎著『深夜特急』では香港・マカオ、マレー半島を経由しインドに渡り、バスでデリーからイギリス・ロンドンを目指す旅だった。（虫）

ミャンマーにて。ここまでさんざん飯やらなんやらを奢ってきたのに、旅感の違いを理由に虫象より理不尽な難癖をつけられる。一方的な理由から喧嘩別れするが、ヤンゴンでこちらが優しさを見せて仲直り。いまでも虫象は当時のことを反省した素振りはない。（丸）

丸山　とにかく金かけずに行ったから、たいして負担にならない。※むしろ海外に出てるほうが安いみたいなこと言ってたね。

※**むしろ海外に出てるほうが安い**…物価が安い国で過ごす場合、食費などの生活費が安上がりだったことはもちろん、海外旅行中は日本のアパートを人に貸して家賃との利ざやを稼いでいた。海外で買ってきた商品をネットで売ることもあり、貧乏人にもかかわらず頻繁に海外に行くことができた。（虫）

100バーツ以内で空港まで

丸山　今回のバンコクでは「カフェー」に行きましたね。

虫象　日本風にいうと場末ローカルカラオケ。

丸山　あのシステムがよかったよね。

虫象　カラオケっていうか、日本人がイメージするキャバクラっぽい感じですけど。

丸山　地元のおじちゃんとかお姉ちゃんが歌って、それに地元のファンがチップ払ったりしてね。チップを200バーツ以上払うと、座席に来てくれる。

虫象　そうそうそう。しかも女だけじゃなくて男もガンガン歌ってるっていう。一般旅行者は行きづらいですね。

丸山　久しぶりにメチルアルコールって単語を思い出したよ。昨日飲みに行ったそのカフェーでボトルを入れて、飲み残したボトルを貰ったんですよ。それを飲むと翌日悪酔いするよとか言われてたんだけど、日本人が飲めるギリギリ最低ランクの一個下って言ってたから、その時は楽しく飲んだんだけど、翌日っていうか今朝、すごかったよね目ヤニ※が。

※**目ヤニ**…噂で聞いていた「目にくる」状態が自分の身に起きたときは驚いた。バリバリに張り付いたまぶた。指で強引にこそぎとってみたところ、

とんでもない量だった。本当に気をつけて酔いたいものだ。（丸）

虫象　あれなんでなんですかね。

丸山　全員、目ヤニがヤバかったよね。

虫象　粗雑なものが入っているのはとりあえず確かでしょうね。

丸ゴンさんと行ったカフェーのステージ。女の子が熱唱中。（虫）

丸山　ローカル・カフェーとかスナックとか、なかなか来られるようなところじゃないよね。

虫象　これまでタイに何回も来ているけど、行ってないところでしたね。駅までも結構距離がありますからね。

丸山　虫象君の貧乏旅の総括をしている感じというか、まとめがこの100バーツ以内で空港まで着くっていう。

虫象　そうですね。でも前だったらもっと厳しかったと思いますよ。

丸山　前だとどうした？

虫象　カオサンから、空港までの列車があるファランポーン駅まで歩いたことが2回、バックパック背負って、完全にケチり目的で、バスが少ない時間、深夜とかだったから歩きましたね。アホだなと思いながら。今回の場合、もう少しケチろうと思っているから、たぶんローカルバスで。

丸山　そしたらそうとう早く宿を出るでしょ？

虫象　そうですね。でもまあ深夜帯にあるのかわかんないけど。

丸山　タイのバス24時間じゃないでしょ？

虫象　深夜帯でも走っている路線はあるし、もしかしたら夜の早いうちに出るかも。明日朝のフライトまで10時間くらい余裕見ておけば着くでしょう。市バス※に乗るのは旅行してる感がありますのでやっぱり好きなんですよね。

※**市バス**…バンコクの市バスは安く、エアコンなしの赤色バスだと10バーツ（約34円）以下。エアコンありでも15〜30バーツ程度。時々無料運行の赤色バスもある。BTS（高架鉄道）やMRT（地下鉄）より安く節約になるが、渋滞にハマると歩いたほうが早いレベルで進まない。（虫）

「海外ブラックロード」ポッドキャスト傑作選⑨　第462回

ブルガリアdeヨーグルト

三矢英人／JOJO／丸山ゴンザレス

（2017年8月6日放送／ソフィア収録）

ブルガリアのソフィアでビールを飲みながらの収録。旅の途中で仲間と再会。このシチュエーションに憧れていたのは旅の初心者、駆け出しの頃だった。実際に実現すると、感動というよりも意外と共通の話題が旅以外にないという戸惑いがある。それでも離れていた時間を埋めながら話していく様子が初々しくて興味深い。初対面のJOJOさんともこのときをきっかけに交流するようになったので意義深い収録となった。（丸山）

ソフィアで昼から飲んだくれ

丸山　じゃあ、とりあえずかんぱーい！

三矢・ＪＯＪＯ　かんぱーい！

丸山　三矢※くんとおよそ3年ぶり。

※三矢くん…三矢英人。２０１３年末から5年間、無帰国の長期旅行をしていた、高学歴の変人バックパッカー、ライター。アメリカの公認会計士の資格を持つ。（丸）

三矢　そうですね、3年半ですよ。

丸山　というわけで現在、僕はブカレスト…じゃない。

三矢・ＪＯＪＯ　（爆笑）

丸山　ここどこだっけ？

三矢・ＪＯＪＯ　ソフィア。

丸山　ソフィアだ。ブルガリアのソフィアで。メイン通りの横っちょにあるちっちゃなバーで、これ昼間なんですけど、ブルガリアビールを飲みながら話しております。最初に自己紹介。僕のやっている本とかではよく出てくれている、三矢くんです。

三矢　旅する公認会計士、三矢です。

丸山　（爆笑）。練習したでしょ。

三矢　ついに使いましたね。これ。

丸山　はい、そしてもうひとり。

ＪＯＪＯ　はい、こんにちは。今一番エロいバックパッカーのＪＯＪＯです。

丸山　（爆笑）。ＪＯＪＯさん、知ってる人は知ってますね。メンズサイゾーで連載されていますね。

ＪＯＪＯ　「WORLD SEX TRIP」っていう名前のブログをやらせてもらってます。

三矢　サブタイトルすごいんですよ。

丸山　何？

三矢　世界の女が僕を待っている。

一同　（爆笑）

丸山　三矢くん、今何をしているか、どんな状況にあるのか教えてください。

三矢　２０１３年の11月に日本を船で出国して、基本的に陸路で、飛行機なるべく乗らないように3年半ぐらい旅行してます。

丸山　という旅行者です。えーＪＯＪＯさんは性をモチーフにあっちこっち旅をして、その様子をメンズサイゾーと自分のブログで書いてるんですよね。

JOJO　そうですね、はい。

丸山　その話を聞いて僕もちょこっと見たんですけど、「男のロマンだな」と思いました。

JOJO　ありがとうございます。まあ、ただのクズですけどね（笑）。

丸山　いやいやいや。前職とか聞いたらわかりますよ。そのストレスたるやって感じですよ。なるべくしてなったって感じなんで。大丈夫です。そんな三矢くんとJOJOさんはどんな感じで出会ったんですか？

JOJO　最初に会ったのはキルギスタンのビシュケクってところで。

三矢　同じ宿に泊まっていて。ビザ取るのにすごい長い期間そこに泊まらなくちゃいけなくて、同じように西のほうに向かってたんで。何回か会って、今回6回目です。

丸山　ずっと一緒に旅してるわけじゃないのね。

三矢・JOJO　全然違います。

（店員が入ってきて脱線）

収録が行われたソフィアのバー。（三矢）

コスパ的にビールが一番

丸山　やっぱりビール大国だけあってね。うまいっす。

JOJO　美味しいですね。

丸山　つまみなしでビールばっか飲んでますよ。三矢くんが「昼はだいたいビールです」って、それはご飯じゃないだろうって。

三矢　いや炭水化物ですからね。

JOJO　コストパフォーマンスが一番ビールがいいって。

丸山　いやいいけどさ。コスパいいけど。

三矢　いやでも僕、三度の飯よりビールが好きなんで。

丸山　そうだよね。フェイスブックとかツイッターで、ビールの写真ばっか上がるよね。

JOJO　彼はバスの中でビール飲むんですよ、もう酒臭くて。ルーマニアから移動してくるバスでめっちゃ飲んでて、なんか日本人として恥ずかしくて（笑）。酔っ払って声でかくなってるし。

三矢　バスの中そんなに…。

丸山　強いわけではないの？

三矢　弱くもないですけど。強くはないです。

丸山　これ3本目ですけど、みんな。つまみなしで3本ね。小瓶よりちょっと大きいやつね。甘いフレーバーが少しあって。熊のラベルなんですよね。

JOJO　フルーティーな感じですね。

三矢　かわいい。

丸山　写真撮っとこ。あの普段は嵐よういちさんって人が海外で収録してくることが多いんだけど、旅の途中にね。あの人1年に2、3か月旅をして本書いてっていう生活をしている。僕、旅先であんまり収録しないんですよ。でもさすがにね、三矢くん3年ぶりですから。

三矢　そうですね。久しぶり。

丸山　日本でちょうど旅立つ直前に会って、会社辞めましたって頃だっけ？

三矢　いやもうホント直前です。出る1か月前とかだったと思います。

丸山　会って一晩中語り明かすっていう。その後も連絡取り合いながら。なんか行く先々でいつもズレるんだよね。

三矢　ちょっと合わないんですよね。

JOJO　じゃあ前にも会おうとされたことがあるんですね。

丸山　そうそう。何度もトライはするんだけど。俺がギリシャから旅してる時も何度かトライしたけど、そこもなんか合わなくてね。

三矢　今回も「5月らへんどこいる?」みたいに言われて、「バルカンにいるかもしんないです」って言って。

丸山　思いのほか、ぴったりハマったね。

ブルガリアの風俗事情

丸山　ブルガリア、ミートボールが美味しいです。ミートボールとハンバーグとか、僕ひき肉好きなんでどうしてもそっち。

JOJO　さっきスーパーでお惣菜買ってハンバーグ食べたんですけど美味しかったです。

丸山　あれがやっぱりおすすめですね。あとレモネードの種類がすごくあるんですよ。

三矢　さっきも飲んでましたもんね。

丸山　いちごのレモネードとかある。

JOJO　いちご？

三矢　レモネードってレモンじゃないんですか？

丸山　ベースの味はレモネードでそこにいちご足したりしててすごく美味いんですよ。

JOJO　へー！

丸山　フルーティーな。この国ですごくいいなと思ったのが、フルーツもいいですけど、風景がすごくいいです。菜の花の畑が。

三矢　こないだルーマニアのブラショブからブカレストに移動する時に、JOJOさんに「菜の花畑綺麗ですよ」って教えたんですけど、なんかJOJOさんすごい眠かったみたいで、興味なさそうに「あー」て言って(笑)。えー…と思って。

JOJO　綺麗だったよ。

丸山　女性に特化されてるんで(笑)。

JOJO　夜になったら元気になるから。

丸山　ブカレストですごくよかったのが、綿毛がずっと飛んでるんですよ街中に。

三矢　飛んでましたね。

丸山　ふわーっと。あれとかは風景的には綺麗だなぁと。その辺はまあ一般旅行者向けの綺麗な話で、せっかくJOJOさんも三矢くんもいるんで。世界中を旅したおふたり、ここぞという場所とか教えて頂きたいんですけど、特に女性に関して。

三矢　女性…はＪＯＪＯさんでしょう。

丸山　やっぱＦＫＫ？※

※ＦＫＫ…海外風俗通がこぞって一番に推す世界最高峰の風俗。豪邸の内部では酒池肉林の遊びができる。主にドイツ、オーストリアに分布している。詳しくはＪＯＪＯさんのブログでどうぞ。(丸)

ＪＯＪＯ　ＦＫＫはやっぱ一番いいですね。はい。

丸山　ＦＫＫやっぱいいですよね。

ＪＯＪＯ　はい。やっぱ清潔だしシステムもちゃんとしてるし、ぼったくられるとかも一切ないですし、安全に楽しく綺麗な女の子と遊べるし、値段も日本で風俗行くこと考えたら全然高くないので。

丸山　それ以外で言うとどうですか、東欧のほう。

ＪＯＪＯ　ブルガリアとルーマニアは売春が違法なので、旅行者としてパッと入りやすい風俗はあんまりないかな、という今のところの印象ですね。立ちんぼとかは他の国もいますけど。

丸山　ルーマニアの風俗はどうでしたか？

ＪＯＪＯ　エロマッサージは悪くなかったです。ただ値段もそんなに安くなくて、だいたい日本円で安くて４０００円ぐらいから。

丸山　どこまでやってくれるんですか？

ＪＯＪＯ　えっと基本手コキですね。ただ交渉でちょっと女の子にチップ渡して本番ってのはアリみたいです。僕は試さなかったんですけど。

丸山　あとは語学力とかコミュニケーション力に自信があるんだったら、クラブ行ったほうがいいですよ。

ＪＯＪＯ　あーそうですね。確かに。

丸山　たぶん東欧はそっちの文化ですね。

ＪＯＪＯ　と思います。はい。

丸山　まあ僕らはね飲んだくれてるだけですけどね。

三矢　はい。

丸山　三矢くんに会った時、びっくりしたんですよ。こいつ絶対女遊びしてねーなって思ったのが、貴重品袋を手縫いしてたんですよ。

三矢　(爆笑)

ＪＯＪＯ　何それ？(笑)

三矢　さっき写真に撮られて。

丸山　びっくりしちゃった。ボロボロなんすよ。

三矢　いや、ファスナー取り替えたんですよ。自分の手で。コートジボワールだと新しいの買えなかったんで。ファスナー買ってきて自分で縫いました。

丸山　(爆笑)

三矢　『世界遺産最強ナビ』の原稿書く合間に、目が疲れたら縫って。

ＪＯＪＯ　てか、町にいるミシンやってるおばちゃんとかに縫ってもらえばいいじゃん、そんなの。

丸山　そうそうそう。

ＪＯＪＯ　安いでしょ、そっちのほうが。

三矢　そうですね。確かに。ファスナー買ったところでやってもらえば良かったです。

丸山　そういうの節約してＦＫＫに行くんですよ。
三矢　そっか…。
ＪＯＪＯ　話をエロにもってこうとしてる（笑）。
三矢　全部、観光地の入場料に回ってますね。
丸山　意外とそういうとこあるもんね、三矢くんね。
三矢　僕はマメに行く派です。
丸山　今んとこ回ってきて印象的な国ってあります？
三矢　イランはすごく好き。前にも行ったことあって、今回もビザの期限ギリギリまでいて、すごく楽しかったですね。
丸山　なんで旅に出ようと思ったんですか？　何が原動力でそこまできました？
三矢　高校時代の世界史の先生がすごく面白い人で、ひとりで劇みたいな感じに教壇の上で右行ったり左に行ったりしながら演技してるんですよ。
丸山　頭おかしいでしょそれ。

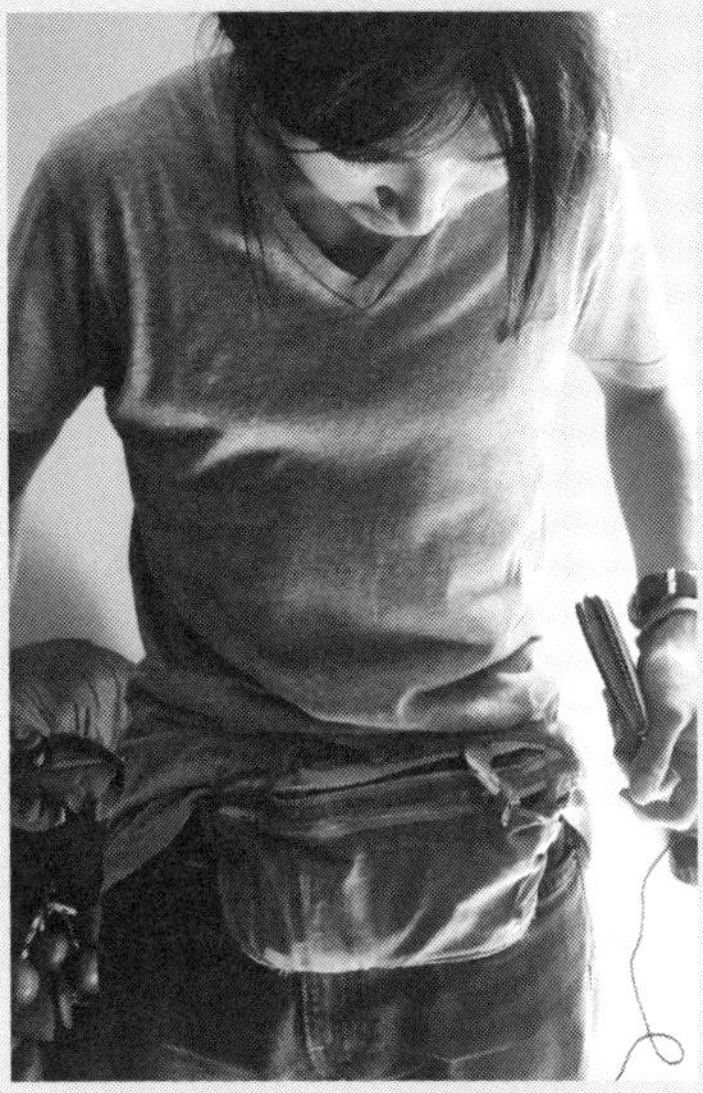

壊れたポーチを手縫いして使い続ける三矢くん。長旅をしてお金がなくなると、その分、知恵を使ったり器用になったりすることも。（丸）

三矢　いや、でも僕はそれすごく好きで、あとは旅行雑誌みたいなの授業に持ってきて「すごいだろ!?　すごいだろ!?」みたいに写真見せてくるんですよ。で周りのクラスメイトはけっこうみんなきょとんとしてたんですけど、僕はすげーこれ見て一と思って。で、大学の時に行ってすごくハマって、会社の休みが短かったんで辞めちゃったっていう。
丸山　えーと皆さん、どう思ってるか知らないですけど、三矢くんこういう感じでも実は一橋大卒なんですよね。
ＪＯＪＯ　エリートです、エリート。
三矢　出しちゃった大学名。
丸山　だってプロフィールに出してるじゃん。
三矢　そうですね、はい。
丸山　まあそんなこんなで旅してる三矢くんと、ようやく僕が会えたと。
三矢　はい。
丸山　このバーから徒歩20分ぐらいのところの宿に泊まっててね。そこにＪＯＪＯさんも泊まってたんで来ていただいたという。ＪＯＪＯさん着いてすぐ宿のロビーで眠いつって寝てたみたいだね。
三矢　はい。寝てるんで、一緒にいた僕が宿のスタッフから小言言われて、もうやだったんで僕ひとりで外に出ました。

ＪＯＪＯ　いやだったんだろうなと思った。「僕ちょっと出かけてきます」って言って。

三矢　「あいつどうにかしろよ」みたいな感じで言われるんで。

丸山　肝太くなってきます？　旅してると。

ＪＯＪＯ　なりますね、はい。あんま細かいこと気にしないっていうか。

三矢　そうですね。

丸山　まあ僕も全然細気にしないんですけど。

ヨーグルトで全部出る

丸山　それぞれふたりは節約しながら旅してるでしょう？　それでもその国の名物とかそういうのはトライはするんですか？　食べ物とか場所とか。

三矢　国によりますね。やっぱりイギリスとかフランスとかだと結構厳しいですね。イギリス、1回フィッシュアンドチップス食べただけで。

丸山　そのフィッシュの供給源には俺行ったけどね。

ＪＯＪＯ　どこにあるんですか？

丸山　ケニアのビクトリア湖。

三矢　えー!?

ＪＯＪＯ　そうなんですか？

丸山　ナイルパーチっていう。

ＪＯＪＯ　淡水魚なんですか？

丸山　そうそう。そういう形で供給されてますから。

三矢　でもそれで言ったら、有名なイスタンブールのサバサンドの鯖はノルウェー産らしいですよ。

丸山　マジで？

三矢　そうらしいです（笑）。

丸山　明日か明後日か、食おうと思ってる。

ＪＯＪＯ　美味しいよね。

三矢　美味しいです。トルコ料理でトップクラスに美味しいと思いますよ。

丸山　まあ世界三大料理のひとつだからね。中華、フランス、トルコだよね。

三矢　そうですね。トルコ料理は美味しいです。

丸山　ブルガリアで美味しい所連れてってって言ったらケバブサンドだったっていう。

ＪＯＪＯ　トルコ料理！

丸山　悔しいことに美味しかったんですよ。次に美味しいとこ連れてってって言ったらイタリアンだったっていう。またまた美味いんですよこれが。本当に。

三矢　「ブルガリア料理で美味しい所」って注文しないと駄目ですね。

丸山　ブルガリア料理も美味しいんだよね。ルーマニア料理も美味しいから食のストレスはまったくなかった。

三矢　そうですね。

丸山　ブルガリア来て僕らビールばっかり飲んでるじゃん？　何日か前に来てるからずっとヨーグルト飲んでたの。

三矢　はいはいはい。

丸山　ふたりにもお勧めしますけど、ヨーグルト飲みはじめるとだいたい12時間ぐらいしたらありえない腹痛きますよ。

三矢　（笑）

丸山　全部出ます。下痢とかじゃなくて、なんか腸がすごい活発に動き出すんですよ。

びっくりするぐらい。老廃物全部出るなっていうか、宿便とか全部出るぞっていう。ヨーロッパとか太ってる人もいるじゃないですか？　ブルガリアではそんなに、いないんですよ。

ＪＯＪＯ　そうですね、痩せてますよね。

三矢　それ固形のヨーグルトなんですか？

丸山　いや飲むやつ。

三矢　アイラン[※]みたいな。

※**アイラン**…塩味のヨーグルトドリンク。甘くないヨーグルトはブルガリアならでは。（丸）

丸山　そうそうそう。あれがなんか普通に売ってるから、みんな飲んでて。俺、何杯か飲んでてその日の夜中かな、すげー腹痛来てうわーと思ったら全部出て。

三矢　ギュルギュルする感じじゃないってことですか？

丸山　そうそうそう。ぎゅるぎゅるじゃなくって、あぁ何か動いてるって。

三矢　ならいいですね。冷や汗出る感じのは嫌ですけど。

丸山　そっちじゃないんだよ。旅で溜まった老廃物を出してくれると思う。

三矢　探します。

丸山　ブルガリアきたらやっぱりヨーグルトいっちゃうじゃん。

ＪＯＪＯ　ってイメージですよね日本では。

三矢　話のネタとしてもいいですもんね。

「その辺捨てればいいじゃん」

丸山　三矢くんはいつまでいるかはまだ決めてないんでしょ？

三矢　はい。

丸山　だいたい1か月ぐらいいるのが普通なの？

三矢　いや、ひとつの国で2週間ぐらいが一番多いですね。

丸山　この後はどっか行くの？

三矢　全然決めてないです。

丸山　（笑）

三矢　ブルガリアの中すらまだ決めてないですね。

丸山　トルコ行っちゃったりしないの？

三矢　トルコ好きなんですけど、でもちょっと怖いですね。最近。

丸山　やっぱりねー。

三矢　実際多いんでテロ[※]。トルコ人からも「んー、今はやめたほうがいいかな」て言われて。

※**実際多いんでテロ**…トルコはシリアに隣接し、多くの国内問題、外交問題を抱えている。そのためテロ事件は近年何度も起きており、治安の悪化は深刻な問題となっている。（丸）

丸山　俺、明日の夜行くんだけど。

ＪＯＪＯ　（爆笑）

三矢　そうだった（笑）。

丸山　ＪＯＪＯさんは飛行機で移動してたんですか？

ＪＯＪＯ　基本は陸路ですけど、そんな飛行機使うことに抵抗がないので、まあ安くて良いのがあれば飛行機使います。

丸山　イスタンブールの空港って行きました？

ＪＯＪＯ　イスタンブール行ってます、はい。

丸山　喫煙所ってわかりましたすぐ？　海

外飛び回ってるやつらのあるあるで、ハブ空港になってるから、よくイスタンブールの喫煙所の話になるんですよ。喫煙所の表示を出してないんですよ、ラウンジとか出してるんです。カフェの横のスキマみたいなとこ抜けてくと喫煙所があるんですけど、ノースモーキングって書いてあるけど灰皿とか設置してある。

JOJO （笑）

丸山 前に聞いたら、1回閉鎖したんだけど、そしたらトイレとかで吸うようになっちゃったからもう一箇所オープンにしたっていう。ただ大っぴらには書いてない。

JOJO あーそうなんですか。

丸山 僕、世界中の喫煙所事情、熟知しましたね。普段、携帯灰皿持ってるんですよ。したら、ケニアでそれでジュジューッって消してたら、ケニアの警察官から「日本人って変わってんな」と言われて、「なんで?」って言ったら「なんでフィルターを持って帰るんだ」って「何か使うのか?」って言われて。

三矢 あー。灰皿じゃなくてそれを保存してると思ってるんですか?

丸山 そう、フィルター持って帰ってると思われてたの。

JOJO それよくあって、僕も携帯灰皿持ってるんですけど、言われます。なんかすごく不思議な目で見られて、何してんのこいつみたいな。

丸山 そうそうそう。「その辺捨てればいいじゃん」って言われて。日本って禁煙分煙が進んでるから、日本の人からするとけっこうびっくりする。街中で歩きタバコみんなしてるんですけど。

三矢 してますね。

丸山 別にそれがどうこうってこともなくって普通じゃないですか。喫煙率もすごく高いし。

JOJO そうですね。

丸山 東ヨーロッパ、すごく高いですよね。おとといかな、2歳の子どもが吸っててびっくりしたもん。

三矢 僕もこないだ、「ロマ」ですけど10歳ぐらいの子どもが普通にプハーって公園で吸ってて。

丸山 ロマって言わないと放送できないんですよ。

三矢 ですよね。いやだから僕、今ちょっと一瞬。

JOJO そうなんですか? あのワードは、Gからはじまるワードはダメなんですか。

丸山 ダメです。

JOJO そうなんですね。

三矢 ロマシンティですか。

丸山 後はなんかもう一個呼び名があったんだけど、忘れちったな。

三矢 このポッドキャストでも出せないんですか?

丸山 いやいや一応そういう風に言っておくと、知らずに言っていると思われると。

三矢 あー、そういうことですね。

丸山 結構うるさいんですよ。

三矢 あれ差別用語なんですよね?

JOJO あー、そっかそっか。

丸山 まあでも、逆にロマっていうとルーマニアの人が怒るんですよ。
三矢 あー。
丸山 ルーマニアってローマ帝国の末裔だっていう誇りがあるから。逆にルーマニア国籍を持ってるロマの人って多いから、ヨーロッパでルーマニアのイメージってロマだと思われてて、それですごく迷惑してるって。
三矢 ありそうですね。
丸山 僕のお会いしたルーマニアの女性もドイツに留学した時に、「あれ私の知ってるルーマニア人と全然違うわ」って言われて、すげームカついたって言ってましたね。そういうことはままあるんですよ、やっぱ。

ブルガリアのエスコートガール

丸山 JOJOさんの調べたブルガリア風俗情報はどんな感じですか?
JOJO ブルガリアは、売春が違法なので基本は立ちんぼとバーとかそういうところでピックアップするか、もしくはエスコート、ネットで検索して女の子ブッキングして自分のホテルに呼ぶかのふたつみたいですね。ただ写真と違う女の子が来たり、来てもやることやってすぐ帰るみたいな感じで、あんまりサービスとしては期待できないかもです。
丸山 最低限英語が必要ですよね?
JOJO はい、英語なしで遊べる国がすごく少ないと思います。世界的にみて。
丸山 でも、そういうところの女の子って英語喋れないことも多いから。
JOJO そうですね。ひとりネットで個人でやっているエスコートみたいな子がいて、自分のウェブサイトなんか持ってて、某口コミサイトですごく評判が良くて、昨日WhatsApp使ってその番号にメール送ったんですけど。
三矢 送ったんですか?
JOJO 送った(笑)。でもまだ返信来てないです。
三矢 知らないうちに。バスの中かなんかで?
JOJO バスの中で。君がビール飲んでる間に送ってたの。
丸山 (爆笑)
三矢 ずっと携帯見てるなと思ってたんですけど。
丸山 その子はFKKだったら何ドル、何ユーロくらいの子ですか?
JOJO うーん、基本の料金で一番安くて100ユーロ(=12000円)以上はする子なんで、どうですかね。口コミによるとサービスの質はすごく良くて頭もいい、ちょっと洗練された女性みたいな感じのこと書いてます。
丸山 そういう時、どこのホテル行くんですかね?
JOJO それも聞いたんです。僕、今ドミトリー泊まってるんで「ショートタイムのホテルとかあるの?」って質問してみたんですけど。まだ返事来ないです。
丸山 「ショートタイムのホテル」でめんどくせえなって思われたのかもしんないですよ。
JOJO あー、そういうのあるかもしれないですね。

丸山　是非トライしてもらって感想をお聞きしたいです。昼から呑んだくれてるんですけど、これ僕らが悪いわけじゃなくて、俺のホテルの喫煙所みたいなガーデンのとこ行ったら、ブルガリア人はこの時間昼寝するから黙っとけって言われて。

三矢　そう静かにしろと。

JOJO　うるさいと。

三矢　言われて追い出されたんですよね。

丸山　そうなんですよ。だから、寝てるぐらいなら飲んでもいいだろうと。

三矢　そうですね。寝てなくても飲んでいいと思いますけど。

丸山　ね。本当だよ。まあそんな感じで、「海外ブラックロード」ポッドキャストらしく適当なトークを延々と繰り広げたわけですけど。もしよかったらブルガリアとかルーマニア皆さんも来ていただけると。非常に綺麗な街ですから。

三矢　そうですね。

JOJO　治安も悪くないですし、旅行先としては良いと思います。

三矢　ブカレストとかすごく治安悪いって言われてますけど、全然そんな感じなくて。ホームレスも全然いなかったですし。

丸山　スリ以外の問題に遭うことは滅多なことではない。というわけでソフィアからお送りしました。飲んだくれ放送ですいません。

ソフィアの小料理屋で3人で食事。(JOJO)

失われゆく世界の1000円以下風俗を求めて

JOJO（海外風俗ブロガー）×和田虫象

ポッドキャスト傑作選⑤でも取り上げた和田虫象の「1000円以下風俗を巡る旅」の発展版として、エロをテーマに世界を旅するJOJOさんをゲストに迎えお届けする、好奇心と男のロマンあふれる変態的社会見学。

PART 4

ライフワークとしての1000円以下風俗

虫象　2020年現在、「1000円以下風俗」って世界的に減ってきてますよね。物価も上がってきてるし。

JOJO　そうですね。このテーマを聞いて最初に思ったのは、正直今の時代に1000円以下風俗を探すのはかなり難しいなと。さかのぼれば、カンボジアが2、3ドルくらいで遊べたとか、タイでも激安の風俗があったって話も聞きますけど、最近だと、あるにはあるけど遊べるようなレベルではないというか、けっこうヒドい(笑)。

虫象　怪物の巣窟みたいな、掃き溜めみたいな(笑)。汚くてボロボロでよく客が来るなぁ、みたいなところしかないですよね。

JOJO　普通の日本人が遊べるところで1000円以下っていうのはもうほとんどないんじゃないですかね。ただ、1500円出せばまだ結構あるなってのが僕の感覚です。

虫象　そうですよね。俺もそう思います。俺の場合、1000円以下風俗をライフワーク的にやってきたので。

JOJO　そのライフワーク、ヤバいですね(笑)。

虫象　気持ちよさとかエロさを求めてしまうと、そりゃ普通に金を出したほうがよいに決まってますから。体験自体を楽しむというか、行為よりも空間とか、「こんな場所にあるの?」とか「ここでやるの?」とか「こんなシチュエーションで?」っていうのを楽しむというか、「この子、よくこの値段でやってるな」っていうのも面白く感じるから続けてるんですよね。

JOJO　エロよりも探究心が優先する感覚ですよね! 僕も同じなのでよく分かります。

摘発、規制強化、物価上昇を乗り越えて

虫象　タンザニアのダルエスサラームという街だと20ドルくらいで立ちんぼがいるんですけど、それじゃあ面白くないので、郊外の風俗を探して回ったんですよ。地元のチンピラみたいなおじさんに聞いたら案内してくれたんですけど。

JOJO　ダルエスサラームって治安悪いので有名ですよね。しかもどローカルの置屋。よく行きましたよね(笑)。

虫象　たしかにタクシー強盗が頻繁にあるような場所なんで

すけどね。チンピラのおじさんに案内されたのが、明かりもない真っ暗なエリアにドブ川を挟んで、掘っ建て小屋が何軒かならんでいる場所で。その掘っ建て小屋の前に黒人の女の子がひとりずつ座ってるんですよ。ローソクも明かりも何もないんで、シルエットがかろうじて見えるくらいで、顔も何もわからないんですよね。だから俺はスマホのライトを点灯させて、女の子の顔の前10センチくらいまで近づけて、ひとりひとり顔を確認して、そのなかでいちばんマシな子と遊びました。掘っ建て小屋に入るとローソクだけあって、トイレもシャワーもないような場所でした。普通に楽しくプレイしたんですけど、俺のことを気に入ってくれたのか、地面に一生懸命数字を書いてるんですよね。「また来てね」って意味で、電話番号を書いてたと思うんですけど。その子はそもそもスマホなんて持ってなくて(笑)。

JOJO ツッコミどころ満載の話ですね(笑)。そこはいくらだったんですか?

虫象 2017年当時、日本円で150円。

JOJO 思ったより最近ですね(笑)。それでその値段はヤバいですね。

虫象 今でも200円くらいじゃないですか(笑)。

JOJO 探せば1000円以下風俗もまだまだあるってことですね。

虫象 全然あると思いますよ。現地人向けの店とか、かなり郊外の置屋とか、まだ外国人には発見されてないところは、探せばあると思います。カンボジアは2010年ごろかな、大規模な摘発があって、軒数も減って値段も上がったしいですけど、それでも10ドルくらいで残っていたり。中国南部の雲南省・河口っていうところにも行ったんですけど、ベトナム人が国境を越えて売りにきてたりするような場所で。店構えは床屋で散髪もできるんだけど、裏で一発できる店で。そこも何度か公安の摘発で潰されたけど、それでもまたこっそり営業している店もありますね。いたちごっこで。

JOJO 物価の上昇もあるけど、規制強化による摘発もありそうですね。河口は行ったことないんですけど、どうですか?

虫象 俺のなかではかなり満足度高かったですね。

JOJO 河口は年齢がかなりヤバいって噂で聞きますけど。

虫象 人数がそこそこいるんで、40代、50代なんかもいますね。

JOJO いや、ヤバいってのは下のほうです(笑)。

虫象 あー、下もいるんだけど、俺は下好きではないんで、積極的にそっちにいこうって気持ちはないんですけど。

JOJO 虫象さんはどんな子がタイプですか?

虫象　俺はオールマイティですね。なんでもいけます。

JOJO　僕は虫象さんほどではないですけど、許容範囲は広いほうだと思います。怪物みたいのでもノリでいったれみたいなときもありますね(笑)。

激安置屋は加点方式

虫象　ブラジルのサンパウロに1000円以下風俗があるってのが驚きで。

JOJO　ブラジルは東南アジアとかと比べても物価高いですからね。サンパウロの激安風俗っていうと、汚いビルの中の置屋がありますね。現地ではトラッシュ(ゴミ箱)とか呼ばれてます。

虫象　ドアの前で女の子を見て交渉するんですけど、かわいい子もいますよね。

JOJO　なかにはいますね。

虫象　20レアル(=当時のレートで約800円)、30レアル(=約1200円)、40レアル(=約1600円)って分かれてて、俺は20を狙って遊びましたけど、けっこうノリのいい子で、ここはアタリの1000円以下。

JOJO　ブラジルはそれがいいんですよね。アタリハズレが少ないっていうか、風俗でも割とみんな明るいし、プレイもしっかりしてくれるから、そこは好きですね。

虫象　アジアとか、インドとか特にだけど、陰気な雰囲気というか、やらされてる感アリアリで、マグロもいいとこみたいなのが多いんですけど、ブラジルは女の子も楽しもうという気持ちが見えて。

JOJO　それは間違いないですね。

虫象　たとえ20レアルだとしても。高い金を出せば満足度が上がるのは当たり前なんですよ。

JOJO　コスパでいうとブラジルが最高かもしれないですね。僕が一番良かったのは、マダガスカルの南のほうにあるトゥリアラって街で、首都のアンタナナリボから20時間くらいタクシーブルースって乗り物に乗って行くところでちょっと遠いんですけど。クラブというか、援交バーみたいな店で仲良くなった女の子に「ホテルくる?」って行ったらついてきて、お金の話も一切なしに朝まで濃厚なセックスして……。

虫象　へー!　援交だかなんだか、境目がわからないんですね。

JOJO　次の日一緒に朝食を食べて、「服が買いたい」っ

マダガスカル南部の街トゥリアラの援交ナイトクラブで仲良くなった女の子。(JOJO)

ていうから当時のレートで日本円で660円くらいあげたんですよね。そしたら普通に喜んでて(笑)。

虫象　仕事意識が全然ないですね、その子。

JOJO　マダガスカル良い国だなってなりましたね(笑)。

虫象　でも、それ羨ましいな。1000円以下風俗だと、朝までとか、2発、3発とかはないですからね、基本。

JOJO　商売でやってたらまずあり得ないですね。

虫象　リピートしたくなるような、かわいい子だったんですよね？

JOJO　そうですね。でも、次の日も「部屋に行っていい？」って連絡が来たんですけど、「具合悪い」って断ちゃいました。仲良くなりすぎるとめんどくさそうで(笑)。

虫象　その子のホスピタリティというか、やっぱ「いい時間をすごせたな」って満足感が大事ですね。さっき話したタンザニアの女の子はガツガツ来てリピートしたがってたんで、もしかしたら彼女にできたかもです(笑)。3000円くらい払えば、身請けもできたかも(笑)。

JOJO　あとは他の国だと、エクアドルの漁村みたいな街の山奥にビアホールがあって、その壁際に部屋があって、そこに女の子が座ってて置屋になってるんですよ。壁にメニュー表があって「セックス8ドル」って書いてあって(笑)。

虫象　その書き方はなかなかないですね（笑）。俺が思い出深いのは、タイのバンコクの冷気茶室ってとこで。１０００円以下風俗を掘りはじめた初期のころなんですけど。

ＪＯＪＯ　冷気茶室って名前だけ聞いたことあります。

虫象　「若い子とおばちゃん、どっちにする？」って言われて、値段が倍くらい違うから、もちろんおばちゃんを選んだんですけど（笑）。狭い個室で待っていたら、おばちゃんが来たはいいものの一回も目を合わせてくれなくて、置いてあったやかんの水を俺のチンコにかけて藁半紙で拭くっていう。

ＪＯＪＯ　やかんと藁半紙（笑）。

虫象　で、おばちゃんは自分の股間にツバをペーッてつけて、っていうスタイル（笑）。

ＪＯＪＯ　よくある置屋スタイル（笑）。

虫象　若い子が５００バーツ（＝約１５００円）、おばちゃんが２５０バーツ（＝約７５０円）だったと思います。ドリンク代が別途30バーツで。セックスしてる最中も一回もこっちを見ないし、ずーっとぼーっとしてるし、穴だけ提供してるっていう感じで。

ＪＯＪＯ　でも、むしろそれが置屋の定番スタイルだったりしますよね。それくらいが当たり前だから、あとは加点しかないんですよ。期待しないでおくと、「あ、こんなこともやってくれるんだ」っていう加点方式でお得な気分になれます。

虫象　マットレスがボロボロだったり、あきらかに他人の精子のシミがあるとか、ほんとにひどいんですよね。インドのデリーにあるＧＢロードって置屋で遊んだときは、ベッドがむき出しの木の板で、おばちゃんがさっきまで巻いてたサリーを1枚敷いて、そこでプレイするんですけど、膝が痛いし、まわりはインドの赤い噛みタバコがペッペッ吐かれていて汚いし、ドアを開けると子どもたちが走り回ってるし（笑）。

ＪＯＪＯ　衛生面とか、そのあたりを超越したメンタルがないと楽しめないですよね。ちゃんと勃ちますか？

虫象　それは勃ちますね。ものの10秒くらいでイッてしまって（笑）。

ＪＯＪＯ　はや（笑）。

虫象　たまたま溜まってたってのもあると思いますけど。

ＪＯＪＯ　性的興奮というより好奇心で勃ってるタイプじゃないですか？

虫象　この値段でおまた開いてくれてるんだっていう感動はありますね（笑）。ＪＯＪＯさんは？

ＪＯＪＯ　僕もそういうときありますよ。虫象さんほどじゃないですけど（笑）。

虫象　そこは６００円くらいだったかな（当時）。２００ル

12タイ。まだ営業していた頃の冷気茶室。外観からは風俗店とは気がつかない。／年季の入ったテーブルにはヤカン（股間洗浄用）が置かれている。（虫） 3中国・河口。床屋の前では子どもたちが遊んでいるが、奥では売春が行われいてる。（虫） 45エクアドル田舎町のビアホール置屋。／壁には「セックス8ドル」のメニュー。（JOJO） 6ブラジル・サンパウロ。声をかけてゲートを開けてもらい、中の女の子をチェックする。（虫）

ピーとか。そこで遊ぶちょっと前に、置屋の個室に監禁されて、おばちゃんとマッチョな男に床に押さえつけられて、「買え、買え」って殴られて、メガネを壊されたりTシャツ破かれたりしてるんで。

JOJO　ヤバい（笑）。インドの激安置屋は強引だって聞きますね。

虫象　そうそう。「俺は日本の空手マスターだぞ」って言いながら、必死に逃げました。靴下に金を隠してたんで、お金だけは奪われずに済んだんですけどね。

JOJO　僕が一番怖かったのは、リオ・デ・ジャネイロのスラム街置屋、ヴィラミモーザってとこですね。値段はそんなに安くなくて、2000円弱くらいだったと思うんですけど。治安が悪い地域にあって、行くまでの道で強盗されそうで怖かったです。キョロキョロ後ろを振り返りながら超早歩きで行ったのを覚えてます。

直接交渉が明暗をわける

JOJO　1000円以下ではないですけど、フィリピンのアンヘレスの「アリの巣」っていう激安置屋に行ったことがあります。アンヘレスの歓楽街はもともと米軍のために作られて、今でもセックスに特化した街なんですけど、タイのパタヤのビーチがない版みたいな感じで、ゴーゴーバーがたくさんあります。白人が多いんだけど、最近は韓国人が多いですね。日本人にもそこそこ人気です。6000円くらいで朝まで遊べるので、コスパがいいんですよ。

虫象　「アリの巣」って言われてるのは、エリアの入り口がひとつで、路地を入るとアリの巣のような迷路のようになっていて、迷子になるような場所っていう意味ですよね。

JOJO　スラムまでは行かないけど、低所得者層が住んでるような地域で。値段はホテル代入れて700ペソ（＝約1400円）って言われましたね。レベル的に遊ぶような感じじゃなかったのと、あとは女の子がID持ってなくて年齢の確認が取れなかったので、見ただけで帰っちゃいました。

虫象　シンガポールのゲイランってあるじゃないですか？

1 2 インドGBロード。風俗店で子どもを育てている。奥の女は道ゆく男に手を振っている。／年齢不詳のお姉さん。身にまとっていた布を敷いてプレイ開始。（虫）　3 ブラジル・リオ・デ・ジャネイロのスラム街置屋のヤリ部屋。（JOJO）　4 5 ジャカルタの貧困街置屋・線路脇。光っているライトが置屋。／線路脇の女の子。（JOJO）　6 フィリピン・アンヘレスの貧困街置屋・アリの巣。（JOJO）

政府公認の置屋街があって、インド系、中華系、マレー系みたいなエリアがあって女の子もいっぱいいるんですけど、そのなかに立ちんぼもいて、立ちんぼはガクっと値段が下がるんですよね。近くのヤリ部屋的なレンタルルームみたいなところで遊ぶシステムなんですけど、最安で1500円程度でできるんですよね。

JOJO　シンガポールの物価を考えると1500円は激安ですね。ゲイランの置屋だと4000円くらいはかかりますし。

虫象　同じ場所で、3分の1くらいの値段でいけるのは、かなり安いですよね。まあでも、すぐ終わらせようとするし、俺の目の前で女の子が警察に連れて行かれたこともありましたね。警察がきたら、蜘蛛の子を散らすようにみんな消えて行きましたね。

JOJO　ジャカルタの北部にある線路脇置屋は、摘発されちゃったけど面白かったですね。電車が通ってる線路の脇にバラック小屋がならんでいて、そこでセックスするっていう。みんな線路上で話したり酒飲んでたりするんですけど、電車がくると、みんなでよけて、電車を通して……。

虫象　よけないと轢かれるんですよね(笑)。

JOJO　夜は電車のライトですぐわかるのと、合図してくれる現地人がいますね。

虫象　ここは一部の日本人には人気でしたよね。

JOJO　ここがすごいのは、1200円くらいで激安なのに、なかには若くてかわいい女の子もいたことですかね。

虫象　あと、物価が上がっているとはいえまだまだ途上国での1000円って結構大金なので、エロいオプションもいけそうな雰囲気のマッサージ屋の女の子に直接交渉すると1000円以下でいけるケースもありますね。

JOJO　交渉はたしかに大事ですね。

虫象　2018年にネパール行ったときは、昼間の空いてる時間にマッサージ屋を見て回って「マッサージなしでセックスしよう」と女の子と直接交渉したら案外簡単に1000円程度でさせてくれました。

JOJO　バンコクの売れっ子風俗嬢とかは、遊びに来てる日本人サラリーマンよりもはるかに大金を稼いでいるけどそんなのは一握りで、庶民的なエロありマッサージ店なんかだと女の子もあんまり稼ぎはよくないんでしょうね。

虫象　生活に余裕なさそうでしたね。というか、1000円以下風俗で働いている女の子なんてそんなに金持ちじゃないんでしょう。貧困層も少なくないだろうし。

日本で言えば大塚の激安ピンサロ

JOJO　ちなみに店の情報収集はどうしてます？

虫象　現地人とかタクシーの運転手に話を聞くか、あとは英語サイトにあたるか。貧乏人が多いようなローカルエリアだと、掘り出し物にあたったりしますね。インドでも、生活に困ってないような普通の人に聞いちゃうと、「そんな汚ねえところ、誰も行かねえよ」とか「エイズもってるから、やめとけ」とか言われるんですよね。

JOJO　それめっちゃ分かります！　日本で例えると、日本語も話せない外国人に「どこかいいとこないか？」って聞かれて、大塚の激安ピンサロを薦めるようなものですよね、花びら3回転とかの（笑）。

虫象　そうそう、大塚（笑）。

JOJO　外国人に大塚は薦めないだろ、みたいな（笑）。

虫象　底辺もいいとこだし、いい思い絶対できないだろ、みたいな。大塚のピンサロをそこまでひどく言うことはないんですけど（笑）。日本に来たなら記念に1回は行っておくべきだし。そういえば大塚も最安1000円くらいからですよね。

JOJO　僕はまず日本語で検索してみて、情報が少ない国は英語で調べますね。日本人が多いところだと日本語のほうが情報多いんですよ。日本人は細かく書きますし。逆に日本人が行かないエリアだと英語で調べるほうがはるかに情報量が多いですね。あとは現地でタクシーとか飲み屋のおじさんに聞いたりもします。まあ、でも結論としては、普通の感覚の日本人には1000円以下風俗はまったくオススメはしないですね（笑）。

虫象　そこ、非常に重要ですね。

JOJO　虫象さんは頭おかしいと思うんですけど、僕はそこまで1000円以下に情熱を注いでるわけでもないんで（笑）。

虫象　俺も別にそこに興奮してるわけではないですけど、好奇心です。

JOJO　そこには共感する部分もあります。少なくとも良い思いするために行く場所ではないですね（笑）。

虫象　ですね。社会見学です（笑）。

「海外ブラックロード」ポッドキャスト傑作選⑩　第506〜508回

ピースボートなんて誰が行くんだ？

カク／嵐よういち／和田虫象

（2018年6月放送）

ピースボートにはずっと興味があった。悪い噂も多かったが、そんな話を虫象としていたら「僕の友だちで乗った人がいます」と言うので紹介してもらった。配信後の評判は良く、やって良かったと思った。いつかチャンスがあったら俺もピースボートに乗ってみたい。（嵐）／少々胡散臭いイメージが私のなかであったピースボート。端から無縁の世界のものだろうと高をくくっていたが、実体験を聞いて、いい意味で裏切られた。ぜひいつか乗船して美女と艦首でタイタニックごっこがやりたい。（虫象）

ポスター3枚貼ると1000円割引

虫象　どうもみなさんこんにちは。和田虫象です。今日は私の家に嵐よういち氏が来まして、収録をしたいってことで。今回、嵐さんの要望もあり。

嵐　要望っていうか虫象君の推薦だね。

虫象　そんな感じで新たな刺客、ゲストが来ているんで自己紹介していただいていいですかね？　何をやってきたか、今回はどういう話なのか、それと性癖。

カク　いや、性癖は関係ないですよ（笑）。名前はカクといいます。虫象君の昔からの友だちで。皆さん、よく見かけるかな？　居酒屋のトイレとかに貼ってあるポスター、「世界一周100万円」みたいな。ピースボートっていうんですが、あれに5年前に乗って世界一周したよっていう話を聞きたいって言われたんで、参った所存ですね。

虫象　はい、そんな感じで今回はピースボートについてお話を聞きたいと思っております。嵐さん、ピースボートに前から興味あると言っていたじゃないですか？

嵐　俺も若い時から一回は乗ってみたいなーとは思っていたの。

虫象　うんうん。世界一周の船旅ですもんね。

嵐　世界一周したいなーとは思っていたんだけど、一回もできずに。で、俺らの周りはピースボートを毛嫌いする人多くて、なんか左翼的だとか。ほかには、いい思いしたとか。女関係の。そのあたりはおいおい聞きますけど。意見もバラバラなわけですよ。イマイチわからないし、乗っていた人に細かく聞くのがいいかなと。

虫象　居酒屋とかに世界一周の船旅って書いてあるポスター貼ってあるじゃないですか。トイレとかに。

嵐　いろんなとこあるねー。

虫象　あれを貼る仕組みっていうのはどうなっているのか。

カク　僕もね、実はピースボートまったく興味なかったのよ。

嵐　存在は知っていたんでしょ？

カク　ポスターで見たことあったんですけど、誰がこんなの行くんだと。

嵐　あーなるほど。

カク　正直高いし怪しいとしか思ってなかったんですよね。海外旅行も実はそんなに興味なくて。たまたま中野哲学堂のラーメン屋の外にポスターが貼ってあったんですね。そこで友だちが「このポスター知ってる？」って聞いてきたんです。「見たことあるけど、こんな怪しいの誰が行くんだろうね？」って話したら、そいつの奥さんのお姉さんが数年前にピースボートに乗ったと。乗って旦那さんを捕まえて帰ってきて結婚して、すごく楽しかったらしいよって。

嵐　なるほど。

カク　30代なんて、仕事して寝て、週末友だちと飲み行って「なんかいいことない最近？」とかそんな話の繰り返しで、年月もすぐ経っていくじゃないですか。つまんない、なんかいいことないかなと思っているんですよね、みんな。でも行動しないと何もないわけじゃないですか。で、「え？そんな面白いのがあるんだ」と、もちろん彼女もいないし。で、運がよかったら彼女もできんじゃねって？

嵐　思うよね。

カク　思いますよね。なんか「あいのり」みたいな感じなのかなと。

嵐　イメージ的に。

カク　それじゃ行くわって。僕その時やっていた仕事はいつでも辞められるような状態だったんで。彼が言うには「ボランティアしたら30万くらい安く乗れるらしいよ」って。え、マジで？　楽勝じゃん。で、その場で行くわって思ったんですよ。家帰ってピースボート調べたら、船の見学会が横浜であると。説明会ってのが全国各地であるんですよ。ボランティアスタッフ説明会ってのがあって、そのピースボートのセンターが高田馬場にあるんですけど。本部というか。そこの説明会には、映像とか使って紹介してくれるわけですよ。こんな楽しいことがあるよとか。ピースボートっていろんなところ行くんですけど、毎回毎回、行くところが全部違っていて、いろんな魅力があるんですね。で、経験者の声とか聞かせてもらって。

嵐　3か月に1回くらい世界一周の船で周っているイメージがあるんですけど。

カク　年に3回ですね。3か月半かけて北半球一周して帰ってきたら次は南半球行ってとかの繰り返しで。帰ってきたら1か月くらい期間あるんで、船のメンテナンスをしたり、その間に見学会をやっているんですよ。僕が行った時20人くらい来ていたのかな？　若い人もいるんだけど年配の方もいるんですよ。そのボランティアってのが、居酒屋のトイレとかに貼ってあるポスター、それを貼ると3枚で１０００円の割引が付くんですよ。

嵐　あ、そうなんですか。

カク　ポスターを４０００枚くらい貼ると0円になるんですよ。

嵐　無理だろ(笑)。

カク　30代以上はそのころは半額までの割

引。あ、それいいじゃん、貼るだけでしょ？　楽勝じゃんと思って。僕は半額までしかならなかったんですけど。60万くらい割引になったのかな。

嵐　え、貼りに行く時は、繁華街の居酒屋とか、コンビニからなにから片っ端から貼らせてくださいって？

カク　ピースボートって30※年くらい歴史があって、どれくらい前からポスター貼ってあるのかわかんないですけど、全部データがあって、どこどこの町はどれくらいポスター貼れるとか、だいたい3か月に1回くらいの更新でポスター貼ってくんですよ。で、貼り替えても1枚は1枚なんですね。「すみません、これ貼り替えに来まして」でもOKなんですよ。

※**30年くらい歴史**…1983年設立。国際交流を目的としたNGO。2020年からは客船が2隻となった。設立メンバーのひとりに政治家の辻元清美（当時、早稲田大学の学生）がいる。

虫象　へー。

嵐　その辺はちょっと優しいんだ。

カク　1日で100枚だと3万円くらい割引が貯まるわけですよ。

嵐　じゃあ日給にするといい仕事じゃない。

虫象　カクさんは2000枚くらい貼ったってことですか？

カク　1700とかかな。

嵐　とりあえず半額にはなった。

カク　半額近くですね。

結構ピースボートって いいことしているっぽくて

カク　僕は北欧のバルト3国を通るルートで。

虫象　へー。で、日本出発して日本に帰ってくる。

カク　そうです。横浜出発して、まず香港。その次はシンガポール。朝ついて夜に出港が多いですね。

嵐　じゃあ1日観光して戻ってくる。

カク　長くて2日。多い時だと4日とかって時もあるんですけど、基本1日だと思ってください。朝着いて夜出る。

虫象　なるほど、そのあとシンガポールからどこ行ったか覚えていますか？

カク　スリランカ行って、エジプト行って、サウジアラビアに行って。

虫象　サウジアラビアって、寄港して降りられるんですか？

カク　はい。サウジアラビアはピースボートがゲストとして呼ばれたというか、途中で決まったんですね。ほんとは行く予定なかったんですけど。

虫象　なんですか、ゲストって？

カク　結構ピースボートって※いいことしているっぽくて、大々的に国が来てくださいってゲストとしてウェルカムなんで、すごかったですね。

※**いいことしている**…個人や企業、自治体からの支援物資（衣類、楽器、スポーツ用品、文房具、衛生用品）を世界の生活困窮者に直接届ける活動の他、地雷廃絶基金や森林火災支援なども行っている。（虫）

虫象　へー。サウジアラビアってふつう。

カク　行けないです。砂漠にバスを何台も出してくれて、すごくデカいテントにお客が僕たちだけで1000人くらいいるんですよ。催し物とかやっているんですけど、ラクダの肉とかって超高級らしいんですけど、まず食べることができないですけど、それとか出てきて。

嵐　どうでした、味は？

カク　いや、うーん。

嵐　臭い？

カク　あんまり美味しいっていう人はいなかったですけど。

虫象　いやーそれはなかなか貴重な。で、そこからスエズ運河抜けて。

カク　抜けてギリシャ、イタリア、フランス、スペイン。で、そこから北欧行ってフィンランド、デンマーク、スウェーデン、ノルウェー。

虫象　ヨーロッパ各地を転々として。

カク　そうですね。でも途中で降りる人もいるんですよ。

虫象　なるほど。それは自由に組めるんですか？

カク　そうです。その船に乗っていた時の友だちなんかはギリシャかどっかで降りて、ひとりでヨーロッパ2週間以上旅して。

嵐　北欧周ってそのあとは？

カク　えーっと、ロシアのサンクトペテルブルクまで行って、そこから戻ってきてノルウェーのフィヨルド通って、そっから北アイルランドによって。

嵐　ベルファスト？

カク　はいベルファスト。大西洋渡って、ベネズエラですね。

虫象　ゴタゴタしている国ですよね。

カク　グアテマラも行きましたね。メキシコ2か所行って、もちろんパナマも寄って。最後は太平洋がめちゃめちゃ長かったです。一気に横浜。

虫象　ああ、横断する形で。

カク　クルーズによってはハワイに寄ったりだとかタヒチ行ったりだとかいろいろあるんですけど。

嵐　そのまま帰るだけ？

カク　僕たちはメキシコのマンサニージョだったかな？　そこからまっすぐ。そこが一番長かったです。3週間くらい船かな。

嵐　結構長いね。

虫象　なるほど。ピースボートの魅力の一部がなんか分かったような気がしますね。

コンドーム50個持って乗船

嵐　まだ聞きたいこと多いんだけど、船の中の部屋のランクが結構あるっていう。

カク　あー、ランクね。仮に乗るとして、何人部屋でもいいでしょ？　どう思います？

嵐　値段があまりにも差があると考えるけど、俺はどっちかというと個室がいい。けど値段の差があまりにもあったらまあ。

カク　個室だったら3倍ですね。

嵐　120万が個室だったら360万になるってこと？

カク　そこまでいかないですけど、それぐらいだと思ってください。ひとり、ふたり、4人部屋ってのがあるんですよ。4人で、2段ベッドが2つ入っているんですけど、12平米の部屋でトイレとお風呂もついているんですよ。

嵐　あ、いいじゃないですか。

カク　ベッドの部屋はもうちょっと広いですよ。6畳くらいかな。基本的に若者は4人部屋です。

嵐　ひとつ気になるのが、長いじゃない。3か月半とか。そこに4人いるよね。ほんとに気の合わない、絶対顔もあわせたくない人間関係ってものが存在するじゃん。

カク　僕は一回しか世界一周はしてないんであれですけど、あんまりないですね、他所の部屋はわかんないですけど。でもね、結局部屋にずっと籠っていることはまずないんで。

虫象　なるほど。

カク　ほとんど寝るときだけですね。僕は。

嵐　オナニーとかどうしているの？　ああいうとこで。

カク　あー、そういう話しちゃいます？

嵐　いやね、こういう話が得意分野、専門なんですよこの番組。やっぱりオナニーのこと気になりますよ。

カク　これはね、僕、あー下ネタ言っちゃうの、僕はね、一回もしてないです。

嵐　うそだ？

虫象　えー？

カク　そう思いますよね。一回もしてないです。

嵐　まさか女捕まえてセックスしたとか？

カク　いやいや、セックスもしてないですけど。

嵐　でもさすがに溜まるでしょ。

カク　溜まります、いやでもモードに入るんでしょうね。

嵐　え、でも夢精はしないの？

カク　してないですね。

嵐　だけど不思議だね。

カク　このネタを友だちが聞いてないと信じて……僕ね、コンドーム50個持っていったんですよ。

虫象　（爆笑）

嵐　それは向こうで知り合った子とやりまくろうと。

カク　当然でしょ。

嵐　まあ、わかりますよ。

カク　出会うだろうと思って。

嵐　俺もそれ考えますよ。

カク　まあ売店でも売っていたんですけど、もう使う気満々で行ったんですけど。

嵐　実際は？

カク　一回も使わず……ただ世界一周して

「世界一周109万円」。私の部屋（4人部屋）のドアに貼られたポスター。（カク）

きたコンドームって……。

虫象　（爆笑）

嵐　またそこでひっかかるけど、その対象になる女性いるじゃないですか。あ、まず女性と男性の割合は？

カク　一応40代から下が若者って言われているので、一応4対6か3対7くらいで女子のが多いです。

嵐　それでチャンスは？

カク　あるんでしょうけどねー。

「船内新聞」と「自主企画」

カク　夏休みとかを絡めて。僕たち4月1日のエイプリルフール出発だったんですけど、会社辞めてすぐなわけじゃないですか。大人が多かったですね。どのクルーズももちろんいるんでしょうけど、世界を見てみたいっていう真面目な人が多いですね。

嵐　船内にはバーがあるんだよね？

カク　高級なバーとかはないんですよ。ピアノバーとかあるんですけど、名前聞けばおしゃれっぽいですけど、基本的に居酒屋ばかり行っていました。船の中に「波平[※]」という居酒屋があって。

※波平…先日、テレビでピースボートの船内が特集されていて、波平を見ることができた。刺身を注文している人がいて、生モノはなにが起きるかわからないからすべて日本から冷凍にして運んでくるらしい。（嵐）

嵐　日本と同じような居酒屋があるの？

カク　一番夜遅くまでやっているバーもあるんですけど、その波平っていう居酒屋が1時くらいに終わるんですね。そっからまた流れてって、ちょっと踊れたりするようなバーがあって、そこがだいたい若者が朝まで残るって感じですね。部屋で飲んだりする人もいたり。

嵐　じゃあ夜は楽しかった？

カク　夜は楽しいですね。だっていくらでも飲む相手いますんで、別に若者だけでなく。年配の人たちもいるし、おごってくれる人もいたりするし。

虫象　じゃあ、それこそ朝方くらいまで毎日のように飲んでいる奴らも少なからずいて。

カク　います。

虫象　そうするともうライフスタイル、日々の生活が、昼過ぎまで寝ていてそれから、ごそごそ出てきて、まあ何をしているんですかね。

カク　様々ですね。夜の住人とかもいるんで。でもね基本的には僕は朝から起きていましたよ。いろんな催し物というか講義があったりするんで、著名人とか乗ってきてくれるんですね。そういった講義や、結構面白い企画とかいろいろやっているので。

虫象　例えばどういう企画があるんですか？

カク　ちょっと新聞持ってこようかな。「船内新聞」っていうのが前日の夜にお部屋に届くんです、人数分。それに次の日のタイムスケジュールが全部書いてあって。

虫象　あとはフラダンス教室があったりとか、ヨガ教室があるとか、そういうやつですよね。

カク　そうそう。ちょっと見せましょうか？　その当時のだから2013年7月2日の火曜日ですね。ホールがあって、このブロードウェイってのが一番大きなホールなんですけど、一応時間で分けてあって、いろいろあるんですよ。

虫象　戦争論の講義があったり。

カク　池上彰さん、昔は乗っていましたからね。

カク　カメラマン結構いますね。興味あるとこに○つけてって効率よく行けるように。

嵐　なるほど。ちょっとこれ行こうかなみたいな。

カク　これに載ってないのもいっぱいあるんで、大変なんですよ。朝5時くらいからヨガがあったり太極拳があったり、いろいろあるんで。

虫象　「しゃべり場」って書いてあるけど…。

カク　いいの見てくれましたね。これ僕の企画なんです。自分たちで好きな企画も出せるんですよ。例えば嵐さんがなんかやりますって載っけてれば興味ある人が来るわけです。

虫象　たとえばベイスターズ※ファン交流会みたいな。

※**ベイスターズファン**…俺は熱狂的なファンである。(嵐)

嵐　そんなのでもいいの？

カク　好きなCDとか持ってきてそれをかけますでもいいし。

嵐　それっていうのはやる側も行く側も金銭のやり取りはないってこと？

カク　なんにもないっす。

嵐　ほんとの趣味で。

カク　そうです。お金は一切ないんで。「自主企画申請広場」って言って、これが3日後のタイムスケジュールを作るための。「私はこれがやりたいんです」って。

嵐　なんかこの辺でインドネシアライフとかインドネシア語とかあるけど、この辺はインドネシアに近づいている頃なのかな？

カク　えっとね、クルーがだいたい300人400人乗っていて、東南アジアの人が多くて、インドネシア語ってってけこう多いんです。

虫象　はー、なるほどね。

カク　ハウスキーピングしてくれるんですけど、同じ人なんですよ。愛情もわいてくるんですよね。名前も覚えて。

嵐　え、クルーも300人。そんなにいる

「船内新聞」は各部屋に毎日、人数分届く。翌日の船内イベントが時間ごとに記載されていて、ピースボート主催企画のほかに、乗船客の個人企画もある。(カク)

んだ。
カク　いますね。1000人分の食事3食作って、毎日ベッドメイキングして。
嵐　あー。ベッドメイキングもしてくれるんだ。
カク　してくれますよ。
嵐　ドミトリーでも。
カク　そうですよ。
嵐　ちなみに食事なんですけど、何が出るんですか？
カク　朝は和食と洋食があって、いまは何か所あるのかわかんないですけど、僕たちの時は2か所で。
嵐　2か所でどっちかに行くってこと？
カク　そうですね。昼は3か所あって。ハンバーガーとかあったり、うどんとかラーメンもあったり、普通に洋食も食べられたり。
嵐　じゃあ下手すると日本にいた時よりいい生活できるから太っちゃう人いるんじゃない？
カク　だから僕は炭水化物を減らして。もったいないから朝絶対起きるわけですよ。時間がもったいないから。ほとんどあんまり寝ないようにしていたんで。日本に帰ったらいくらでも寝られるって言い聞かせて。
嵐　ずいぶん気合い入っているね。
カク　だってもう終わったら終わりですからね。

ピースボート主催の洋上運動会。玉入れ、綱引き、二人三脚などが行われた。(カク)

嵐　でも3か月半もあるんでしょ。
カク　そう思うじゃないですか。たったの3か月半しか実はなくて。たったの100日くらいなんですよ。
嵐　ということは、相当最初から楽しかったんじゃないの？
カク　まあそうですね。朝、和食をまず食べるんですよ。味噌汁、漬物、梅干しとか普通にあるんで。そのあと上にデッキに上がって9階にレストランがあってそこで果物とか。
嵐　それは有料？
カク　全部無料です。
嵐　え？　それも？
カク　3食は無料です。
嵐　え、でもそれもいいの？　一回もう朝食べてるのに。
カク　関係ないです、何回も行きますよ。僕はなるべく炭水化物摂らないように野菜多く摂るとか、米をなるべく食べないようにしていましたよ。和食食べて、果物とちょっと珈琲くらい。それで朝終わるでしょ。で、いろんな講義とか行って昼間は昼間でやっぱり1食のパターンもありますけど、2食食うパターンも。まあ1食としてもこれで3食ですよね。で、夜は必ず2食食べていました。メイン・レストランが夜はコース料理なんですよ。デザートまでで て。食べたいじゃないですか。

虫象　ははは。

嵐　楽しそうですね、ピースボート。

カク　一回乗れば良さ分かるんですけどね。なかなかやっぱり。僕も最初そうでしたけど、イメージが悪いじゃないですか。

虫象　悪いって言っていいんですか?

カク　いやだってピースなボートって意味わかんないじゃないですか。僕も意味わかってなかったですもん。

虫象　なんとなく気持ち悪さがあるんですかね。

カク　じゃないですか?　様々なんですよね乗る人も。ただ観光の人もいれば、平和問題に興味ある人も。

嵐　意識高い系?

カク　とか。

嵐　意識高い系がなんか騒いで、さらに左系の人が講義とかしているから、虫象みたいな右派の人たちが「けしからん」ってなっているのを聞いて、そうなのかって。別にあんなとこで洗脳しているわけないじゃない。

カク　まあないですね。なんとも言えないですけど、何人かは乗って悪かったって人もいると思いますよ。

虫象　合う合わないもあるし。

カク　結局ひとりでも親友みたいなものができれば超イイ風になるわけですから。

嵐　さらに女を。

カク　そうなればもちろん最高の船になるでしょう。

虫象　不満だとかデメリットだとか。嫌なことは何ひとつなかったんですか?

カク　正直言うと不満な点は時間が足りなかった。全然足りなかった。もっとしたいこといくらでもあったけど。

嵐　ようするに3か月半じゃ…。

カク　全然足りないですね。結局当初の目的じゃないですけど、彼女を作るっていうのも、もちろん達成されていませんし。

虫象　じゃあ悪いところはなんもなかったに近いですね。事実上。

カク　僕はそうでしたかね。面白いことしかなかったっすよ。

パナマで強盗

カク　それから、パナマでは強盗に遭いました。

虫象　なんですか強盗って?

カク　パナマの港は世界一危険らしいんですよ。麻薬の取引とかやっていて。

虫象　パナマ運河があるところですよね?　そもそも中米※なんかまあどこの国もだいたい治安悪いから。

※**中米**…中米をほとんど周ったが、コスタリカを除いてどこも治安がかなり悪いのは事実。(嵐)

カク　出ちゃダメ、自由行動しちゃダメって言われていたんですよ。

嵐　治安悪いからね。

カク　でも、しちゃうっすよね（笑）。英語の先生とかスペイン語の先生とかもいるんですね、船には。その人たちと一緒にタクシー1台か2台で行ったんですよ。スペイン語圏だから、スペイン語できる人もいるし、安心じゃないですか。じゃあこっから自由行動みたいになって、僕たち仲いい男3人で、いろいろ周ってみようかって。4時に集合だったのか忘れましたけど、3人のうちひとりはぐれたんですよ。

ピースボート船上から見たパナマ運河の入り口。パナマ滞在は1日だった。（カク）

嵐　えー。

虫象　はぐれるってヤバい。

嵐　バンコクとかならいいけどさ、あそこはダメだよ。

カク　はぐれちゃダメですね。僕たちふたりは集合場所に行ったんですけど、帰ってこないわけですよ。

嵐　心配じゃない。

カク　俺たちふたりでこいつを待っているよと。

嵐　まあ最悪タクシーで港に向かうと。

カク　自分がどこいるのかもわかんないですよ。その3人とも何にも言葉しゃべれないから。で、見捨てていかれたわけですよ僕たち。5分くらいしてきたのかな？ 10分かわすれましたけど。

嵐　何やってんだみたいになって。

カク　まあまあ。そっから言葉も何にもわかんないけどタクシー拾って、とりあえずバスターミナルがあったんでそこに行って、どのバス乗ったらいいのかわかんないわけですよ。わかんないけど何とかここみたいな感じで、おばさんが「このバスよ」って教えてくれて、乗ったんですけどバスがまあボロボロのヤバいやつで。ガタガタの道を猛スピードで。多分結構な時間走ったんですよ。夜になってきて、港着きました。やったー着いたって、着いたとこが違うとこなんですよ。

嵐　まじっすか。

虫象　へー。

カク　違うとこなんだけど、歩いて行けなくない距離っぽいんで、港から歩こうと外出た瞬間、町が超ヤバいんですよ。もう言葉にできない。

虫象　基本的に港の周辺ってどこの国でも結構ヤバいところ多いですよね。

カク　昼間、タクシーの中で見ていてもヤバーって感じだったんですけど。これ歩くのは無理だわって乗ったタクシーが、タクシー強盗で。「ここに連れてってくれ」って言っても全然連れてってくれなくて、ぐるぐるぐるぐる回っているんですよ。で、仲間に電話しだして。

嵐　やばいな。

カク　「行ってくれ」って言っても無視で。

嵐　やばいね。

カク　着いたところで降りたらガって囲まれていて。僕、ビデオカメラをバッグに入れてて、それを下に置いた瞬間にいきなり後ろから奪われたんですよ。いつの間にか。諦めて3人で走って逃げて。

嵐　でもそれだけ？　お金とかは？

カク　お金は盗られてないですね。

嵐　とりあえずカメラ盗られて、向こうからしたらカメラが収穫すごいから。

カク　そうですね。

嵐　走って逃げた？

カク　走って逃げて、追っかけてきますよね。ばーっと。

嵐　うっそ。ちょっとまって、メチャクチャ怖いな。強盗とかだいたいのパターンは逃げると追っかけないんですよ。うわ、こえー。

カク　ただ通りにパトカーがいたんですよ。助けてくれって。ヘルプって。

嵐　そしたら？　しょうがないなみたいな？

カク　とりあえずのっけてもらって、「ここに頼む行ってくれーヘルプ」みたいな感じで。ただね、ベネズエラとかパナマって、警察が強盗とか人殺したりするんですね。

嵐　質悪いですわ。

カク　ぜんぜん信用できなくて。

嵐　で、どうなりました？

カク　僕たちの船が見えた瞬間「やったー」って。3人で「ありがとありがとう」って警察に言って、帰って3人静かにメシ食べたっていう。

虫象　ははは。

嵐　結局カメラだけで済んだの？

カク　カメラだけで済んだ。でもね、ちょうどその中のフィルムがベネズエラとパナマのいいとこ撮っていたんで。悔しいですね。

虫象　まあまあ。いい経験。

乗ってる子はいい子ばかり。かわいく見えてくるし

虫象　年寄りの恋とかも船内でありそうですね。

カク　メチャクチャあるみたいですよ。

嵐　そりゃあるでしょう。

カク　実際見たことあるもの。ガチャって自分の部屋開けると廊下はだいたい150メートルくらいあるんです。パッと開けて右側見たら年配のカップルがチューをしているわけですよ。

嵐　いいじゃないですか。

カク　さっとごまかすわけですよね。いかにもしてないよみたいな。

嵐　それかわいいね。

カク　かわいいですね。

嵐　それで気を使って見てないふり。

カク　そうそう、おーみたいなね。

虫象　でも若者も絶対トイレとかに連れ込んでセックスしていたんじゃないですか?

カク　そこはもうご想像にお任せしますね。もしリスナーの方で興味ある方は、乗って自分で体験していただくしかないですね。僕は実際何もなかったわけだから。

虫象　なるほどね。

嵐　その恋をした女の子にはアプローチとかしたの?

カク　いい子ばっかりなんですよ。乗っている子たちって。やっぱりかわいく見えてくるし。

虫象　まあいい子な感じしますよね。それこそボランティア精神にあふれる真面目な子だったり。海外に援助支援したいとかっていう意識を持っている子も少なからずいるでしょ。

カク　何がいいかって、船の中では全員仕事してないんですね。利害関係が一切ないんでギクシャク感ってのがあんまないんですよ。

虫象　なるほどね。酒を持ち込むことは別に問題ないんですか?

カク　いや、一応ダメなのかな?

嵐　でもまあわかんないよね。

カク　僕の知り合いは部屋がバーみたいになっていましたけど。お酒ドカーンと並べて。これはもう時効でしょ。

虫象　そうするとそのバー状態の部屋も楽しそうですね。

カク　そうですね。誰々の部屋で飲み会だよ、みたいなのもあったりとか。

虫象　4人部屋の奴らともそれなりに仲良くなるわけなんですね。

カク　もちろん。うちは、はい。もう兄弟と呼び合っています。

虫象　あはは。

嵐　まさか穴兄弟じゃないだろうな。

カク　穴兄弟ではないですね(笑)。

嵐　その同じ部屋の人とは同年代?

カク　僕が一番年上でしたけど。

嵐　30代前半とか。

カク　基本的に部屋って同年代の同性です。

嵐　向こうが勝手に。

カク　はい、やってくれます。

嵐　そうだよね、20代と40代50代一緒だったら気を遣うもんね。

船を降りた後のほうが仲良くなれる

虫象　終わった後でまた会ったりするわけですか?

カク　そうなんですよ。乗る前、僕なんかは準備期間半年もなかったですけど。

虫象　ポスター貼ったり。

カク　まあそうです。長い人だと1年くらいかけて準備していたりするんですけど、まあそれが半年だとして、乗ったら3か月半なんですよね。メインはここなんですけど、ところがね、降りてからって一生なんですよ。一生。ここが長いんですよ。そっからがね。船で仲良くなった人はもちろんですが、降りてから仲良くなる人たちもいっぱいいて、

嵐　降りてから仲良くなるの?

カク　なるんですよ。船の中じゃそんなに

交流なかったけど。

嵐　一応お互い知っている程度だったんだけど。

カク　はい。降りてからって結構みんな最初は無職なんですよね。で、降りてからも会うんですよ。

嵐　飲み会やろうぜとか？

カク　やろうとか、また旅行こうぜとかいろいろあって。

虫象　ちょっとした同窓会みたいな感じになるわけですね。

カク　そこからカップルができたりとか。

虫象　降りてからだったら、場合によってはマンツーマンで会えるわけだし、他所にだれも視線がないから。

嵐　気を使うからね、船内だと。

カク　どのクルーズもだいたいそうなんですけど、1周年記念パーティーとかやったりするんですよ。2周年とか。

嵐　それ何人くらい集まるの？

カク　僕らまだ5年で3回しかやっていませんけど、1周年2周年3周年、4周年はやらなかったんですけど、1周年はまあ何人来たのかな。80人とか90人とか来たのかな？　みんな来るんですよ。

嵐　それすごくないですか？

カク　いや来るんですよ、世界一周しているやつらと会いたいんですよね。

虫象　ちょっと青臭さもあるけど、30過ぎてからそういう交流ってなかなかないから。

カク　なかなかないですからね。

虫象　その青春の甘酸っぱい香りとかっていうのもたまに思い出し、また行ってみようかなとか、集いたいなって気持ちはわからなくはないですね。

嵐　それやっぱり楽しかった？　1周年目は。

カク　楽しかったと思いますよ。飲んで記憶ないけど。朝まで飲んだような気がしますね。

トラブルで強制下船も

嵐　船にヤバい人乗ったらどうするの？　いるじゃん世間に。普段はいいんだけど、俺らのなかにもいるけど非常に酒癖がヤバい。

カク　さすがに、まず注意から入って。

嵐　それ誰が注意するの？　警備いるの？

カク　旅行会社の人たちが乗っているんで。

嵐　その人がちゃんとやめてくださいよ、と。

カク　通報じゃないですけど、いろいろあるんですよ。隣の音がうるさいとか。

虫象　それはありますよね。

カク　たとえば酒癖が悪くて暴れるとか。

嵐　それが問題だよね。

カク　直らなければ強制下船ですね。

虫象　へー。

嵐　もしいたら次の寄港地でちょっとあなた降りてくださいと。

カク　強制でありますね。だからセクハラする人も。

嵐　いそうだよね。

カク　そういう人も、うちらの時も、まあ時効でしょうけど、いたみたいですね。

嵐　女の人から苦情みたいなのきて。

カク　そうですね。やっぱあるみたいです。

虫象　1000人いればそりゃひとりくらいいますよ。

カク　申し込むときに規約とかに書いてあるんじゃないですかね。

虫象　それはまあ大人数集まればどこの世界だって。

嵐　他のお客さんも嫌だもんね。気分悪いもんね。そんな素行の悪いのがいたらね。

虫象　でもまあ1000人くらいだったら、最終的には顔は見たことあるみたいな距離感ですよね。

カク　若者は全部わかりますけど。年配の人は仲が良くなってくればわかりますね。

嵐　ちなみに、お金使うところあるって言ったじゃない？　現金がなくなったらどうするの？　ATMあるの？

カク　現金は一切使わなくて。

嵐　え、なんで？

カク　ぜんぶカードで。ルームキーがあるんですけど。

嵐　カード替わり？

カク　そうです。全部登録されていて、有料とか販売機とかキーで買えるんですよ。

虫象　スーパー銭湯みたいなもんだ。

カク　そうです。

嵐　じゃあ現金は使わない。

カク　ほとんどの人はクレジットカード登録しているんで、クレジットカードから引き落としだけど、現金で払いたい人もいるので、その場合はデポジットで3万くらい預けといて、毎月請求書が来るんですよ部屋に。請求書が来たらレセプションってところに行って払う。そういうスタイルもありますよね。

虫象　なるほど。

乗らずに後悔するくらいなら

カク　船の旅は、仮に130万と考えたら1日1万3千円ですよね。100日で割ったら。3食付いてホテルも付いてと考えたら。で、おまけで海外世界一周できるみたいな。

嵐　経験できる。思い出もできるし。

カク　ほんとに自分に対する投資だと思ったら安いですね。

嵐　安いよね。

カク　いろんな経験できるし、結構降りてからみんなに言うんですけど、行きたいって興味がある人には結構出会うんですよ。「行きたいんだったら行って帰ってきた自分と、行かなくて過ごす自分とどっちになってたらいいですか？」って聞くと、やっぱりぜったい行ったほうがいいに決まっているじゃないですか。じゃあ行ったほうがいいよって。行ってから後悔するんだったら別にいいんですよね。行かなくて死ぬ間際に行っとけばよかったって後悔してもしょうがないですからね。ていうのはよく言うんですけどね。だから僕なんかは行ってなかった自分がもう想像つかないですよね。

虫象　そんな大きく変わったんですか？

カク　たぶんクソみたいな人生になっているんじゃないかなーと思いますよ。

虫象　船旅自体、俺ら世代だとなんかハードルが高いものってイメージがありますしね。だけどまあピースボートだったら若者もそれなりにいるし、また違う楽しみもあるし、ありかもしれないですね。

嵐　虫象君もピースボートについて思い込みが変わったか?

虫象　偏見とかもありましたけど。まあいつかは乗ってみるかもしれないですね。

カク　おお?

虫象　これを聞いたリスナーの方も、この番組きっかけでピースボート乗る人もちょこちょこいるんじゃないですか?

嵐　ブラックロードではピースボートを今後も…。

虫象　ウェルカムなんですか?

嵐　応援していきましょう。

虫象　関係者のみなさん、嵐さんが乗船して講演したいそうです。よろしくお願いします。

「海外ブラックロード」ポッドキャスト傑作選⑪　第544、545回

虫象の韓国旅

嵐よういち／和田虫象

（2019年3月放送）

虫象が旅から帰ると、俺の部屋で酒を飲みながら収録するのが習わし。いつも変態的な旅がウケて評判いいです。それにしても虫象、なにかが根本的にオカシイ。（嵐）／フライトの安さで行き先を決める旅行もまた面白い。町並みも日本と大きな違いがなく、安心・安全な国であるため刺激がなさそうで避けてきた韓国。久しぶりに行ってみたらやっぱり飯は美味いし、満足度が高かったので半年もしないうちに再訪することになった。（虫象）

国内便より安いチェジュ航空で

嵐　はいどうも、「海外ブラックロード」ポッドキャストです。今、和田虫象くんが嵐邸※にちょっと用事があって遊びに来ていまして、酒を飲みながらふたりで話をしているところです。

※嵐邸…虫象と俺の家は近くでよく俺の家に遊びにくる。（嵐）

虫象　はい。

嵐　なんか虫象が俺に黙って韓国になんか。

虫象　黙ってってなんですか。今日は和田虫象が出ていますのでよろしくお願いします。

嵐　いや、そりゃ分かってるよ。

虫象　はじめて聴く方もいますから。

嵐　そんなやついいんだよ、ほっとけば。

虫象　まあそうですね。

嵐　はじめてのやつは前を振り返ればいいし、で、もっと知りてえやつは過去放送を。最近また売れてんだよ、なんかしらねえけど。

虫象　あ、そうですか。

嵐　過去放送買えばいいんだよ1回目から。安いぞ。

虫象　今、たしか20万本ぐらい売れてるんでしたっけ。

嵐　20万売れたらいいなって。20万も売れたらもっと誠実にやってるよ、俺。

虫象　そうですね。

嵐　皆さま、今日もごきげんようみたいな感じで綺麗な言葉使っているよ。

虫象　そうしたら逆に売れなくなるんですね。

嵐　どうせ何やっても売れないんだよ。で、お前、なんか俺に黙って韓国行ってたじゃないかよ。どういうことだよ。

虫象　そもそも嵐さんに許可を得なければならないっていうシステムはとってないと思うんですけど。

嵐　お前がいないと、お前の家を守らなきゃいけないじゃないか、俺が。

虫象　いやいやいや。

嵐　お前の家族に何かあった場合によ。

虫象　嵐さんに守ってもらう家族じゃないんで。

嵐　わからないじゃねーかよ。強盗入るかもしれないじゃねーか。お前の可愛い子どもたちが傷つけられるの困るよ。で、お前はまず何？　成田からどこまで飛んだの？

虫象　あー、えっと今回は、結局かなり直前にチケットを取ったんですけど。

嵐　前に話したけど、フィリピン行こうかベトナム行こうか、悩んで。俺、ベトナムドンが2000円ぐらい余っているから、餞別であげようかなと思って。

虫象　俺もそれ聞いていたから、ベトナムに行こうかなと思って…。

嵐　ダナンって言っていたよな。

虫象　ベトナムはダナン、マカオ航空とか、あとは香港エクスプレスとかその辺も結構安く行けるんで、と思っていたけど、結構直前だったうえになおかつ三連休を挟んでたから、思っていたより安くなくって、でも今肌寒いから暖かい地域に行きたい感があって。

嵐　ちなみ往復いくらくらいだったの？

虫象　まあ元々は2万。

嵐　あー安いんだ。それが？

虫象　もっと安いタイミングもあるんですよ。だけど、それがまあちょっと3万円台後半ぐらいになっていて。

嵐　思っていたよりは高いね。

虫象　そうそう。いやーその値段はちょっと俺出したくないなと思って。

嵐　あるある。

虫象　スカイスキャナーで出国先、目的地を選択せずに検索するといろんな国が並んでいるんですよね。で、日本国内の空港よりも韓国が一番上に出てきたんですよ。一番安く。

嵐　それはどこだったの？

虫象　韓国のテグ（大邱）っていう…。

嵐　俺の頭の中ではさ、ソウルとえーっと。

虫象　釜山。

嵐　釜山。ふたつだけっていうイメージあるけど。

虫象　あるんですよ。で、たまたま俺が乗ったそのチェジュ航空っていうところ…。

嵐　あー、チェジュ航空知っている。セブからもあった。

虫象　あ、そうですか。それがまあ1万円ぐらいで往復だったから。

嵐　うそ。マジで？

虫象　荷物の預け入れはないんだけど。

嵐　1万円なの？　安いねー。

虫象　いや、たまたまそのタイミングが国内線の往復よりも安かったから。韓国、しかもテグって行ったことない。俺ソウル周辺しか行ったことなかったから。

嵐　俺、テグのイメージが湧かないよ。

虫象　俺もまったくなくて。プサンもないんですよ。南韓国に行ってみるのはちょっとありかなと思って。もうかなり直前に結構気まぐれで取ったんですよ。

「地球の歩き方」は昔の旅人の証

嵐　ガイドブックはどうしたの。「地球の歩き方」、図書館で借りたの？

虫象　はい、図書館は借り放題だから。※

※**図書館は借り放題**…虫象は旅に行くとき図書館で借りたガイドブックを持っていく場合が多い。買うことはしない。(嵐)／3週間以内の旅行の場合は図書館本を利用。3週間を越える旅行の場合は期限内に返却できないので、中古のガイドブックを買って帰国後転売している。(虫)

嵐　韓国ならたくさんあるだろ。

虫象　「地球の歩き方」韓国とプサン周辺みたいなやつも借りて。両方借りて見たけど、別に韓国1冊持っていけばいいなーって感じだったから。

嵐　お前もやっぱり「昔の旅人」がちょっと入っているよね。

虫象　どうしてですか。

嵐　これが20代とか若い人とかって「地球の歩き方」買うって発想がないんだよ。せいぜいコピーするとか、あとスマホ。

虫象　スマホ？

虫象　スマホが圧倒的に強いっていうのは分かります。スマホで情報はもう。

嵐　俺も「地球の歩き方」に直結しちゃうのよ。とりあえずみたいな。

虫象　だって図書館で借りられるから、とりあえず借りてこようっていうのはありましたけどね。テグって俺の勝手なイメージだけど、まあ日本で言えば名古屋みたいなもんで。

嵐　じゃ、デカイんだまあ。

虫象　第3の都市かなんかなんですよ。

嵐　俺が聞いたことあるくらいだもの。プサンとテグ、どのくらい離れているの？

虫象　電車で2時間もないですよ。1時間半とかなんで。

嵐　あ、まあまあああるんだね。

虫象　でも近い、たいした距離じゃないです。そのプサンの宿で「この後の旅程どうするの？」みたいな話になったんです。

嵐　どの辺、泊まったの。普通のバックパック宿なの？

虫象　そうです。普通の安宿ですよね。

嵐　ドミトリーの。

虫象　ドミの。

嵐　宿の兄ちゃんにどうすんだって聞かれたの。優しいね。

虫象　まあ普通の交流ぐらいですけどね。で、この後の移動先の話とかしていたら、テグから来たって言って、帰国便もテグだし日数も長くないからテグに戻ろうかと思ってるって言ったら、「テグなんか行ったって何もないから、あんなもの行く意味ねーじゃん」って言うんです。プサンにもうちょっとゆっくり居ろよ、とか。この街がいいんじゃないかと話をされて。テグってそんな感じで韓国人にも思われているのかなと思いました。「地球の歩き方」もページ数めっちゃ少ないし。

空港から歩いて街中へ

嵐　いちばんはじめから聞きたいんだけど、まず成田からテグに到着しました。多分夜だろ？　着いたの。

虫象　夜の11時。

嵐　そうだよね。安い航空会社そうだよね。その日は泊まって、翌日テグの街見たときどう思ったの？

虫象　テグに到着して思ったのは空港から街中まで歩けるんですよ。

嵐　えー？　歩いて行ったのお前？

虫象　そう。だから11時ぐらいから歩いて。

嵐　歩いて行けるっていうのは、韓国で？

虫象　そうそうそう。でもまあ1時間も歩けばもう。

嵐　1時間歩いたの？　お前。

虫象　まあ1時間ぐらいだったらよく歩きますから。海外では。

嵐　空港着いて（笑）。

虫象　空港着いて1時間ぐらいで。

嵐　（爆笑）。いやいやでも俺の感覚だと、着きました、外国に。もう時間がもったいない、タクシー乗ってとりあえず宿に着いてビールを飲むっていう。お前は歩くわけだな、1時間。

虫象　そうそう。で、歩いたら歩いたでなんか。

嵐　治安は悪くないの？

虫象　治安やっぱ韓国だしいいんで。

嵐　野良犬[※]もいないし。

※野良犬…俺は犬が苦手で、常に警戒をしている。野良犬のいない世界を目指す！（嵐）

虫象　野良犬も当然いないし。

嵐　亀戸あたり歩いている感じ？

虫象　（爆笑）

嵐　亀戸も都会だからな。成田市？　成田市のちょっと郊外歩いているみたいなそんな感じ？

虫象　そんな感じですよ。成田空港着いて、多分わかんないけど成田空港から成田市、市の繁華街まで多分1時間かそこらで歩けると思う。

嵐　あー、そんな感じね。まあ田舎だけどね。地下鉄は走ってなかったの？

虫象　時間的にも。

嵐　終わりだよなあ。

虫象　11時半とかだったから。そもそも夜の街を歩くのもいいなと思って。しかも韓国はサウナが発展しているって情報を得てたから。サウナに泊まればいいやと思っていたんで、何時でもサウナ入って寝られるから気が楽でした。

嵐　でも、宿の場所は一応目星付けてたんでしょ？

虫象　空港着いて検索してサウナをちょっと調べて、ここでいいかなっていうのは歩きで1時間ぐらいだったんですよ。そしたらもう歩いている途中とかに、あーなんとなく街の雰囲気を見ていい感じだなと、外国に来たなって。

嵐　ハングルがあって。

虫象　ハングルはあるんだけど、まあ街並み自体は日本と変わんないですけどね。

嵐　韓国変わんないよ。

虫象　字が違うから。

嵐　それぐらいでね。

虫象　やっぱあとメシ屋からこう流れてくる匂いとかがまあ。

嵐　独特だね。トッポギ食わなかったの？

虫象　ちょっと腹減っていたから、近所のコンビニでカップラーメン買って。

嵐　何か食えよ。屋台か何かで。あ、開いてなかったってこと？　店が。

虫象　ちょっとは開いていたんだけど。

嵐　普通入るだろ。

虫象　高い焼肉屋とかだったから。

嵐　高い焼肉屋系しかなかったってことね。
虫象　そう、たまたま見つからなかっただけかもしんないけど。
嵐　カップラーメンみたいなの買って。
虫象　外国のカップラーメン食うのも好きだから。
嵐　韓国の辛ラーメンだろどうせ。俺さ、中央アジアとかロシアとか中国にも行くじゃない。韓国のインスタントラーメンばっかりなんだよ、あの辛いのばっか。別にもうなんも目新しくないだろ？
虫象　まあそうですけど。
嵐　1日目だからな。しょうがねえと。
虫象　韓国のビールも一緒に買って。
嵐　日本でも飲めるしょ。
虫象　そうそう、業務スーパーとかでも売っているんですけどね(笑)。
嵐　韓国の嫌な点はそこなんだよね。
虫象　もう日本に散々入ってきている。

チムジルバンはハッテンバ？

虫象　で、サウナ入ったんです。
嵐　英語は通じんの？
虫象　いや、そこは通じなかったですね。
嵐　どうしたのコミュニケーションは？
虫象　結局もう、ほとんどボディランゲージでしたねそこは。
嵐　不快なこと、差別的なことされ…。

テグのチムジルバン。おじさんもおばさんも自由に寝ている。(虫)

虫象　ないないない。
嵐　韓国ってされないよね。
虫象　されないです。
嵐　いい人多いよね。
虫象　優しい人も多かったし。いろいろ教えてくれて、外国人もちょこちょこ来るんでしょうけど、そこで入ったら、その時間、風呂がもう終わっていて。
嵐　意味ないじゃん。
虫象　そうそう、チムジルバンっていうんですよ。韓国のサウナって言っていたけど、まあスーパー銭湯なんですよね。
嵐　チムジルバンで通じるわけね？
虫象　チムジルバンで通じます。韓国語なんですけど、普通の日本のスーパー銭湯みたいにサウナとか、ジャグジーみたいなのとかお風呂がいっぱいあって、チムが「蒸す」みたいな意味らしくて、普通のサウナとは違って、服を着た状態で蒸されるような感じの、ちょっと低温サウナみたいな部屋とかありました。
嵐　え？　シャツ着てるの？

虫象　そう。みんな。スーパー銭湯の服あるじゃないですか？　あれを着ながら、男も女もいるんだけど。

嵐　あ、そうなんだ。ちなみにいくらだったの？

虫象　えー1000円ぐらいです。それでもう朝まで泊まれるんですよ。

嵐　泊まるって、どこ泊まるの？

虫象　ごろ寝、雑魚寝、毛布はあります。

嵐　買ったカップラーメン、どこで食ったの？

虫象　コンビニの前。

嵐　あ、コンビニの前。中には食事するとこもないの？

虫象　あるんですよ。

嵐　そこで食えば良かったじゃん。せっかくだから。

虫象　それはそうなんだけど。もうその時間は閉まって、飯は終わっているかもしれないですね。

嵐　その時間にいる人ってのは、寝る人なの？

虫象　寝る人がほとんどですね。

嵐　何のために？　外国人ならまだしも。

虫象　まあ、やっぱり酒飲んで、

嵐　家に帰るのめんどくせえから？

虫象　グダグダしたいとか、あとそのチムジルバンでのんびり過ごしたい人もいるじゃないですか。

嵐　あー、そういうやつね。

虫象　日本でもまあ。スーパー銭湯でね。

嵐　あ、そういう施設なのね。※なんかなかったの？　出会いは。

※**なんかなかったの？**…虫象はサンフランシスコ、ペルー、その他世界中でゲイといろんなことをやらかしている。ちなみに普段の虫象は無類の女好きです。（嵐）

虫象　出会いはなかったんですけど、間違いなくこの場所でハメてんな、みたいなのはありましたね。

嵐　本当？

虫象　うん。なんかもう真っ暗なところで。

嵐　なんでお前、突撃しなかったんだよ。

虫象　いや俺も行きましたよ。行ったけどそんなのに常に誘われるわけじゃないですから。

嵐　当たり前だよ。

虫象　ひとりいて、怪しい人が。で、俺がそこに突撃していったらそいつが逃げてったんですよ。あーちょっと嫌われているのかなと。管理人のおじさんみたいなのが見回り的な感じで来て。

嵐　まあそれはしょうがないわな。

虫象　しかも、そこにちゃんと警察の110番みたいな、ここでやらかしたらダメですよみたいな。

嵐　まあ商売している人いそうだよね。普通の人来なくなるもんね。

虫象　そういう警告の看板、警察のこと書いてあったんで。

嵐　そんでその日はそこで雑魚寝？　起きたの何時なの？

虫象　9時10時ぐらい。

嵐　え、結構寝てない？

虫象　結構寝ました。

嵐　よくそんな場所で。気持ちよかったの？

虫象　気持ちいいんですよ。オンドルみたいになっているし気持ちいい。しかもいろんなところで寝られるし。毛布とかも借りられるし。

嵐　虫象からすると1000円で最高な思いをしたと。荷物大丈夫だったの？

虫象　荷物はちゃんとしたコインロッカーに入れられる。

嵐　あーなるほど。

虫象　日本のと変わらないようなキーを腕につけてっていうスタイルだったから。

釜山で犬肉

虫象　すっきり気持ちよくなって、すぐにプサンに行きました。

嵐　プサンまでバスで行ったってこと？

虫象　プサンまでバスで。プサンまでは2時間ぐらいですわ。

嵐　いくらくらいなの？

虫象　600円、700円。

嵐　まあ安いね。プサンは大きかったんじゃない？

虫象　プサンはおっきいです。大都市な感じしましたね。

嵐　俺、行ったことないんだよね。

虫象　とりあえず犬肉を食おうと。

嵐　あー。いいねえ。

虫象　はい。

嵐　その辺で食えるの？

虫象　その辺では食えなくて、ちょっと調べたら犬肉市場※みたいのがあるらしくて、その情報によると冬のオリンピックの影響で……。

※**犬肉市場**…プサン地下鉄2・3号線の徳川駅の近くにある亀浦（クポ）市場の奥まった一角が犬肉市場となっていた。2019年7月に犬肉市場が全面廃業した。（虫）

嵐　あー、ピョンチャン（平昌）か。

虫象　ピョンチャン。うん。それの影響でだいぶ閉めたっていう話だったけど、実際行ったら普通に犬が檻に入っていました（笑）。

嵐　写真撮った？

虫象　まあ一応写真NGって書いてあるけど。普通に撮っても大丈夫。そんな皆見てないから。でっかい犬もいるし。

嵐　まさか、どこかから捕まえてきた？

虫象　いやー、かもしんないけど恐らくそれ専用の養殖です。

嵐　それ見てかわいそうと思わなかった？

虫象　俺は、それは全然思わないです。

嵐　俺も思わないんだよ。豚見て思わないのか、鶏見て思わないか、牛見て思わないのかっていうのと同じで。

虫象　それですけどね。そんなしょうもない差別もしたくない。

嵐　レストランはそこに併設しているの？

虫象　すぐ隣ですわ。いやもうね、犬がワンワン吠えている横で、日本で言うところの魚のショーケースみたいなのあるじゃないですか。魚のショーケースみたいなガラス貼りの平台の冷蔵庫の中に焼いた犬が売られていて。

嵐　あ、焼いた犬が置いてあるんだ。

虫象　生きている犬が檻に入ってワンワン

吠えているすぐ下に、ショーケースに焼いた犬の。

嵐　丸焼き？

虫象　丸焼きの犬が死んでるっていうか。

嵐　ちょっとまって。それってプサンのすぐ近くなの？　中心？

虫象　あああ中心部。

嵐　「地球の歩き方」には書いてあった？

虫象　書いてないっす。ネットで調べて。韓国の情報は日本語も多いから、いっぱい出てきますよ。それで、犬肉が売っているから、そこのおばちゃんにこの肉ちょっと100グラムか200グラム、何だったら500グラムぐらいでもいいから、この片足とか片腕ぐらいの肉くれって言ったら、「ダメ1キロから」って言われて。

嵐　レストランに食い行けばいいじゃん？

虫象　そうだけど、そっちのほうが安いかなと思って。

嵐　お前は常識を考えろ。普通に犬肉なんか宿で料理するつもりだったの？

虫象　いやそうじゃなくて、もう焼いてあるものだから、

すぐ隣には捌かれた肉が並び、向かいには犬鍋屋がある。（虫）

嵐　焼いただけじゃヤバいだろう。臭いだろ。

虫象　味付けもしてないからあんまり美味くないでしょうね。泊まる予定の宿も料理できるから、簡単に料理しようかと思いました。でも1キロ以上じゃないと売らないって言われたから。

嵐　それはしょうがないなと。

虫象　1キロもいらんわと。

嵐　いらない、絶対いらない。

虫象　食いきれるわけないし。それでじゃあもうしょうがないから「メシ屋どこですか？」って。

嵐　ついに。虫象が。

虫象　メシ食いたいって言ったら、一応案内してくれて。まあ近くの所で。

嵐　どういう料理食べたの？

虫象　犬鍋※ですわ。結構有名なやつ。多分日本でもどっかで食える。大久保とかで食えると思いますけど。

※**犬鍋**…補身湯（ポシンタン）と呼ばれ滋養強壮にいいとされている。（虫）

嵐　犬と何が入っているの？

虫象　犬肉…それ以外何だっけなあ。なんか白菜とかかなあ。

嵐　それで味はどうだったの？

虫象　いや、あんまり美味くなかったです

ね。

嵐　臭い感じ？

虫象　うん。臭みもあるし、肉自体も美味くないし。多分これ処理の仕方もあるのかもしれないけど。今回の旅行で食った食い物のなかで一番うまくなかった。

嵐　それは想像できるよ。美味いわけはないわな。で、それと一緒にご飯と食うの？

虫象　ご飯と食いました。

嵐　虫象だから全部食っただろ？

虫象　まあ全部食いましたけど。あー、でも値段もそんなに。

嵐　値段はいくらだったの？

虫象　1000円くらい。韓国の物価自体が日本よりちょい安ぐらいだから、そんな高いものでもないですね。中国の桂林っていう、中国語だとグイリンっていいますけど、そこでも犬肉食ったんですけど、そんなに美味くはなかった。

嵐　なんか食い方いろいろあるらしいよね。焼肉とかなんかね。

虫象　だから食い方なんでしょうけどね。

ちなみにその日の夜泊まった宿の兄ちゃんに、「犬肉今日食ってきたよ」って言ったら、「うわーキモー」みたいなこと言われて。

嵐　当たり前じゃん。

虫象　若い兄ちゃんはもう全然。韓国人の若いやつらは興味もないどころか、むしろ嫌悪しているみたいな。

嵐　そりゃそうだよね。日本人と同じ感覚でペットなのに。

虫象　キモいオヤジが食っているみたいな。

嵐　日本人、結構舌肥えているじゃない？もし美味かったら。

虫象　日本でももっと流行っています？

嵐　だと思うよ。

虫象　かもしんないですね。まあそんな感じでしたね。プサンでの飯はちょっと期待はずれで、その夜とかも、プサンは海産物が有名なので、ちょこちょこつまみましたけど。おでんみたいなの食ったり、そんなに高いものは食ってないんだけど。

「いや、でも俺は全員抱けますから」

虫象　あとはプサンでは風俗街みたいなのもあって。

嵐　なんか調査しなかったの？

虫象　調査はしましたよ。飾り窓的な、まあ要するにチョンの間※ですわ。日本で言うならば大阪・飛田新地みたいな感じで。

※**要するにチョンの間**…玩月洞（ワノルドン）という置屋街。30軒ほどの店があり、それぞれ1～4人程度の女の子が座っている。日本語を話す客引きもおり、安心して楽しめる。（虫）

嵐　いちおう行ってみたのか。いくらなのかなと。

虫象　そうそう。でもそこ行くと、今回旅行で唯一日本語喋ってくるやり手婆が充実してて。

嵐　そりゃそうだろな。

虫象　で、一通り順番に店見て回って女の子も見ましたけど、まあまあですね。なかなか可愛い美人もいるし、だけどちょっと全体的にあのなんか色白…白く塗りすぎているとか、ちょっと整形頑張っちゃっているかなとか、まぁそういうのもありましたけど。で、お値段は８０００円。

嵐　高いね。お前のことだからちょっと裏のほうはトライしなかったの？

虫象　いやー、まあどっちにしたって安くないから。

嵐　多分場末でも５０００円ぐらいになっちゃうね。

虫象　それで言うと、テグに戻ってから立ちんぼエリアも行って。

嵐　どんな感じだった？

虫象　あの推定年齢50歳の。

嵐　え!?

虫象　おばちゃん連中が集まっているエリア。でお値段のほうを確認したら、それこそやっぱり５０００円スタートで４０００円ぐらいまでは下がったけど。

嵐　お前いくらまでならやろうと思っていたの？

虫象　いやーでもやっぱそんなのだって、おばちゃんで、しかも全然美人じゃない。

嵐　俺が見たらびっくりする感じ？

虫象　美人じゃないおばちゃんですよ。

嵐　化け物系ではないの？

虫象　まあ化け物っぽいやつもいましたよ。だからそれで金払うのかぁ…。１０００円以下だったらまだ考えるけど。

嵐　でも俺が隣にいたとして、化け物みたいなのに５０００円だったら俺が払うって言ったらどうするの？

虫象　それだったらまあ行くかな。

嵐　分かった。

虫象　（爆笑）。いや、でも俺は全員抱けますから。

嵐　ほんとか？

虫象　いや、全員抱けますよ。

嵐　でもちょっと高いな。５０００円じゃな。

虫象　一応、テグでも飾り窓的な、置き屋街みたいなのも行きましたけど、そこもやっぱり同じくらいの1万円ぐらいの話でしたから。交渉はあるのかもしれないけど、だいたいそんなもんで、思ったより安くねーなって感じでしたね。あ、プサンの駅前に、チャイナタウンっていう名前のエリアがあるんですけど。

嵐　中国人が多く住んでいるの？

虫象　住んでいるぽいんですけど、そのエリアにロシア人が売春しているんですよ。

嵐　お、それすごいじゃない。ウラジオストックの女かなんかが。

虫象　そうそう。多分そんな感じで出稼ぎに来ていて。

嵐　そっか、ロシアで稼ぐよりいいのかな？

虫象　だと思いますよ。やっぱり白人好きな韓国人もいるでしょうし。そこで何人か声かけて聞いてみたんですけど、だいたい1万円。

嵐　２万円ぐらい請求すると思っていたよ。

虫象　まあ店っていうか、駅前とかに声をかけてくるおばちゃんがいて、「ロシア人どうだい」みたいなこと言ってくるから。

嵐　お婆ちゃんも変な人に声かけるな。金にならない奴に。
虫象　日本人ぽいなと思ったら声かけるんでしょう。
嵐　金持っているだろと。
虫象　そうそう。で、連れられて行ったの。ちょっと面白かったのが、普通のビジネスホテルっぽいホテルの裏口に入って、非常階段みたいなところで待っていたら、裏口のとこから出てきて、ロシア人女性が。俺がたまたま会った子はかわいかったけど、9000円はちょっと出せないなと思って。
嵐　それ言われると9000円出したくなるな。
虫象　まあそのシチュエーションは確かに良かったし、しかもかわいかったので。
嵐　かわいかったので、虫象奮発して9000円で。
虫象　9000円はきついな。半額4500円になったらまだ考えるけど。なにしろそれで断って帰って、そこはしつこくなかったけど、置き屋街はかなりしつこかったですね。
嵐　面倒くさいな。
虫象　引っ張るし、腕を絡めるのは。
嵐　すごいねあれ。
虫象　何だったら、ふたりがかりでもう。
嵐　昔、「担ぎ屋」みたいなのがいたんだよ。ソウルとかに。1990年代。例えると虫象とか俺が酒飲んで歩いていると、ガツンと担がれて、ポーンと置かれたそこが置き屋で、さあ選べって言われて。
虫象　まあでも、あるだろうなと思いますよ。そういう雰囲気の場所だし。それはそれでちょっと。
嵐　ちょっと楽しんで。
虫象　それ自体を楽しんで。
嵐　写真撮んなかったの？
虫象　まあ多少は撮りましたけど。
嵐　まあ公に撮れないわな。
虫象　一応写真NGのとこです。

反吐が出るインスタ映えの街

嵐　結局何泊したの？
虫象　テグ着いた日1泊、プサン2泊。
嵐　2泊。そのあとは？
虫象　あとキョンジュ（慶州）っていう。
嵐　それってどこにあるの？
虫象　うーん。
嵐　テグとプサンの間？
虫象　間ではなくて、テグの東側みたいな

プサンの置屋街のひとつ玩月洞（ワノルドン）。おばちゃんの客引きが強引。（虫）

感じですね。

虫象　30分ぐらい？

嵐　1時間半ぐらいかな？

虫象　四日市みたいな感じだ。

嵐　（爆笑）

虫象　イメージ的に。名古屋から大阪行って四日市。

嵐　古都なんですよ。キョンジュは。だから奈良くらいですか。

虫象　じゃあ昔、旧朝鮮の王朝とか。

嵐　なんか王朝があったんですよ。俺もまったく知らなくて。プサンでオススメされて行った感じです。昔からあるお寺とかもあるし。

虫象　ああそうなんだ。それはそれでいいね。

嵐　あと世界最古だかアジア最古かな、星を見る灯台みたいなのがあったり、別にだからどうしたって感じなんですけど。

※**星を見る灯台**…正式名は瞻星台（チョムソンデ）。韓国では「新羅時代に建造された東洋最古の天文台遺跡」と言われているらしい。（虫）

虫象　インスタ映えかよ、お前。

嵐　でも実際なんかインスタ映えっぽいところあって、ライトアップされていたりして。

虫象　韓国人が好きそうな。

嵐　そうそう。客多いし、まあだから韓国人の若者ばっかり。

虫象　あ、韓国人の若いカップルとか女の子同士とかが、インスタ映えするしおしゃれだからって行くんだ。ちなみにソウルからだと電車で何分くらいなの？

嵐　高速鉄道を使えば2時間とか。

虫象　じゃあたいしたことないね。インスタ映えするから、若いやつが多いってこと？

嵐　そう若いやつばっかり。しかもそこがね、もう日本人観光客も結構来ていて。

虫象　え、どうゆうこと？　マジで？

嵐　マジで完全なるインスタ映えになっているんですよ。撮影スポットは行列になっているし。

虫象　お前そういうの嫌いだろう？

嵐　そうそう。

虫象　俺も嫌いなんだよ。

嵐　だから、うーわー失敗したと思って。

虫象　うわー。反吐がでそうになるなー。

嵐　みんなカップルで。

虫象　わかるわかる。なんであんなの好きなんだろうな？　バカじゃないの。

嵐　インスタにアップするためにずーっと同じような写真を、同じ場所で撮り続けているんですよ。

虫象　バカじゃないの？　もっと世の中楽しいこと見つけろよ、あいつらよ。

嵐　恋愛で盛り上がっているカップルだから自由でいいと思います。はい。

虫象　くっだらねえ。別れちまえ、そんなバカは。

嵐　そのうち別れるんでいいじゃないですか。俺は写真撮っているやつらを撮っていましたけど。こんな所なんだと思いながら。

虫象　インスタ映えとか言ってさあ、まあ芸能人ならいざ知らず、影響力ある人とか。普通のやつが撮って何なのあれ？　友だちに見せて。

虫象　私はきれいな所に行ってきたっていうことを自慢したいのはあるじゃないですか。
嵐　あ、それが理由だ。インスタのあれは。
虫象　そうそう。で、ちょっと自分の価値が高まった気になるんじゃないですか？

インスタ映えスポットとなっているプサンの甘川文化村。カラフルな家々が並ぶ。（虫）

嵐　寂しい人生だな。
虫象　まったく気持ちが分からないわけじゃないから俺も。
嵐　分からないわけじゃないけど、3～4組のグループでそれやっているならいいけど、すごく人いたわけだろ？　俺もそういう現場たくさん見たけど、人と同じことやっていて恥ずかしくないのかなっていう。
虫象　まあ分かります。
嵐　俺ね、人と同じことやるのがものすごく恥ずかしくて。
虫象　まあそういう子たちもいつか気づく時もありますからね。ちょっと恥ずかしいなと。
嵐　そういうやつは死ぬまで気づかないんだよ。
虫象　死ぬまで気づかなかったら、もはや幸せですわ。幸せ。
嵐　そうだな。俺より幸せかもしれんな。

チムジルバンで再びフラれる

虫象　そんな感じで、テグにまた戻って。
嵐　テグ1、プサン2、そこで奈良。
虫象　奈良のキョンジュってとこ。
嵐　キョンジュは1泊？
虫象　キョンジュ1泊かな。その後5泊めがテグ。
嵐　テグ戻ったんだね。戻んなきゃいけないからね。
虫象　そうそう。全部で5泊ですね。
嵐　5泊なら毎日移動しなきゃもったいないもんな。
虫象　そうですね。
嵐　最後の晩餐はやっぱり美味しい韓国料理食おうとか思わなかったの？
虫象　カルビの、カルビチムとかっていうのがあって。
嵐　チムって何？
虫象　蒸しカルビみたいなので。それはね、韓国で一番うまかったですね。
嵐　なにそれ、2、3000円したの？

虫象　いや全然高くないです、1000円ちょっと。

嵐　それ食べて満足で、翌日何時のフライトだったの？

虫象　5時半くらいですね。

嵐　夕方？

虫象　いやいやいや朝。時間が最悪。

嵐　朝5時っていうことはもう3時にはついてなきゃいけないよな、それ（笑）。

虫象　そう、だから最後も結局サウナ納め。

嵐　起きられるの？

虫象　いや、だからチムジルバンで泊まって。

嵐　2時間ぐらい寝たの？

虫象　ほとんど寝られなかったですよ。

嵐　わかる。緊張してな。

虫象　もうなんか途中で、サウナひと通り入ろうと思って。

嵐　開き直って。

虫象　ひと通り回って最後は、あのちょっと怪しい場所があって、

嵐　しょうがねえから行ってみようみたいな。

虫象　そうそう。そこ行ったらひとりちょっと怪しいひょろっとした「もやしっ子」みたいな兄ちゃんがいて、そのすぐ横にはまた警察の電話番号があって、怪しいことすんなみたいな。真っ暗なんですよ。2階に上がると横になれる枕だけあって、ござで寝られて、まあ自由にできますよみたいな感じの雰囲気なんだけど、「もやしっ子」のところ行ったら、「もやしっ子」はもう逃げるようにどっかいって。

テグの西門市場。屋台が多く、路地を探索するのも楽しい。（虫）

嵐　また（笑）。襲われる気配がしたんだろうな。

虫象　俺は好かれてないんだなって。

嵐　襲われる気配感じたんだよ。ノンケだったんだよ。

虫象　かもしんないですけど、でもあんなところにずーっとひとりでいるのは怪しいですけどね。

嵐　そこまでわかんないな。

虫象　ちょっと俺も韓国1週間、5泊6日で1回も射精しなかったから。

嵐　あ、そうだね。

虫象　だから俺ムラムラしていて、「もやしっ子」、ちょっとフェラ抜きぐらいしてくれないかな、って（笑）。正直その時ちょっと抜きたかったから。

嵐　もはやまあ。

虫象　できればフェラ抜きしてほしいな感もちょっとあって。もしくは手コキでもいいかなと思って、まあ目をつぶってればいいなと思っていたんだけど。

嵐　そしたら行っちゃったんだ。

虫象　そう。それでその直後にガチムチのスタッフのおじさんが来て、チェックして掃除とかしていたから。

嵐　あ！　言われたんじゃないの？　なんかへんな人がいますって。

虫象　かもしれないですけどね(笑)。

嵐　ちょっと見てきますって言って。

虫象　結局しょうがないから、えーと自分でシコシコこすり。

嵐　どこでやったの!?

虫象　サウナで手コキして。

嵐　ええ!?　自分で？(笑)

虫象　ええ。

嵐　自分でって、そんなとこでなんでやるんだ、お前。

虫象　え？

嵐　そんなところで。他の人に迷惑かかるじゃないかよ(笑)。

虫象　いやだから、全然見えないところでこっそり。汁も垂らさないようにしました。

嵐　(爆笑)

虫象　韓国に俺の子どもたちを残しておきたいから、記念に子どもたちを残して。空港までまた歩いてね。1時間ぐらい。

嵐　ちょっと待った、お前、それおかしいだろ。その時間、タクシー使うだろ普通。

虫象　ただ、手持ちの金もちょうど。

嵐　だってウーバーとか使えば安いだろ？

虫象　いや、そんな安くないんで。

嵐　5、600円だろ、どうせ。

虫象　5、600円ですね、ちょうど1時間歩けば行けるって分かっているんで。

嵐　1時間だぜ？　しかもお前、眠いなかで、さすがにその時は疲れたでしょ。

虫象　適度に疲れたけど。

嵐　じゃあなに？　飛行機に乗った瞬間寝ちゃった感じ？

虫象　寝て寝て。

嵐　気づいたら成田で。

虫象　成田から帰って来る電車も爆睡しましたね。えーっと、和田虫象の観光旅行でございました。

BLACK ROAD FAMILY

〈日本国内メンバー〉

●**嵐よういち**…ファミリーのドン（自称）。バックパッカーの最後のカリスマにして旅行作家。都内の嵐御殿在住。

●**丸山ゴンザレス**…ジャーナリスト。通称・丸ゴン。ファミリーを実効支配。トークはいじり担当。口癖は「金で解決」。

●**和田虫象**…便利屋、元汁男優。ファミリーへの貢献度が大きいことから若頭補佐に任命される。

●**トミー・リー・ジョーンズ**…「海外ブラックロード」影の支配者。缶コーヒーをこよなく愛するビジネスマン。とにかく仕事ができる。

●**小神野真弘**…ジャーナリスト。嵐の旅に3回同行したことで「嵐の舎弟」と言われるが本人は否定。ニューヨークに留学してファミリーを離脱。現在は帰国し、ファミリーに再加入して千葉支部長を名乗る。

●**アーサー**…アーサーと呼ぶのは嵐だけ。バンコクでのレディボーイ伝説は語り草。

●**向井通浩**…元ジャパン・バックパッカーズ・リンク代表。バックパッカー界の重鎮。2017年7月に永眠。

●**さくら剛**…自称6流作家。ポッドキャスト「さくら通信」の人。潔癖症、人見知り、引きこもりながらイケメン風である。背が高い。

●**石田ゆうすけ**…旅行作家。著書『行かずに死ねるか』はロングセラー。ファンだった嵐の熱望によりさくら剛に紹介してもらう。ちなみにグルメである。

●**草下シンヤ**…編集者、作家。別名・編集M。アングラ業界のトリックスターとしてその名を轟かす。性格はSである。

●**ヒクソン**…ボディガード。ちなみに「ヒクソンさん」は呼びにくいので「ヒクさん」になっている。心の師匠がブルース・リーで細マッチョである。

●**カルロス**…ポッドキャスト「スタジオスモーキー」主宰。嵐とは毎年大晦日を過ごす間柄。スポーツ全般大好きで、体育会系。

●**マサキング**…博多支部長。青年実業家にしてブラックロード支援者のひとり。丸ゴンの旅仲間でもある。

●**吉永拓哉**…元サンパウロ新聞記者。通称「ブラジル番長」。福岡在住のコワモテおじさん。目がかわいい。

●**三矢英人**…旅する公認会計士。文字通り世界を旅したバックパッカー。高学歴でギャルが好き。

●**おぼつ**…天才デザイナー。嵐の幼馴染みであること以外に悪い点が見当たらない。

●**生方正**…元海上自衛官。南極観測の任務中にポッドキャストをコンプリートして暇をつぶしたほどのファンながら、現在は資産2億円の億万長者となっている。口癖は「デッドorマネー」

●**ラリー遠田**…お笑い評論家。元々は丸ゴンの担当編集者。東大卒でファミリー随一の頭脳を持つ。趣味はダイエット。

●梅田カズヒコ…元社長。なぜか嵐と仲がいい。財布をよく落とすが、致命的な失敗を回避する能力がある。

●カンジュン…元コロンビア・マフィアを名乗る沖縄のナンパ師。現在は雑誌記者としてスクープを追い求める。

●岸田浩和…ビデオグラファー。学生時代にヤンゴンに留学したツワモノ。ラングーン岸田はペンネームらしい。ちなみにつくる映像はめっちゃクール。

●清水くん…マイレージ・マイライフ。嵐が旅イベントでスカウトして以来、さまざまな情報源として活躍。ファミリーの情報屋である。

●奥野徹男…イベントスペース高円寺パンディット店主。ファミリーは「嵐屋」などのイベントでお世話になっている。

●ヨシカワさん…弁護士。頼れる法律の専門家にして丸ゴンの顧問弁護士。

●ユウタ…ミュージシャン。ポッドキャストのオープニング音楽を担当。ちなみにイケメンである。

●編集G…彩図社の編集者。嵐、丸山とも付き合いが長いのだが、チキンハートで奥さんにビビっている。

〈海外支部メンバー〉

●ジュン…ワシントンDC在住の日系アメリカ人。投資家で億万長者。嵐とは2004年にサンパウロで知り合う。スケベくさい。

●シユウさん…嵐の兄貴分。嵐の本やポッドキャストに頻繁に登場。常に海外にいるトレーダー。永遠の遊び人。

●キャメル…ヤンゴン支部長。日系企業に勤務。夜は怪しい店を徘徊。

●ミオさん…セブ支部長。フィリピンで英語学校ストーリー・シェアを運営。ホームレスとしてアメリカで迷走した経験あり。

●髙田胤臣…バンコク支部長。ライター。生肉と死体を愛する癖がある。

●西尾康晴…元「Gダイアリー」編集長。バンコク在住で「激旨！タイ食堂」を主宰。

●明石直哉…写真家。バンコク在住。相当かっこいい写真を撮る。

〈その他のメンバー〉

●圓尾公佑…流浪の編集者。本書の担当編集。本よりもサッカーとプロレスが好き。

●藤山六輝…編集者。かなりの変態。ただし、嵐と仕事できるほどの人格者の顔もある。

●フケさん…故・向井さんの右腕。旧ソ連の情報に詳しくい旅の達人。

●JOJO…カリスマ的なエロブロガー。旅とエロに生きる男。ユーチューバーとしても活躍中。

●室橋裕和…越境ライター。元「Gダイアリー」デスクとして活躍した。「バックパッカー読本」の編著者でもある。新大久保在住。

●野宿…プロ野宿者。嵐のウズベキスタン、キルギス旅に同行した変人。現在、人生を模索中。

●川田正和…西荻窪にある「旅の本屋のまど」店主。店は嵐の散歩コースに組み入れられている。旅本のイベントも開催している。

●仙頭正教…歌舞伎町案内人。雑誌「裏モノJAPAN」のエース編集者。目がバキバキでおなじみ。

●西野風代…編集者、ライター。元「Gダイアリー」「バンコク週報」の記者でバンコク在住歴アリ。酒とスナックを愛する美人。

●山本ひろし…ポッドキャスト「トリカゴ放送」主宰。高知在住。ブラックロードの誕生にかかわる重要人物。

他、除名処分数名。加入も除名も嵐の気分次第。

モンスター・トラベラー
海外《かいがい》ブラックロード大放談《だいほうだん》

2020年7月25日　初版第1刷発行

著　嵐《あらし》よういち、丸山《まるやま》ゴンザレス、和田虫象《わだむしぞう》
&海外《かいがい》ブラックロード・ファミリー

ブックデザイン　勝浦悠介
編集協力　三矢英人
編集　圓尾公佑

発行人　堅田浩二
発行所　株式会社イースト・プレス
東京都千代田区神田神保町2-4-7久月神田ビル
TEL:03-5213-4700
FAX:03-5213-4701
https://www.eastpress.co.jp

印刷所　中央精版印刷株式会社

ISBN978-4-7816-1886-9